粉丝红利

解密企业转型与收入快速增长内幕

孔斌国际网校◎著

中国铁道出版社
CHINA RAILWAY PUBLISHING HOUSE

内 容 简 介

在互联网时代，许多企业应运而生，并且在这场浪潮中获得了空前的成功。人气高、粉丝多、利润大，可以说好事都让他们赶上了。比如小米、微信，都是充分利用互联网迅速发展起来的。纵观小米和微信的快速发展，你会发现，它们都有一个共同点，那就是粉丝多，都是靠粉丝的口碑迅速传播，建立起强大的品牌。

的确，有足够的粉丝，就会有销售，就会有利润。因此，现代企业，特别是互联网企业，一定要掌握经营粉丝之道。《粉丝红利：解密企业转型与收入快速增长内幕》一书总结了小米、微信等成功的互联网企业经营粉丝的方法，教会企业如何抓住客户的心理，将客户变成粉丝，如何维护好粉丝，如何通过粉丝的力量进行营销和品牌的建设，而这正是企业成功与否的关键所在。

图书在版编目（CIP）数据

粉丝红利 ：解密企业转型与收入快速增长内幕 / 孔斌国际网校著. —北京：中国铁道出版社，2016.3
ISBN 978-7-113-21278-0

Ⅰ. ①粉… Ⅱ. ①孔… Ⅲ. ①互联网络－高技术产业－企业管理－研究 Ⅳ. ①F407.676

中国版本图书馆 CIP 数据核字（2015）第 308715 号

书　　名：粉丝红利：解密企业转型与收入快速增长内幕
作　　者：孔斌国际网校　著

责任编辑：刘　伟　　　　**读者热线电话：**010-63560056
责任印制：赵星辰　　　　**封面设计：**MXK DESIGN STUDIO

出版发行：中国铁道出版社（北京市西城区右安门西街 8 号　　邮政编码：100054）
印　　刷：三河市宏盛印务有限公司
版　　次：2016 年 3 月第 1 版　　2016 年 3 月第 1 次印刷
开　　本：700mm×1000mm　1/16　**印张：**17.25　**字数：**223 千
书　　号：ISBN 978-7-113-21278-0
定　　价：42.00 元

前言

FOREWORD

粉丝时代，粉丝决定你的未来

在粉丝时代，没有粉丝的企业注定被淘汰。粉丝经济的观念充斥在各行各业，每个企业都以获取粉丝、创造粉丝价值为最终目的。粉丝的重要性已大过了企业，大过了企业的产品。

一个人的社会资源通常包括："财富、才识及人际关系。货币和财产可以衡量一个人的身价，而粉丝数量与忠诚度则可以显示一个企业的价值。粉丝给企业带来的财富是源源不断的，如知名影星姚晨，她成为微博女王后，就片约不断、广告连连，微博女王瞬间成为吸金女王。微博大号木子美在"床评"、"算命"的炒作下，粉丝量从最初的几千增长到20万，而这20万粉丝给木子美带来了不少的盈利。木子美写了一本叫《男女内参》的书，木子美除了在微博上继续她的"重口味"炒作之外，也在微博上介绍了自己的书，还提醒了粉丝，"不买书的粉丝，不是好粉丝"。在粉丝的助力下，木子美写的这本书知名度越来越高，销量越来越好。

粉丝是一群特殊的群体，他们关注企业，关注名人，不仅仅是因为想知道某些信息，他们还是潜在的购买者，是最忠实的支持者，经营好粉丝就等于经营好了一家能获利无数的企业。

苹果粉丝与品牌经营

苹果品牌早已深入人心，它是粉丝最多的IT企业，也是经营粉丝最成功的企业。苹果吸引粉丝的是产品的品质，尽管与同类型产品价格相比，它的价格偏高。但是它的设备很少有硬伤，而且售后服务也是很多手机品牌所不能企及的。可以说是苹果的品质决定了粉丝的忠诚度，而粉丝的忠诚度决定了苹果不花一分钱就做到了最有效的营销。

对于苹果的优点，果粉们喜欢口口相传，而口碑传播正符合了互联网终端的特质。果粉的口碑通过互联网像滚雪球一样越滚越大，最后形成全民效应。果粉所能做的不仅仅是义务的宣传员，同时他们还是开发者，是苹果产业链上的一员。全球的果粉都自发地建设苹果论坛社区，相互交流使用心得、技巧、讨论苹果产品可以改进的地方。苹果公司从这些社区中获取粉丝的意见，然后对产品进行改进。而且很多苹果论坛都已经有了不小的规模，有些论坛甚至还获得了不菲的投资。

山寨粉之魅族、小米

苹果手机的价格决定了其只能走高端路线，但在中国有能力购买或者是舍得买的人还是少数。因此他们只能买苹果相类似的产品。因此，小米、魅族这样的手机行业抓住了粉丝们的痛点，通过高性价比路线获得了不少粉丝。它们经常被业界诟病为在模仿苹果，但是他们的粉丝营销能力却远远超过了苹果。

魅族最早是做 MP3 的，后来才开始进入手机行业。魅族早年很少有发布会，所有的产品都是在论坛上发布，依靠粉丝们的口口相传来获得关注度。在产品路线上，魅族咬住苹果配置不放，用低价高性能的策略来吸引粉丝。同样的配置，魅族的价格仅是苹果价格的一半。小米和魅族一样，走的也是这种路线。但在粉丝营销上，魅族却又远远不及小米。无论是小米的饥饿营销，还是微博及微信上经营粉丝的能力，都是其他同行可望而不可即的。而小米的超高粉丝营销手段，也让其成为了国产手机第一品牌。

编者

2015 年 11 月

目 录

CONTENTS

1

第1章

有粉丝就有红利

在当今这个时代，粉丝能决定企业的地位，就像是一个明星红不红就看其有没有粉丝。粉丝的力量非常强大，即使你现在红得如日中天，号称某个行业里的“天王”、“天后”，一旦离开粉丝你就什么也不是。因此，企业能否成功，一切决定于粉丝。

未来电商时代，粉丝经济的时代

我们都知道，近几年电商的发展如火如荼，未来电商的发展无疑会更上一层楼。电商的发展经过了三个时代，每个时代都有其独特的核心点。

电商 1.0 时代，以搜索为核心。买卖双方第一次交互是通过搜索来完成的。就像是 2003 年刚成立时的淘宝网，页面简陋，功能短缺，活动更是少之又少，只能依托网民的主动搜索来获取流量。

电商 2.0 时代，以流量为核心。从 2008 年开始，网民的迅速增长造就了流量的繁荣，直至 2012 年时，这期间的四年被称为流量红利时代。这个时代中，哪个企业更能玩活动，更舍得砸钱抢流量，哪个企业就能获取更大的成功。

电商 3.0 时代，也就是如今这个时代，是以粉丝为核心，如果能打造出忠诚的粉丝体系，那么就能获得未来发展的先机。也许有人会问为什么不是以品牌为核心呢？其实原因就在于互联网或者电商这样的生态系统中，打造出一个成功的品牌需要付出非常庞大的代价。消费者应需购买，买家提供相应的服务而达成交易，例如我们去茵曼，在很大程度上消费者不是因为这个品牌而去购买，而是因为需求。

案例　阿芙：通过粉丝体验打造“脑残粉”

对于大多数电商而言，粉丝体验一直是其短板，但是阿芙却不同。它从吸引粉丝购买、粉丝购买行为的发生、粉丝收到货再到发生二次购买的这一循环环节中，将粉丝体验做到了一个新的高度。

阿芙在网店中设置了多种小组的客服人员实行 24 小时轮班，不间断地为粉丝提供服务，并将客服小组分为“淑女组”、“小清晰”、“重口味”、“疯癫组”（如图 1-1 所示），这种分类也是根据客服的不同服务方式来分的，可以给买家带来不同的新鲜感。送货时，阿芙的送货员还会穿上 Cosplay 的衣服，化妆成动漫里的角色为买家送货上门，给买家带来惊喜的同时，也制造出了不小的话题性。

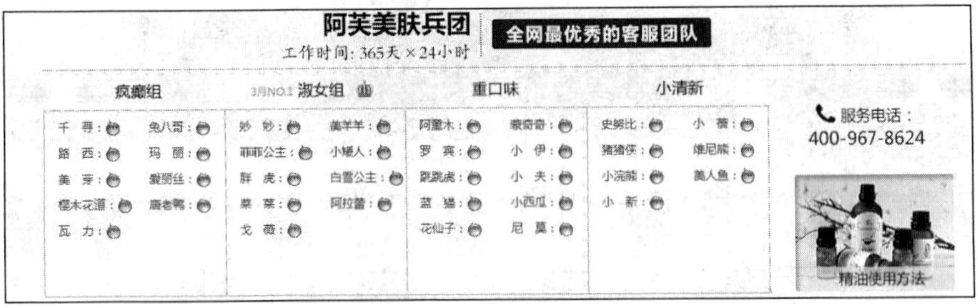

图1-1 阿芙“美肤兵团”

在包裹中，不仅有买家购买的宝贝，还有大量的小型试用装和赠品。例如大队长的“三道杠”、“大丝瓜手套”、“面膜小按摩锤”等，甚至还有可以收藏也可送人的“2012 船票”。这些赠品不但给买家带来了极大的惊喜，也起到了二次营销的作用，促进买家二次购买行为的发生。

同时，为了能让粉丝节省更多的快递邮费，也为了能增加粉丝的黏性。阿芙推出了包邮卡，全年包邮卡拍下一张 9.9 元，一年内在阿芙购买任何东西都可免邮费。还有就是至尊包邮卡，它是一个卡状的 4GU 盘，59.9 元终身包邮。包邮卡的设置让买家感觉到：“自己如果不多买几次，就亏了！”

阿芙设立了“惊喜首席官”，他们每天都在关注买家留言，分析哪些买家是潜在的推销员或是专家，然后联系他们，为这个可能的“意见领袖”制造惊喜，通过他们的影响力，让阿芙获得更大的口碑传播。

阿芙为什么要在粉丝体验中如此大费周章呢？其实就是为了制造更多的忠实买家，制造更多的“脑残粉”。阿芙深知，粉丝的力量是强大的，“脑残粉”的力量更是无法预估。如果现在不多拉拢一些粉丝，那么阿芙肯定无法在未来的电商大战中占据有利地位。而在诸多方式中，粉丝体验无疑是一种最有效也最简单快速的方式。

产品质量过硬：粉丝体验的先决条件

如果企业的产品质量不够好，那么不论企业用了多少钱去做推广、营销，也无法得到粉丝的认可。“金钱买不到真心”，唯有质量过关了，才能给粉丝好的体验，粉丝有了好体验，才有可能成为企业或者产品的粉丝。

诺基亚，虽然它现在已经被微软收购，并渐渐地在手机市场中消失。可是还有很多粉丝对其念念不忘，并期待它东山再起 。这是为什么？就是因为诺基亚手机的质量非常好，相比现在某些智能手机只有一两年寿命，诺基亚长达五六年的使用寿命显得更加让人怀念。诺基亚虽然在智能方面不符合现在粉丝对娱乐方面的需求，但是它耐摔、耐压，即使掉进水里，拿吹风机吹干，仍可正常使用。而现在多数的智能手机都无法做到这一点，一不小心摔到地上，屏幕就碎了，如图 1-2 所示。

图1-2　被微软收购后的诺基亚中国官网

无论如何，质量永远是吸引粉丝的基本条件。消费者之所以能成为某个产品的粉丝，就是因为该产品所展现出来的质量。粉丝希望产品的质量能给自己带来物有所值之感。如果他们对购买的产品产生失望，那么很快地就会对该产品或者企业报以怨言。

产品服务到位：粉丝体验的基础支撑

一个产品单是质量好，肯定是不够的，服务到位才能给粉丝好的体验，才能使其从普通的粉丝变成真正的“脑残粉”。一家企业产品即使做得再好，如果无法提供完善的产品服务，比如售前咨询不到位，售后维修没人等，粉丝都不可能成为其真正的粉丝。所以说服务是至关重要的。

海底捞的生意为什么能那么火爆，就是因为它在消费者用餐的过程中为他们提供了极致的服务。（图 1-3 所示）从等座位时的小吃、饮料、棋盘、美甲、擦鞋，到用餐过程的热毛巾、贴心提醒，再到餐后的贴心送行，海底捞给了消费者极好的用餐体验。因此，有很多消费者来了一次，还想再去一次，这次去了，下去还想去，周而复始，他们就从普通的消费者变成了真正的粉丝。

图1-3　海底捞分店在大众点评网的评价为4.6分

产品快速迭代：粉丝体验的提升利器

有些产品不是质量不够好，也不是服务不佳，但粉丝却依然大批地流走。深究其原因，才发现原来是产品迭代速度慢。粉丝刚开始时确实对该产品的质量和服务都很满意，但时间一久，发现所使用的产品一直没有更新，除了功能陈旧之外，许多产品的小问题也没有解决，让粉丝的体验感大大降低。

小米在这一点做得非常好，其系统更新迭代的速度是每星期一次，这在当时还是首开全球先例。小米系统每迭代一次，就会解决上一次系统出现的小问题，例如这次的系统发现了卡机的问题，小米下一次进行更新时，就会彻底解决这个问题，如图 1-4 所示。

图1-4　MIUI JHCCNBL52.0稳定版

得“粉丝”者得天下

都说“得粉丝者得天下”，确实，纵观当下的企业，如小米、苹果等，都将这一句话淋漓尽致地表现了出来。自古以来就有“得民心者得天下”之说，那些帝王最终能否登上并坐稳皇位，看的就是其能不能得天下百姓的心。与此同理，在如今这个互联网时代，企业最终能否获得成功，也是看能不能得到粉丝的心。

案例　雷神：基于粉丝之上的销售

2014 年 1 月 15 日，京东商城上演了一场疯狂的抢购场景，不知道的人都以为是小米来了。3 000 多台笔记本电脑，20 分钟就被抢购一空，还有超过万名的网友留下了预购信息，这种盛况，难道不是小米吗？当然不是，网友在疯狂抢购的其实是海尔新产品——雷神游戏笔记本。至此海尔游戏本一战成名，只用了半年时间就拿下了京东游戏本销售量的亚军。

一款新产品为什么能获得这么大的成功？雷神既没有海尔的 LOGO，也不是由海尔制造的，只是海尔内部一个三人团队孵化出来的，所以它的成功并没有所谓的“大树底下好乘凉”的因素存在。它的成功还是来源于粉丝，在雷神开售之前，就有数十万的粉丝人数。

雷神诞生于 30 万条评论和 6 个 QQ 群之中。雷神的出现源于网上 30 万条粉丝对于游戏本的评论，创始人李宁和赵艳兵将这些评论整理到一起，有散热慢、易死机、常蓝屏等 13 条常见问题。整合现有技术之后，他们发现其中有 7 条是可以解决的。于是他们就开始针对这些问题，开发出了能解决粉丝痛点的雷神游戏本。

在产品上市之前，雷神就做好了各种预热活动，把感兴趣的人吸引到一个 QQ 群中，这些人就是雷神最开始的粉丝。在京东上市之后，雷神给两代产品都配置了 VIP 卡，这个卡片是进入 QQ 群成为粉丝的通行证。第一代产品发布时，雷神官方及非官方的铁杆粉丝就达到了 2 000 多名。

雷神的团队深知粉丝的重要性，想要让雷神产品一战成名，就要抓住粉丝，服务好粉丝。团队将粉丝分为了四种类型，按不同的类型进行不同的互动服务。指导型粉丝，这类粉丝会很真诚地给他们营销策略的建议；情感需求型粉丝，这类粉丝会经常主动与雷神团队进行互动，聊各种话题；常规发烧型粉丝，这类粉丝与雷神团队最经常聊的就是装备，有时还能为其他粉丝解答疑难杂症等问题。

雷神最为核心的就是粉丝黏度，这和小米当年起家一样。为了拉拢更多的粉丝并增加粉丝黏性，雷神团队设计了一系列针对粉丝的机制，奖励“粉丝领袖们”的贡献，同时也激励其他粉丝为粉丝群作出贡献。雷神通过给粉丝取称号，让粉丝内部形成自动序列，如贴吧中的小吧主、QQ 群中的“大队长”等。

雷神给予的称号在雷神粉丝看来是对自己的认可，这比物质奖励的吸引力要大得多。粉丝们积极参与社区活动，“雷疯”们制作周边配件，上传自己制作的壁纸、装机教程、测评攻略、相关新闻等，为的就是得到官方和粉丝们的认可。

雷神第二代发布之时，京东上的预约粉丝已达到 18 万，京东认为其官网的转化率可以暴增 3 000 台销量，于是就买断了 3 000 台雷神第二代，而且还提前打款。京东为什么这么做，看上的就是雷神的粉丝。结果证明，京东的选择是正确的，官网一开放抢购，3 000 台游戏本在 20 分钟内就销售一空，如图 1-5 所示。

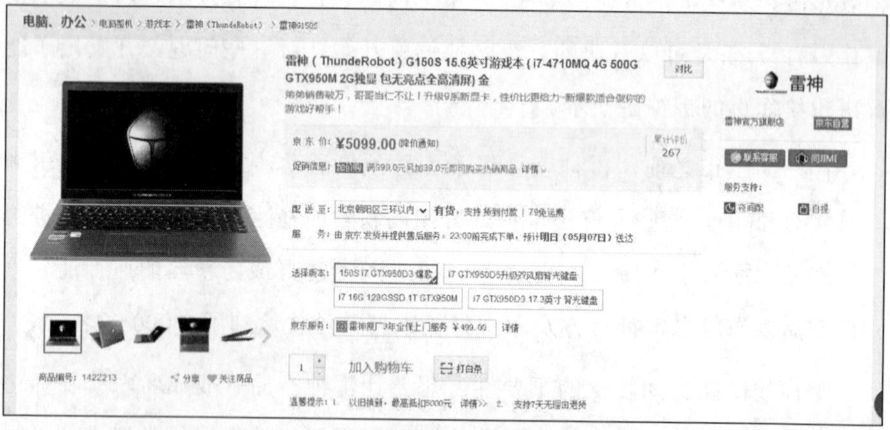

图1-5　京东自营“雷神游戏本”

雷神成功的关键点不是因为别的，就是因为粉丝。

通过社群模式建立粉丝家族

近几年，社群模式异常火热，各大企业无不费尽心思地做好社群，有些企业老总甚至自己亲自去运营社群。为什么他们要对社群费这么大的心思呢？其实不为别的，就是为了通过社群模式，建立粉丝家族。

一般情况下，粉丝都是散的，如果没有特别的渠道，他们很难聚集在一起。同时如果一个粉丝的企业都分散在各个地方，是很难对产品的传播营销造成大的影响，因此就要把他们聚集在一起。但中国这么大，互联网又是无边无际，如何才能将粉丝聚集到一块呢？那只有通过社群模式了，通过社群建立起粉丝家族，人多力量大，拧成一股绳的力量更大。

例如魅族的论坛，这个论坛就是“煤友”们的聚集地，他们在这里讨论最新咨询、讨论产品问题、分享最近的生活等，与其他“煤友”进行互动（如图 1-6 所示）。这个论坛是魅族老总黄章亲手建立起来的，他每天都会在此与“煤友”们互动几个小时。这个论坛聚集了无数粉丝，每当魅族有什么新动向时，论坛都会第一时间反应，并自动帮魅族进行推广营销。

图1-6　魅族官方论坛

不同的粉丝不同的服务方式

每个人都是不同的个体，他们的情感、想法、需求都不一样，粉丝也一样，他们每一个对产品的情感、想法、需求都是不一样的。因此，企业在服务粉丝时，要做区别对待。如果所有粉丝都是按着一个套路走，那么只能抓住符合这一个套路的粉丝，其他的粉丝就留不住了。

那么怎样对不同粉丝进行不同的服务方式呢？首先，我们需要像雷神一样，将粉丝分门别类；其次，具体划分粉丝类别，企业要考虑自身的性质，不可随便复制其他企业的分类方法；最后，找出每个粉丝类别的性质和特点，再提出相应的服务方式。

例如，天猫百草味零食店，它就是对不同的粉丝进行不同的服务方式。店主主要是通过两种方式来分类店内的粉丝，第一种是按购买频率、购买单价来分为一级、二级、三级粉丝；第二种是按粉丝爱吃哪个类别的零食来做分类，基本上是按照首页分类的方式来分类粉丝的，如坚果类、果干类、肉脯类等（如图 1-7 所示）。第一种类别粉丝，店主会在营销推广的重点放在一级、二级上，同时对一级粉丝加大打折或是赠品的力度。第二种粉丝在营销推广、打折力度上都没有什么区别，只是在发营销信息或是赠送赠品时是与这个类别相关的。例如，果仁类的粉丝，就重点发果仁类宝贝的信息，赠品礼物也是与果仁相关的。

图1-7 “百草味”宝贝分类

设立奖励机制，增加粉丝黏性

适时地给予奖励，这对增加粉丝黏性是非常重要的。对有贡献的粉丝给予适当的奖励，可以让他们感受到自己的付出是有回报的，并不是一厢情愿的，这样他们就会更加积极地为企业作出贡献。奖励机制不要太过于物质化，基本上有时间、有精力为企业作出贡献的粉丝，他们都是因为对企业产生了情感上的依赖，而不是因为企业给予奖励他们才做的，并且现在的粉丝经济条件都不会太差，并不太注重物质。所以，有时精神奖励的效果要比物质奖励的效果好。无论是物质奖励也好，精神奖励也好，最好的是能做到两者互相结合，互相平衡。

例如，腾讯在 QQ 等级升到一定程度的时候，就会给粉丝一些小勋章，这勋章除了是给粉丝的一个称号，也有其他的一些功能作用（如图 1-8 所示）。可谓是真正地做到了物质与精神奖励的完美结合。

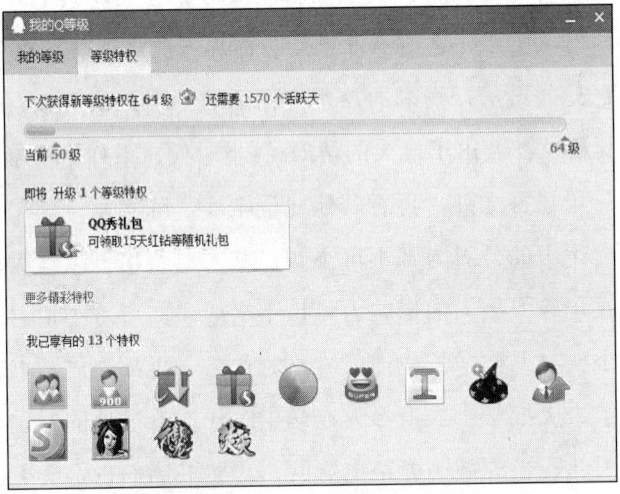

图1-8　QQ升级所获勋章和特权

粉丝是最优质的目标消费者

企业需要用户，但更需要粉丝，因为用户远没有粉丝那么忠诚。用户一旦发现产品不好，或是企业的服务让自己不满意，就会马上离开，同时用户会受到传播的影响去使用产品，而很少在使用产品之前就成为口碑的传播者。但是粉丝不同，粉丝的形成是因为对产品注入了情感，一旦注入了情感，即使产品有缺陷也会接受。而且每当企业有新产品面世，都会自发地为其进行传播，例如在微博上刷话题等。所以说，粉丝是企业最优质的目标消费者。

案例　《小时代》粉丝撑起的票房

截至 2014 年 8 月 5 日，《小时代》三部电影总票房超过了 13 亿元人民币，创造了中国系列电影票房的纪录。与高票房相反的是其低口碑，电影《小时代》自上映以来，口碑一直不是很好，并被称为靠明星效力吸引粉丝走进影院推高票房的一部无诚意作品。

为什么说《小时代》是一部粉丝电影，其实从几位电影主演的粉丝量来看就可确定。首先是杨幂，杨幂的粉丝量毋庸置疑，其小时代也不是她创造的第一部粉丝电影。之前一部悬疑恐怖片《孤岛惊魂》以 500 万元的投资获得近亿元的票房，杨幂的粉丝可谓居功不小，从贡献票房，到主动推广营销，其粉丝都做出了最大的帮助。《小时代》系列是杨幂粉丝效应的真正体现。除了杨幂之外，再看其他几位主演，陈学东、郭采洁、郭碧婷等几位在女学生中的号召力都不可小觑。其实对票房贡献最大的应该算是郭敬明，他在年轻一族人的影响力可谓不一般。其所著小说《幻城》、《梦里花落知多少》、《悲伤逆流成河》、《小时代》一直都高居图书销售量的版式，也影响了一大批学生。很多人在学生时代都看过他的书，也有很多人是其书迷。因此，当郭敬明要拍电影时，这些书迷们肯定会大力支持。同时郭敬明也是第一个跨足导演的作家，因此在娱乐圈造成的轰动也不小。

对此，出品方乐视影业 CEO 张昭也称《小时代》就是一部粉丝电影。对于《小时代》系列如何取得如此高票房，他透露，《小时代》1、2 部的成功是粉丝经济与 O2O 商业模式的成功融合，而第三部则是互联网 IP+粉丝经济+影院社交+O2O 营销。其实归根到底还是依靠粉丝，也许第一、第二部还是依靠故事来打动粉丝，第三部则是完全服务于粉丝，依靠粉丝的喜好来打造，因此《小时代 3》的票房超过了前两部，如图 1-9 所示。

图1-9 《小时代3》上映后的票房情况

《小时代》系列的出现打破了中国传统电影依靠“内容为王”的模式，而 2015 年 7 月上映的《小时代 4》会更基于粉丝经济来进行运作，内容上将更加贴合粉丝的需求，符合以女中学生为主的粉丝们的“窄需求”，做好粉丝纵向的深度服务。

精准定位粉丝特性

粉丝是最优质的消费者这一点肯定没错，不过前提是企业能否精准定位粉丝的特性，抓住粉丝的需求，拿出他们想要的。符合这种特性的产品，才能让粉丝更加喜爱，才能让粉丝变得更加忠诚，同时产品才能获得他们想要的销量。

豆瓣网的粉丝有三个特点，第一，文艺，其核心粉丝都是一大批文艺爱好者；第二，热爱生活，文艺青年的本质就是对生活的热爱和赞美。豆瓣网不喜欢网络上被热嘲的不快的事情，例如城管打人，这类事情永远不会出现在其粉丝的谈资里，他们永远只喜欢谈论生活的美好。第三，喜欢发表中肯的意见，他们喜欢在豆瓣网上发表自己的意见，大多数意见都比较中肯，也比较有自主性，很少有微博网友跟风的现象出现。所以很多网友在看电影之前，会先去豆瓣看看网友对电影的评价，之后再做出选择。如图 1-10 所示。

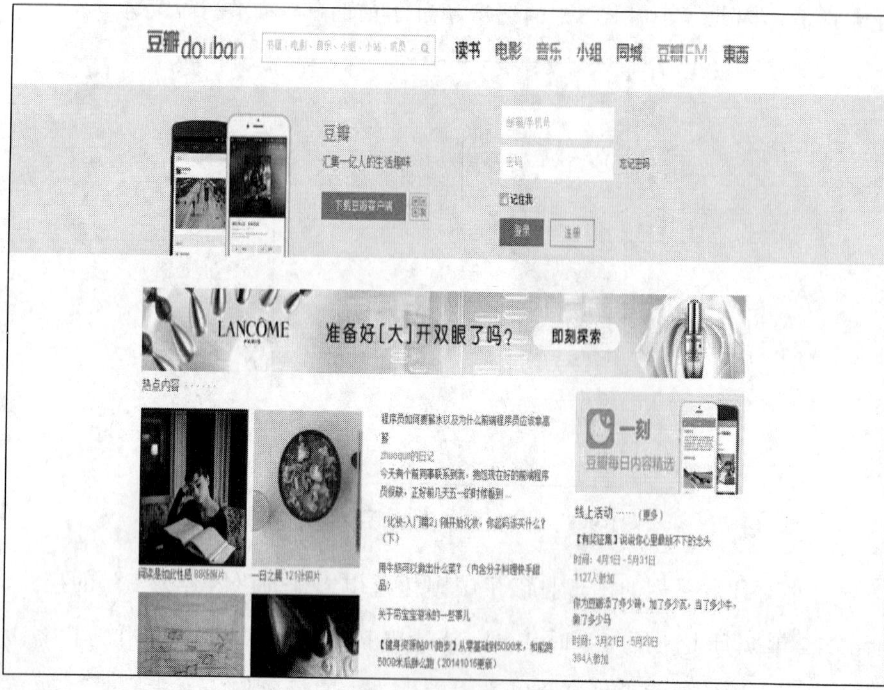

图1-10　豆瓣官网

看看现在豆瓣网的发展，其明显抓住了核心粉丝的特性，无论是豆瓣的风格、板块的设置、功能的增加，完全都是按照粉丝特性来制作的。也就是因为它能精准定位粉丝的特性，才能在之前的门户网站大战中突围而出。

不要把粉丝当成取之不尽的账户

很多企业认为粉丝既然喜欢自己，那么肯定就能从对方身上获得自己想要的利益，这种想法是错的，企业不能把粉丝当成取之不尽的账户。企业经营粉丝的目的是盈利，但是这种盈利是有尺度的，一旦尺度过大，粉丝肯定会果断地离开。因此，企业在经营粉丝之时，目的性不能太强，不然让粉丝察觉之后，肯定会因此而反感。

好比黄太吉煎饼，它为什么能将一个小小的煎饼做得家喻户晓，并拥有大量的忠实粉丝，就是因为它在经营粉丝的过程中，把他们看作朋友，而不是目的性明确的消费者。企业对粉丝的定位是什么，都会在日常的一举一动中表现出来。而粉丝也能从你的日常举动中感受出来，你是把他们当作朋友还是账户。黄太吉煎饼就将这一点做得非常好，它把粉丝当作朋友，所以在微信群中与粉丝互动时，粉丝也感受到它满满的诚意。如图 1-11 所示。

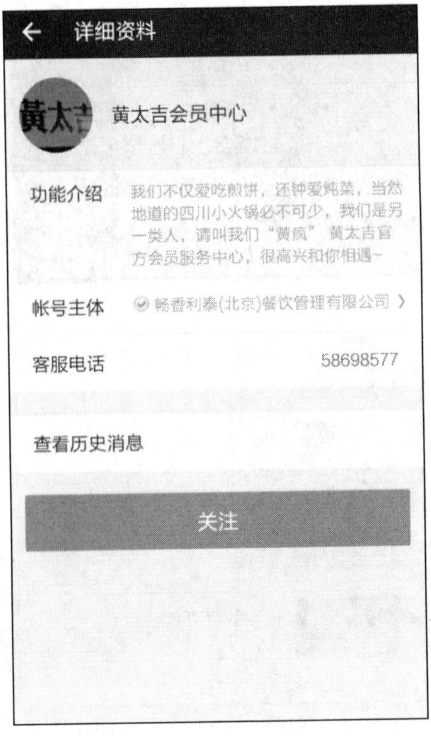

图1-11　黄太吉会员中心

有粉丝不代表就有价值，还需要进行激发

有了粉丝，不代表就能产生价值，比如现实中的一些二线明星，虽然粉丝超过一线明星，但无论是身价和地位都远不如一线明星。这是为什么，因为他们没有建立起一个能把粉丝价值激发出来的战略。

浙江卫视的《中国好声音 3》收视率很高，其选手也拥有不少粉丝，但是为什么他们的发展和价值却不如同期的 2013 年《快乐男声》？这就是因为他们没有把粉丝的价值给激发出来。天娱对《快乐男声》的安排却不同，例如冠军华晨宇，在比赛结束之后，趁着比赛热，就让其上了热门综艺真人秀《花儿与少年》（如图 1-12 所示）。除了依靠穷的话题性来为该节目造势，也让华晨宇通过高曝光率继续维持人气，并继续吸引新粉丝。除此之外，安排其出专辑、开演唱会、参加各项活动。通过种种举动让其粉丝为其创造价值，并利用粉丝创造的价值证明其商业价值，从而为天娱创造出更多的利益。

图1-12　华晨宇参加《花儿与少年》

因为米粉，所以小米

自成立之日起，小米的发展就与“米粉”们紧紧联系到一起。从最初的 100 个梦想赞助商，到现在的无数米粉，小米的每一个发展都得到了米粉们的支持，而从小米这么多年来的举动中，我们也可以看出，小米的哲学始终是米粉哲学。

小米的宣传口号是“因为米粉，所以小米”，它绝不只是一句简单的口号。它是小米粉丝至上企业文化的真实写照。从给 30 万米粉每人发送一张 100 元现金券，然后到向 712 万手机米粉发放 50 万张 50 元配件现金券（如图 1-13 所示），最后到两次“米粉节”给米粉的 8 000 万元折扣优惠，都是小米想与米粉交朋友的最真诚的表现。

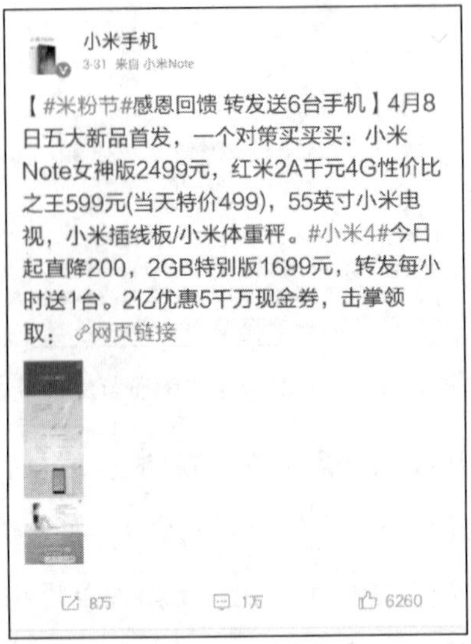

图1-13　小米给粉丝的回馈

案例　小米：粉丝的拥护是生产根本

小米董事长雷军曾说过：“小米是个浩瀚的工程……但我从来没有担心过。因为我不是一个人在战斗，我的背后有百万米粉。”这一句话，真真切切地道出了小米成功的本因——“粉丝的拥护是生产根本。”从 2011 年到 2014 年，小米在这短短的三年时间里，聚集了 500 万忠诚而疯狂的粉丝。2012 年，小米实现了 719 万台的销量和 126.5 亿元的营业收入，小米 2 首轮 5 万台在 2 分 51 秒内被人抢购一空，让业内大为震惊， 2013 年 4 月 9 号的小米 2S 的 20 万台在 2 分钟内售罄更是让小米赚足了噱头。而 2015 年的“米粉节”，小米售出 212 万热爱手机，支付金额突破 20.8 亿元，无疑让其坐稳了国产手机行业的老大。如图 1-14 所示。

图1-14　小米2015年“米粉节”销量

小米这一切的非凡成就都离不开米粉的支持，而小米是如何获得米粉的支持呢？就是因为雷军将一个词执行到底——“发烧”。用雷军的话来说，在现在这个社会，“发烧”是一种文化。比如说单反相机、HIFI 音响，这些普通人都消费不起，就连苹果手机，对大多数的人来说都是一种高消费。而拥有了“发烧”级的硬件配置的小米手机，却有着非常亲民的价格，所以，获得了众多普通米粉的支持。毫无疑问，米粉捧红了小米，而小米的高性价比则让更多米粉持续着对“发烧”的热爱，就如小米的定位一样——为发烧而生。

小米的操作系统 MIUI 最初简单开发了三种输入版本，分别为中文简体、中文繁体、英文，而热心的“发烧米粉”帮它上传了 25 种语言。原生 MIUI 适配机型只有 36 款，也是热心的“发烧米粉”帮它增至了 143 款；在小米社区中，很多米粉甚至愿意牺牲自己的睡眠时间来无条件地帮助管理员维护论坛秩序，这样的狂热，恐怕也只有“发烧”这个词才足以形容。

从 2013 年 1 月以来，小米手机月销量就已破百万台，之后每月的销量都在持续增加中。小米快速的发展可称之为商业的奇迹。而造就小米的这份奇迹的，则是“米粉”。

小米的快速发展也让其存在的问题显现了出来，小米的基因是互联网公司，而不是硬件公司，这让它缺少核心的研发和创新，质量问题也随之凸显得越来越严重，从最开始的掉漆到之后的发货慢、频繁死机重启、黑屏、按键不灵等问题频繁出现。所幸的是，小米在“米粉”的陪同下一直在解决这些问题，其定位不受市场影响、坚持产品的品质向高端手机转变，营销策略也发生了变化，转而一步一步把产品做到极致，使之超出粉丝的预期，实行口碑营销。同时，为了增加粉丝黏性、方便“米粉”维持权益，不断地在扩建小米之家，全力改进售后服务。

在日趋成熟的手机市场中，粉丝对于手机已经不单单只满足于通信，对服务范围和质量都提出了更多的要求和需求，所以如果小米想获取更多的粉丝或是巩固已有粉丝，就必须具备战略性眼光，不能只满足于发展现状。“因为米粉，所以小米”，“米粉”铸就了小米的成功，也决定着小米的未来。小米只有建立更完善的系统，更成熟的售后，积极创新，将“发烧”进行到底，才能拉拢更多的粉丝，实现企业的长久持续发展。

制作发烧级的产品，是获得粉丝拥护的关键

保证产品质量只能获得一般的粉丝，而想获得发烧级粉丝的拥护，就得制造出发烧级的产品。发烧级的粉丝对某种产品总有着极度的狂热，如果能获得他们的支持，无论是对产品的改进还是口碑的宣传都有极大的帮助。就如同小米“发烧友”帮助小米更新了 25 种语言版本。

例如，苹果的 APP 应用商店，会推出很多让人交口称赞的软件。比如其中的一款翻译软件，虽然需要付费，但依然获得许多粉丝的喜爱。其翻译功能已经强大到可与人工翻译相媲美，不但可以从中文翻译成为英文，还可将翻译过来的英文翻译成西班牙文，而且意思分毫不差。这种发烧级别的翻译技术，肯定会让粉丝欣喜不已。如图 1-15 所示。

图1-15　苹果官网关于苹果APP商店的部分描述

采纳粉丝的意见，是提升产品体验感的关键

粉丝有很多种，有一种粉丝很专业，能给企业和产品带来很多好的建议。所以企业要学会如何辨别和采用粉丝的意见，通过粉丝所给的建议来改造产品。当然，采用粉丝建议时要选择最具代表性的，能代表大部分粉丝的建议，这样改造出来的产品才能获得大部分粉丝的喜爱，才能提高大部分粉丝的产品体验感。

雕爷牛腩在更新菜单的时候，都是根据粉丝的建议来更新的。每月雕爷牛腩都会推出一些新品请有一定资历的粉丝来品尝，并根据他们的口味来做出调整。如图 1-16 所示。

图1-16　雕爷牛腩最新更新的菜品

积极与粉丝互动，是维护粉丝感情的关键

互动时企业维护粉丝情感的最基本行为，如果老是让粉丝一头热，那么粉丝的热情迟早会因为得不到回应而消失殆尽。其实这就像在谈恋爱，一段感情的发展是要靠双方来维护，如果只是一方热情主动，而另一方冷漠应对，那么久而久之，主动的这一方肯定会觉得对方不喜欢他，感情也会随之破裂。

杜蕾斯在微博上与粉丝的互动就非常有意思，它经常会转发并回复网友的一些评论。例如有一个网友把益达口香糖的广告词改编为："兄弟，油加满……你的杜蕾斯也满了。"杜蕾斯发现这条微博后回复了一句："杜蕾斯无糖避孕套，关爱牙齿，更关心你。"粉丝看到都笑疯，还形成了一阵改变广告词的热潮。如图 1-17 所示。

图1-17　杜蕾斯与网友的互动

买来的粉丝不叫粉丝

很多企业为了给自己造势，都是花钱买粉丝，利用买来的粉丝营造一种人气很旺的错觉，认为只有让人看到自己的人气很旺，才能让别人相信

自己。其实这是一种思想误区，买来的粉丝不叫粉丝，因为他只能帮企业做表面，根本无法为企业创造实质性的利润。

例如，有些企业在开微博时，就会花钱买一些不活跃粉丝，这些不活跃粉丝既不会转发，也不会评论。而且现在微博也推出了一套清理不活跃粉丝的机制，每天都有一些不活跃粉丝被清理掉，所以现在很多企业、明星、微博红人的粉丝数量都在往下掉。许多网友都在评论，原来他们的微博高人气，都是花钱买来的啊。没有为自己创造利润的同时，还为自己落下了一个花钱买粉丝的名声。

除了这些，有些企业也会被一些靠卖粉来营造高人气的营销号所蒙骗，因此投入大量广告资金，结果却未得到自己想要的效果，造成损失。

案例　微信营销：买粉丝打“活粉”招牌

不仅是微博、一些网店也会花钱买粉刷单，所以网友们经常可以看到店铺被官网查封的消息，而现在连微信也有人买粉了。

以下是截至一段微信买粉的对话：

买家：“500 粉多少钱？”

卖家：“5 元，但是这个价钱的粉不稳定，容易封号、缺货，同时现在也没有现货。我们现在有 15 元 500 的高质量粉丝，不同头像、地区、签名，而且不封号，不掉粉。”

买家：“如何才能保证不掉粉呢？”

卖家：“因为都是仿真粉。”

买家：“怎样操作呢？”

卖家：“给微信号就可以了。”

买家：“不满意可以退货吗？”

卖家：“不能！”

这一段简单的对话背后，其实显示出了一个微信营销产业链的“黑暗世界”。买卖粉丝，刷转发、刷阅读量、加盟代理……各种欺骗和利益纠葛。这种行为也让企业走入了一个微信营销的误区，让自己或是他人以为产品的人气确实很旺，从而引发出更大的矛盾。

以下是微信买粉所造成的两种代表性错误现象：

数据造假，阅读量增十倍：2014 年，互联网营销圈最火的，就是微信营销。因此许多企业也都跟随着这股主流在微信公众号上投入了大量的资金。确实，企业也看到了自己的产品文章的高阅读量，还因此而沾沾自喜，认为自己在微信营销的广告投入是非常值得的，他们却未曾想到，如此高的阅读量可能是造假而来的，而造假的来源就是微信公众号所买来的不活跃粉丝。企业被这表面的阅读量所迷惑，因此增加广告的投入资金，或是增加产品的出产量，结果到最后才发现自己的产品远不如自己的预估，从而造成巨大的损失。

粉丝的标价买法让人咂舌：有些精明的广告主看到了阅读量造假，于是要求微信公众营销号必须为广告主的官方微信号引导粉丝，同时要求粉丝关注后输入特定的字符以甄别来源，这样既可参与抽奖又可做推广效果的甄别。但还是无法躲过“黑暗世界”的强力拆招。包括带文字头型、非主流、计算机女等，广告主可指定投向、地区、性别、回复内容等，其中地区和回复粉价格最高。但无论怎么分，广告主投入多少资金，其最后的效果都是一样的，都无法让产品达到实质的销量，最终造成企业的损失。

事实证明，买粉就是一种营销误区，所以企业如果想通过买粉或是通过微信公众号来打活招牌，一定要慎之又慎。

按效果付费，才是真刀真枪

那么，什么才是最靠谱、最有效的微信营销方式呢？按实际效果点击付费，不活跃账号就会“见光死”，因为这直接涉及了资金交易，谁都无法做假。比如某个公众号，其主要的营销内容是海外明星的各种穿着时尚的照片，有上万的粉丝。这种类型的微信公众号，对于许多经营服装的企业就有很大的吸引力，而衣服在这个公众号的展示下，就能带来10%甚至更高的成交量，公众号则可以从成交额中进行提成。这种方式较为适合一些网店使用。

选择营销号，粉丝在精不在多

企业在选择营销号进行宣传时，不一定要看人气。因为大部分按点击收费的公众号，都普遍存在数据造假的问题，企业不容易分辨。因此，企业可以选择那些粉丝不多，广告单价也不高，但粉丝忠诚度高、消费能力强的营销号。这种公众号一般都是按实际效果来支付，对于中小微企业是个很好的选择。

例如，微博上的一些大V，看着他们的粉丝数量动辄几十万到几百万，其实他们的粉丝活跃度并不高，很多都是无效转发。还不如那些与本行业相挂钩的草根达人，他们的粉丝数量也许没有大V多，但活跃度绝对很高。例如微信公众号菜谱美食大全，它的粉丝数量并不多，但是活跃度却很高，因此企业可以选择这种公众号进行微信营销推广。如图1-18所示。

图1-18　菜谱美食大全公众号

找准定位，精准公众号粉丝群体

企业如果想找公众号做宣传，或是自建公众号，其前提条件是找准定位。什么样的粉丝或什么样的公众号拥有的粉丝是与企业、产品的定位相符合的。精准粉丝群体，才能做到高效推广。

例如，伏牛堂湖南常德津市牛肉米粉（环球店），它在做微信推广时，就选择了一个与本行业，且在同一地区的公众号进行宣传。（图 1-19 所示）北京吃喝玩乐专门介绍北京的吃喝玩乐地点，例如较为著名的 美食街，较为著名的精品购物路线，或是评价较高的旅游景点等。而关注它的粉丝基本上也都是喜欢吃喝玩乐的一群人，发现哪里有好玩、哪里有好吃的都会去试一试。因此伏牛堂湖南常德津市牛肉米粉（环球店）此次在北京吃喝玩乐上做的推广效果非常好。

图1-19　伏牛堂湖南常德津市牛肉米粉（环球店）在北京吃喝玩乐上所做推广

不注重粉丝需求就会被粉丝淘汰

在经营粉丝的过程中，粉丝的需求应该永远放在第一位。这是企业制造产品，也是巩固粉丝的前提。如果企业不重视粉丝的需求，在设计产品时无视粉丝的需要，那么早晚都会被粉丝淘汰。纵观当下，那些成功的企业之所以能成功，就是因为它能满足粉丝的需求，而那些本是巨头的企业，之所以被淘汰，就是因为，无视粉丝的需求，最后被粉丝所淘汰。

案例　MSN：对粉丝需求不“上心”

2010 年之前，MSN 在中国的办公聊天领域拥有着绝对的霸主地位，但是现在在中国基本上看不到 MSN 的影子了。MSN 是微软旗下的产品，微软作为一家世界级的互联网企业一直是以改变人们的生活为宗旨，但是以自我为中心的行事风格也是广为人知。而最终也为“以自我为中心，不重视粉丝需求”的行事风格付出了代价，被当初还是被除为低龄化的 QQ 打败，彻底退出了中国市场。

其实 MSN 对中国粉丝的忽略已经不是一天两天了，此前一直有向微软反应 MSN 聊天广告过多、安装速度过慢、设置不够人性化的问题，但每一次都是得到 MSN 的敷衍回复，其没有一次将之付出行动。之后，还发生了 MSN 被集体盗号事件，媒体大肆报道，微博上也出现许多关于账号被盗的声音。还有不少粉丝收到盗号者冒出粉丝本人发来的汇款、购买手机卡等诈骗信息，有许多网友已经造成了 500～1 500 元的直接经济损失。其实这种盗号事件也不是第一次发生，但即使造成了这么大的影响，微软依然无动于衷。如图 1-20 所示。

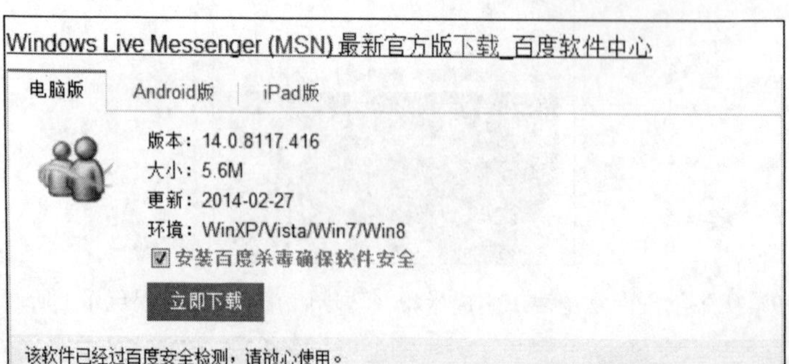

图1-20　MSN中文版于2014年停止更新

微软这样的巨型互联网企业，在技术实力方面是国内任何企业都无法与之比拟的。但它一直忽略中国粉丝的需求，导致了自己在中国市场的失败。MSN 的失败可以说是给其他企业敲响了一个警钟，在互联网时代，如果不重视粉丝需求，就等于是自掘“坟墓”。

不能满足大部分粉丝的需求，就满足小部分粉丝的需求

其实压倒 MSN 最后一根的稻草并不是 QQ，在 QQ 渐渐取代 MSN 即时聊天市场之后。它就将重心放在了企业上，不过无论怎么转移市场，MSN 还是失败了，因为它还是不重视粉丝的需求，最后就连企业市场都被打着“为企业而生”旗号的 imo 取代了。

当 MSN 不能满足大部分中国粉丝需求时，如果能选择重视小部分粉丝的需求，其结果肯定不会是如此。所以无论其怎么转移市场，都不能改变其最终失败的命运。Imo 则不同，它知道以自己的新兴技术，肯定无法与已经成熟的 QQ 相抗衡，也没有那么多资金和精力去满足中国所有的粉丝，所以它选择将全部精力放在满足企业粉丝上。而 MSN 一意孤行的态度，正好给了 imo 这个后起之秀一个机会。如图 1-21 所示。

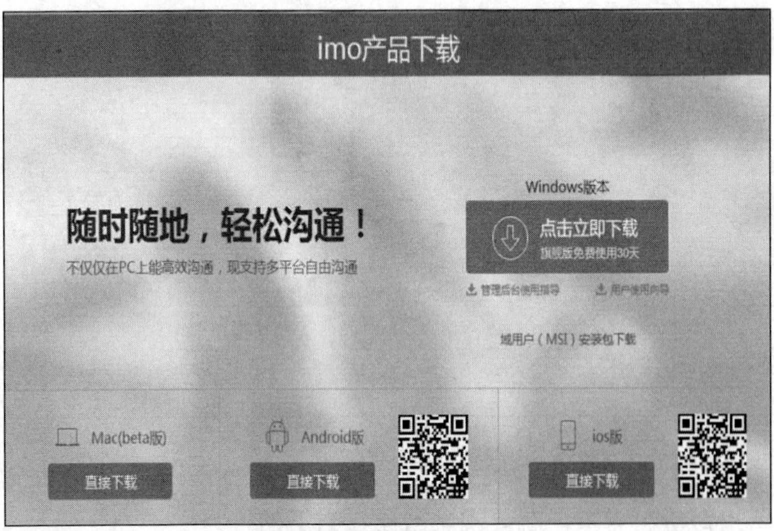

图1-21 imo产品下载

一旦发现粉丝需求，就要立即做出反应

当企业一旦发现粉丝的需求，就要立即做出反应，因为粉丝的需求也

有时效性。如果粉丝提出了某种需求之后，不能得到企业的及时回应，那么设置一个月之后，他就会转向其他能满足其需求的产品，企业也就因此流失了一个粉丝。

野兽派花店在这一点上就做得非常好，和传统花店相比，野兽派绝对算得上是花店中的奢侈品牌，其花的价格最便宜的也要三四百元，贵的要一千多元。但是即使价格高昂，还是有许多忠实粉丝在追捧。这是何因？其实就是野兽派懂得抓住粉丝的心理需求。对于许多野兽派的粉丝来说，成为故事中的男主角，围观寻常生活中有趣的细节，已经成为了买花之外的附加值。野兽派也正是抓住了粉丝们渴望脱离现实生活，做一回偶像剧男女主角的心理，大打“故事”牌。如图 1-22 所示。

图1-22　野兽派

要找到粉丝需求，就要观察粉丝在当下的行为

有时候，粉丝的需求隐藏得很深，无法一眼就看出来，但是如果没有发现，其最终爆发出来的问题，也会让企业难以承受。那么要如何找到粉丝的需求呢？这就要观察粉丝在当下的行为，而这种行为往往呈现在粉丝的日常生活中。就以传达信息来说，它经历了面对面的口口相传、再到飞鸽传书、驿站、邮局，然后到现在的电话、QQ、视频等，这就是因为人们在日常生活的需要而生产出来的产品。如果你希望你的产品能受到粉丝的欢迎，像 QQ、微信一样成为大部人都会用的产品，就要去观察日常生活中人们的需求是什么，然后通过这些需求来制造产品。

2

第 2 章

提升流量，决定你的销量

有很多企业疯狂地砸钱，滴滴和快的甚至是几十亿元的砸钱，为了什么呢？为的就是入口，为的就是流量。因为有了流量才有销量。流量对于销量的重要性，在电子商务上表现得最为明显。就像淘宝网店积极参加直通车、投钻展、费尽心思加入聚划算、玩尽促销手段，为的是什么，就是流量。只有将流量引进来了，网店才有可能获得销量。简单来说，就是企业对粉丝的争取，获得粉丝越多，销量就可能越多。

流量就是金钱，流量就是入口

近几年，营销界最流行的金句就是："互联网思维"。小米手机和黄太吉煎饼的案例被人反复地引用举例，甚至出现了用互联网思维颠覆传统行业的说法。互联网思维到底是什么，互联网思维怎么运用，不同的人可能会看到不同的重点，无论运用互联网的是哪一种思维，其最终都只有一个目的，就是吸引流量，因为有流量才有钱赚。

案例　宜家：有流量就有钱赚

不久之前，宜家集团在伦敦召开了全球新闻发布会，公布了 2014 年年度总结。宜家集团 2014 年年销售总额达 287 亿欧元，净收入突破 33 亿欧元。其中，中国 2014 年的销售额达到 88 亿元人民币，共接待访客 2 000 万人次，与 2013 年相比增长 25%。其中，重庆宜家商场平日日均客流量近 2 万人，鲁根釉陶碗不到一年卖出 20 万件。

重庆是宜家布局中国的第 12 个城市，在 2014 年 3 月开业之后，单日销售额和访客数量保持平稳上升趋势，单日销售更是屡创新高，而平日客流量近 2 万，周五客流量近 4 万更是成为常态。

为什么重庆宜家商场能有如此庞大的客流量，一方面是因为宜家重庆分店的规模在国内位居前列，近 9 000 种产品也让消费者有更多的选择，同时，宜家使用了很多招数来吸引客流量。例如推出了 3 元一碗重庆小面，以递进重庆市民日常生活的接地气招数来为商场吸引人气。如图 2-1 所示。

在宜家，沙发可以随便坐，床可以随便躺，儿童产品可以随便玩，双色冰淇淋只需要 2 元，这种模式已足够让人惊讶。更让人惊讶的是宜家还为消费者提供免费咖啡，并且可以无限量续杯，而这种让人惊讶的免费已经被滥用到一定的程度。在上海宜家餐厅有一个自发的相亲活动，每个星期四和星期五父母们都会到宜家点上免费咖啡，然后开始交换子女或自己的信息，寻找未来的女婿或媳妇。还有免费的儿童乐园，每到周末就挤满了孩子。

图2-1　宜家餐厅所提供的低价食品

宜家的惊人客流量也有大部分是被这些吸引来的。他们来宜家并没有明确的消费目的，总是看看就走，一些还纯粹把其当作免费的游玩场所。而宜家提供的这一系列免费或优惠的措施，都需要大量的资金来维护。那么为什么宜家愿意花费巨额资金来吸引流量呢？其实宜家奉行的就是："流量就是金钱"的互联网思维。

虽然很多消费者去宜家并不购买，但是每当有什么需求时，宜家肯定是他们的第一个选择，而且很多人都会在游玩的过程中，产生一些消费行为，而这些连带起来的消费总额大大高于宜家所付出的免费或优惠措施的资金。从宜家 2014 年的年度财政报告中，就可证明其做法的正确。

提供超出粉丝想象的服务

在互联网企业，为了让粉丝需求得到更好的满足，都有专门的"产品经理"这一职位，专门负责对粉丝需求的挖掘和分析，在基于粉丝需求的深度认知上，为粉丝提供超出想象的服务，给他们一个 Surprise，让他们惊喜的同时也加深了印象。当下次有需求时，就能发生二次回购。

例如，淘宝的一些店家就会通过量子恒道，或是魔方数据来挖掘和分析粉丝的需求，通过这些需求改变或是增设店内的产品、服务或是活动。如设置一些超出粉丝想象的优惠活动，就能吸引不少的新买家到店内一逛。如果店主关联营销做得好，而这些通过优惠活动带来的流量就可产生更高的转化率，或是更高的营业额客单价。

降低使用门槛，人人都可参与

如果要吸引流量，门槛就不能设得太高。有些企业想走精品路线，就将门槛设得一般人都不敢靠近，因此，它所能吸引的也就是走精品路线的那一小部分流量，无法形成像宜家那样的大流量。无论在哪个地区和国家，都是普通消费者占多数，所以要吸引大流量，就要先吸引普通消费者，而吸引他们的方法就是设置符合他们身份和消费水平的门槛。

淘宝当初为什么能发展得如此迅速，就是因为马云降低了店主们开店的门槛，只要一千元的押金就可以在网上开店，甚至不用押金也可开店，只是少了保障（如图 2-2 所示）。这相比较于线下动辄几万元甚至十几万元的房租，这种模式几乎人人都可参与。如果亏了，商家也不心疼，如果成功了，可谓是真正地做到了“以小博大”。看现在的许多因淘宝而致富的店主们，就可知道他们是真的通过这个低门槛而获得了成功。

图2-2　淘宝网免费开店

大众和小众的口味都要兼顾

前文已说过，要想吸引流量，就要迎合普通消费者的喜好降低使用门槛。这不仅在使用门槛上，其设计的产品也要符合他们的喜好。要倡导民主设计，做人人都买得起、人人都用得起的产品设计，这样就能在普通级别的粉丝中扎下深根。其实也不用每一种产品都是大众化，也可追求一些小众的设计，设计一些贵的产品，去满足粉丝不同的需求。这样企业既可赢得大量的流量，也有了更高的盈利空间。

例如，小米手机，其红米 599 元起走的就是大众化路线（如图 2-3 所示），小米靠这些低价的产品吸引了很多粉丝。同时，小米也推出顶配的小米 NOTE，价格都在 3 000 元以上，而顶配手机的设计则符合了不在意价格，但有特殊需求的粉丝。

图2-3　红米2A售价599元

线下抓流量，线上去消费

也许有人看到这个标题，还会以为是写反了。在人们的认知中，通常都是线上抓流量，线下去消费，这种 O2O 模式已经根深蒂固在人们的思维中。团购网站就是典型的 O2O 模式，但怎么会是线下抓流量，线上去消费呢？这其实主要针对的是以电子商务起家的企业，它们没有传统企业的线下资源，而线上的竞争则越来越激烈，为了能吸引更多的流量，就要反其道而行，将线下的流量抓到线上来。

案例　1 号店：虚拟超市吸引人流

2011 年，1 号店打破电子商务只能在线上吸引人流的局限，在线下开启了虚拟店，通过线下虚拟店为线上 1 号店吸引流量。现在就来看看，1 号店的线下虚拟店是如何开的吧！

首先，1 号店在手机应用中预置了虚拟 1 号店的整体模型，和 1 000 家线下虚拟店的兴趣点，其次，粉丝只要在兴趣点附近打开应用，即可在手机摄像头中通过 AR 技术，让虚拟立体商店的全貌呈现在粉丝的手机屏幕中，而粉丝移动步伐的同时，屏幕中的场景显示也会随之发生变化，接近后商品就会逐一成列在该虚拟商店的墙上，这样粉丝即可在虚拟世界中体验到现实购物的感觉。因为 1 号店只是将兴趣点预置在谷歌地图中，虽然这些店面的确利用到了场地的虚拟空间，但是实体上却无须投入资金，所以 1 号店的老板是不用支付房租的。如图 2-4 所示。

图2-4 无限1号店使用方法图

首先，要做好虚拟商店，就要选好商品，那些需要详细查阅多方确认购买的商品肯定不适合虚拟店铺。而日用快消商品标准化程度高，是大家日常生活中最普遍也是最频繁购买的商品，能快速做出决策，同时客单价较低，所以，快消日用品是最适合做虚拟超市的。例如，从粉丝行为和商品特性出发，2011 年 7 月 25 日，第一期的无限 1 号店上线时，洗护用品、饮料、零食变成虚拟货架的主力军，并顺利地为虚拟超市吸引到第一批粉丝。

其次，则是选点的问题。什么地方能够接触到最多的人流，哪种环境拥有足够的技术条件，这都是需要考虑的。一要保证良好的移动互联网接入来保证二维码扫描的顺畅，二是要让更多的人看到虚拟货架，要最大限度地挖掘出粉丝的好奇心和购物潜能。因此，一二线城市的主要 CBD 周围的地铁站和公交站，是最好的选择。只用了 24 天，第一期的 1 号店虚拟超市就遍布了北京、上海的主要交通结果干线。几日后，百度数据显示，1 号店的品牌关注度每天从 4 万人次上升到 8 万多人次。

最后，数据是王。电商的兴起需要数据，虚拟超市也一样需要数据。1 号店为了能确认虚拟超市的效果，便在二维码中植入追踪信息，这样就可统计出各地的虚拟超市点的使用率是多少。通过这一手数据，1 号店就可以优化虚拟超市的布局。更为重要的是，这些数据可提供粉丝的购买信息，因此 1 号店就能更准确地把握粉丝的需求和偏好。除此之外，根据粉丝过去的搜索、收藏、购买和商品关联信息，建立粉丝行为模型，即可为粉丝做个性化的商品推荐，让粉丝可以很快地完成购买行为。

现在，1 号店还在一些空地建立了更大的虚拟商家，粉丝可在其中找到更多的商品。

做好场景，才能触发粉丝的购买行为

建立线下的虚拟商店，其实和线上的网店一样，都要做好场景。可以设想以下几种场景，例如，书店买书的冲动是最大的，在看旅游攻略的人买门票的需求是最高的，在火车上购买充电宝、水、杂志的可能性也比其

他地方更高。因为粉丝不是实时接触到实物，所以很多购买行为都需要场景触发。

例如淘宝，它就能利用线下的物理场景来引导粉丝到线上消费。例如在办公室场景中，粉丝该穿什么样的服饰，在野外场景中粉丝该做什么样的打扮，在参加派对晚宴的场景中，粉丝又该怎样搭配才不会显得不礼貌。这就是应用场景所带来的对粉丝购买何种产品的触发。如图 2-5 所示。

图2-5 淘宝根据不同产场景所作出的搭配

做好精确的产品推荐，才能提高转化率

因为移动设备端的限制，在线上平台选择产品，如果品类太多会让粉丝产生负担，多数的粉丝都需要精确推荐。因为现在人们没有那么多的时间来选择和翻看产品，所以精确的个人推荐就成了必须。

例如，手机当当网，它的个人推荐“猜你喜欢”就做得非常好（如图 2-6 所示）。它是根据买家近日浏览的记录，平日的购买倾向来向粉丝做精准推荐。例如你最近搜索过某个名人的自传或是购买过哪种类型的畅销书，那下次打开时，其手机 APP 的个性推荐上就会出现相关的书籍，或是其他名人的自传。

图2-6　当当读书个性推荐板块“猜你喜欢”

线上线下的服务质量要相符

既然要将线下的流量引到线上去消费，那么线上线下的服务质量一定要相符。如果让粉丝觉得线下广告有夸大的感觉，那么粉丝的体验感肯定会直线下降，这样企业就无法维持与粉丝的长久关系了。

就像现在很多的知名品牌实体店，都要开发自己的移动 APP。当粉丝到实体店去购买时，就会引导粉丝扫描二维码下载 APP，将线下的流量引到线上去消费。有时还会通过第一单打多少折的优惠活动来激发买家的购买欲望。但这个时候，企业的重点不是在做多少优惠上，而是让粉丝感到线上消费和线下消费的感觉是一样的，甚至更好。

微博是人流聚集的主阵地

2015 年 2 月 3 日，中国互联网信息中心发布了一个报告，报告中显示截至 2014 年 12 月底，中国的微博粉丝数量达到了 2.49 亿，网名的使用率为 38.4%，微博成为移动互联网时代最大的人流聚集地之一。微博为粉丝们提供了这样一个平台，你既可以作为观众在微博上浏览信息，也可以作为发布者在上面发布内容。微博信息共享便捷迅速，粉丝在任何时间，任何地点都可发布信息，其信息的传播速度超过了任何传统纸媒以及网络媒体，例如你有 200 万名听众，你发布的信息就会瞬间传播给 200 万人。微博信息传达的迅速更是成为了许多企业做营销推广的阵地之一，是企业打响知名度、吸引流量的强力武器。

案例：九阳面条机的微博营销

2013 年 4 月 23 日，九阳在天猫电器城全球首发家电新品——面条机，三天时间就卖出了 8 920 万台。而比这更让人震惊的是，其中有 4 241 张订单，是来自于新浪微博，直接访问转化率高达 18.24%，新浪微博吸引流量的能力又一次让各大企业震惊。

九阳新闻发言人顾东君对此称：“此次的微博活动，总投入不到 10 万元，但却带来了 600 多万元的销售额，其中 300 多万元是来自新浪微博网友。之前预测到会有不错的反响，但却未曾料到实际效果竟是如此惊人。”

明确目标消费群体是让营销活动成功的基本因素。面食在北方是主食，在南方则是作为一种辅食，例如有些小孩就比较适合吃面条。于是，九阳除了针对北方人营销外，也将妈妈们作为突破人群。那么如何吸引妈妈们的注意呢?这就需要微博上的意见领袖来帮忙了。根据调查，80 后的妈妈们比较容易接受新生事物，也是微博上的活跃粉丝。她们习惯在网上购物，也喜欢通过社会化媒体获取信息，例如关注微博上的育儿达人，形成一个小圈子进行互相交流。

在微博意见领袖的选择上，九阳将营销大号排除在外，因为网友普遍对这种营销大号产生反感和不信任。于是九阳将重点放在隐藏着的并具备真实影响力的“草根”达人身上。例如“宝贝吃起来”，这是一个专门教授宝宝辅食制作方法的微博。博主不仅会在微博上分享各种辅食添加的科学知识，还会上传众多辅食制作的视频，虽然它的粉丝并不多，但是 99%都是活跃粉丝。同时通过宝贝吃起来这个微博，筛选出了 50 位“草根”意见领袖。他们的共同特征是粉丝虽然不多，但是都是活跃性粉丝，同时也不像热门的美食达人那样抢手，且更具亲近感，妈妈们很容易接受。

九阳还为这 50 名意见领袖配置面条机，并配合奖励机制，让他们在使用后发布三则面条机使用体验或是制作食谱的微博（如图 5-7 所示）。第二天，各种与九阳面条机的有关的创意食谱就达到了百条。微博的内容非常细致全面，从初始的放面粉、加鸡蛋果汁到最后面条成型无一步骤遗漏，面条的类型也五花八门，有成都担担面、杭州的片儿川、兰州的拉面，意大利的空心面、五颜六色的蔬菜面等，连宝宝吃面条的图片也有。

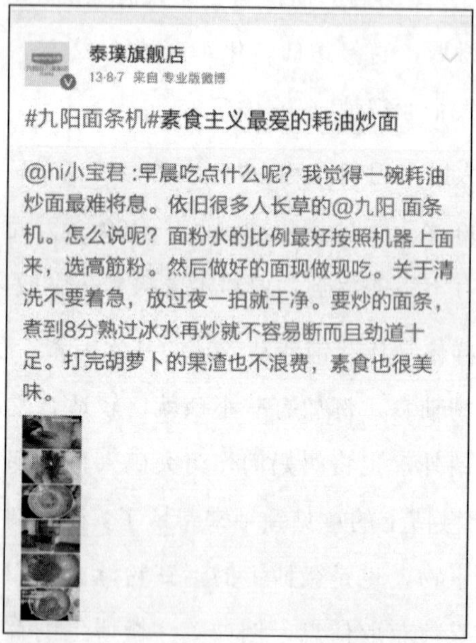

图2-7 微博“草根”达人晒出的食谱

新奇的食谱很快就得到了粉丝的关注，数据显示这 50 名意见领袖的微博转发量都很高，几乎没有无效转发。还有不少“神器啊！”“我也要，去哪买”等对九阳面条机强烈购买欲望的评论。

九阳做到了如此精准的影响，虽未曾出现在台面上，但却做到了无一丝广告痕迹的微博营销。

设置话题，吸引粉丝注意

如果想要通过微博吸引粉丝，那么首先要掌握的第一要点就是设置话题。设置话题是最能快速打响知名度、吸引粉丝注意力的一种微博营销方式。不过设置话题时要把握住两点：一是线上线下结合，话题具有趣味性。单是靠特殊的节日或热门事件，肯定是不够的。二是在设置话题时，要突出产品和企业品牌。企业在微博上设置话题，就是为了做宣传。如果话题上了热门，但是粉丝们却还不知道企业产品和品牌是什么，那就真的是白费功夫了。

新浪微博是一个让企业和个人制造话题、吸引粉丝的地方，而新浪微博团队本身也是一个制造话题的好手。2010 年 8 月 28 日，新浪成立一周年，为了打响知名度，其设置了一个“微博快跑”的话题，与线下举行的活动同步进行。在北京有十多辆 MINI 汽车组成微博车队，载着礼物和在微博上征集的粉丝，从中关村出发，穿过五道口，一直到南锣鼓巷，把北京的标志性地点都逛了个遍，就是想让路人结合搜到新浪微博随时随地分享的信息。在线下活动举办的同时，微博上“微博快跑”也在全程直播该活动，并设置投票、抽奖活动，吸引粉丝的注意。如图 2-8 所示。

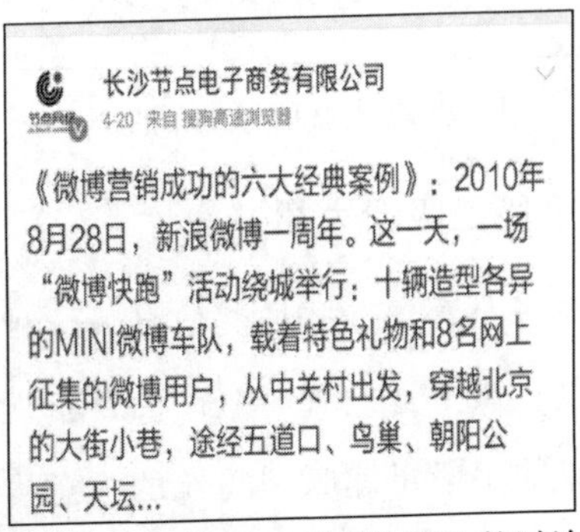
长沙节点电子商务有限公司
4-20 来自 搜狗高速浏览器
《微博营销成功的六大经典案例》：2010年8月28日，新浪微博一周年。这一天，一场“微博快跑”活动绕城举行：十辆造型各异的MINI微博车队，载着特色礼物和8名网上征集的微博用户，从中关村出发，穿越北京的大街小巷，途经五道口、鸟巢、朝阳公园、天坛...

图2-8　网上对于“微博快跑”的讨论

内容为王，好内容才能吸引好粉丝

什么样的内容吸引什么样的粉丝，如果想要吸引好粉丝，那就要有好内容。不管企业要把微博定位成品牌传播还是连带销售，其都要通过文字才能表达出来。那么微博的营销内容就要把握住两点：一是对胃口。什么是对胃口？就是你发布的内容要符合粉丝的定位，能让他们喜欢。二是有营养。这个营养不是说要发一些鸡汤文、搞笑文，而是内容能对粉丝有帮助。如果你是做手机的，就可以发布一些与手机相关的信息，如何让手机能快速充电等。如图 2-9 所示。

图2-9　各大微信号发布的文章

有奖促销，优惠手段是吸粉大招

我们经常可以在微博上看到一些抽奖信息，这种方式虽然泛滥，但确实有效。所以企业可以在微博上设置一些产品打折促销信息、转发抽奖信息等活动。通这种优惠的手段迅速吸引粉丝的注意力。不过需要注意，在设置奖品时千万不能太过于小气，否则吸粉不成，还会给人们留下一个不好的印象。

雅迪电动车就经常会在微博上设置一些有奖促销的信息，其设置了多种有奖促销的方式，有转发微博抽奖、游戏闯关抽奖、回复有礼等。从 2014

年开始，雅迪更是邀请韩国当红偶像李敏镐来代言，并在微博中再一次抛出福利，粉丝只要转发置顶的微博每超过 1 万次，就从中抽取幸运粉丝一名，送上签名照一张。对于明星的粉丝来说，一张偶像的签名照胜过一辆电动车。如图 2-10 所示。

图2-10　雅迪微博活动

弄懂微信的新玩法

微信，是一个新型的互联网营销方式，并且有不少的企业和个人都从中尝到了不少甜头，发展前景非常值得期待。随着智能手机的普及，微信已经成为人们不可缺少的一部分，就像现在的 QQ 一样。因为其移动性，使信息交流的互动性更加突出，虽然以前的 QQ、博客也有与粉丝互动，但是并不及时。而微信则不同，只要粉丝带着手机即可随时随地收到微信里的信息。同时微信中的各个交友功能让企业有机会在网络中与更多的陌生人接触，也使企业有机会和他们建立朋友或是客户关系。例如微信的摇一摇功能，只要摇一摇手机，你就可以摇出附近的陌生网友，而这其中就可能有企业的粉丝，只要掌握到了一定的技巧，即可让他们成为你忠实的粉丝。

案例　小米微信：百万粉丝养成记

截至 2013 年 6 月，小米微信的粉丝已超过 106 万人，历经两年，小米的微信粉丝数量更是庞大。那么小米的百万粉丝是怎么来的呢？小米分管营销副总裁黎万强说：“我们是把微信服务当作一个产品来运营。”

小米微信是 2013 年 2 月才开始运营的，起初，小米是把微博的粉丝拉到微信上来，当时小米两个官方微博账号的粉丝已经有 300 多万人，按理说应该也会有相当一部分的微博粉丝关注微博，但实际上并没有，大概只有 10%的微博粉丝关注了微信。小米微信的粉丝有 50%来自官方网站，40%来自其站内活动。真正让小米粉丝猛增的，其实是小米每周一次的小型活动，每月一次的大型活动。如图 2-11 所示。

图2-11　小米手机微信公众号

小米官网每周都会开放一次购买活动，每次活动时都会放上微信的推广链接及二维码。通过官网发展粉丝的效果非常好，最多的时候一天可以发展出 3～4 万个粉丝。小米微信每次举行活动的前一两天，都会在微博、合作网站、小米论坛上发布消息，告知粉丝活动详情，并在活动结束之后，持续传播。

4 月 9 号的“米粉节”是小米微信粉丝增长最多的一天，当天小米在微信上展开了有奖抢答的活动，时间是 14:00～16:00。这次活动，小米微信后台共收到 280 万条信息，过多的信息导致后台崩溃，活动被迫宣告失败，但这次失败的有奖抢答活动为小米带来了 14 万的粉丝，小米微信粉丝在活动结束后的总数达到 65 万人。

与此类似的还有小米在 3 月举办的“非常 6+1”活动，这三天的活动让小米微信的粉丝增加了 6.2 万人。在举办大型活动的同时，小米还会定期举办一些小活动来吸引粉丝。例如关注小米微信即可参与抽奖，奖品有小米手机、小米盒子等，或者不用排队可优先买到热销的机型。

通过微信功能来吸粉

除了和小米一样，通过活动来吸引粉丝，其实还可以通过微信的各大功能来吸粉。微信摇一摇、附近的人、漂流瓶都是吸粉利器。微信摇一摇是微信推出的一个随机交友应用，即通过摇手机匹配同一时间段也在使用该功能的微信粉丝。摇一摇可以增加微信粉丝之间的互动，极大地扩展了人们的沟通渠道。企业可通过摇一摇来增加自己的粉丝，只要摇一摇，就可与一公里以内的陌生人打招呼、聊天，从而慢慢地形成一个庞大的社交网络。微信附近的人是微信推出的 LBS 社交新功能，粉丝可通查找自己所在地理位置附近同样开启本功能的人来增加粉丝。这一功能的推出，不仅让许多企业微信粉丝大涨，也为移动广告带来了一次大商机。附近的人这一功能可以为粉丝提供周边旅馆、餐饮、超市等信息。微信漂流瓶则是与QQ的漂流瓶类似，粉丝可以选择发布语言或是文字将漂流瓶扔向大海，其他粉丝捞到后，即可展开对话，同理，如果你捡到一个漂流瓶，也可以与对方进行对话。如图2-12所示。

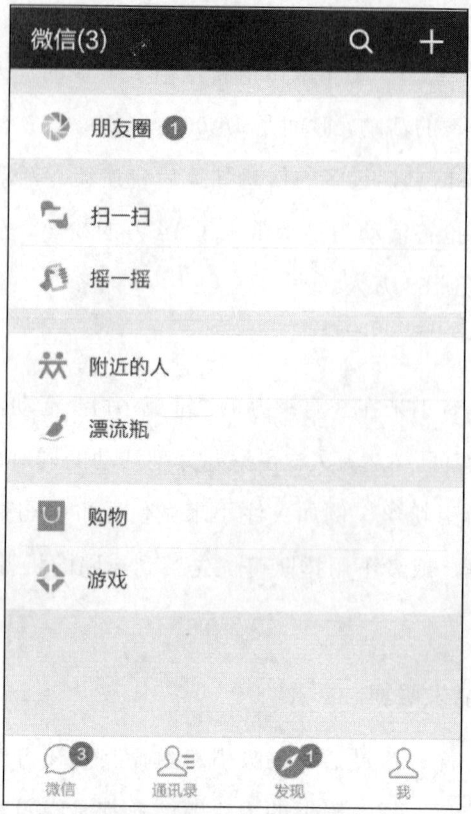

图2-12　微信各大功能

通过微信软文来吸粉

从互联网出现开始，软文一直是各大企业的营销利器，无论是论坛、博客、贴吧等都离不开软文推广的帮助，一篇好的软文胜过你花钱买500个粉丝。在写微信软文时需要把握住两点，分别是标题和内容。标题要更震撼、幽默、新潮，有时候做一个“标题党”是很吸睛的。微信软文的内容则需要是粉丝想看的，要以幽默为主、不以广告而广告、不频繁发鸡汤文等。

支付宝的微信软文就做得非常有意思。比如 2015 年 3 月 16 日，支付宝发表了一篇名为《马云同学愁死了，快来帮帮他！》的软文，其内容是关于马云春节要发 999 999 个拜年红包的事。（图 2-13）所示粉丝一看这标题就会感到好奇，支付宝居然敢拿老板来打趣，同时也好奇马云又不是要破产，还有什么好愁的。这样有悬念的标题，自然能引起粉丝们的注意。（如图 2-13 所示）。再看内容，也是写得非常新奇有趣，粉丝被逗乐之余，也了解到马云要发红包的事。从图 2-12 中，我们可以看到，支付宝先把马云的微博亮了出来，然后配上一个英语版春联，而图 2-13 则把网友参与抢红包的中文口令给列了出来。有“两情若是长久时，马云今天发红包”、“书山有路勤为径，马云今天发红包”、“飞流之下三千尺，马云今天发红包”，这种宣传方式，逗趣好玩，粉丝能接受支付宝这样的广告方式。

图2-13　支付宝软文标题

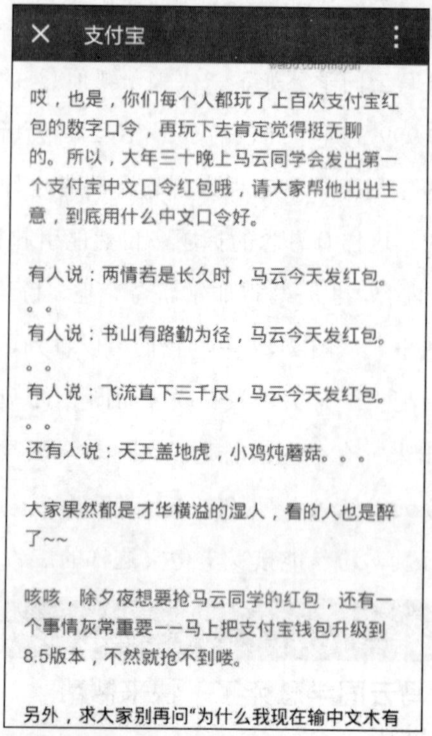

支付宝

哎，也是，你们每个人都玩了上百次支付宝红包的数字口令，再玩下去肯定觉得挺无聊的。所以，大年三十晚上马云同学会发出第一个支付宝中文口令红包哦，请大家帮他出出主意，到底用什么中文口令好。

有人说：两情若是长久时，马云今天发红包。。。
有人说：书山有路勤为径，马云今天发红包。。。
有人说：飞流直下三千尺，马云今天发红包。。。
还有人说：天王盖地虎，小鸡炖蘑菇。。。

大家果然都是才华横溢的湿人，看的人也是醉了~~

咳咳，除夕夜想要抢马云同学的红包，还有一个事情灰常重要——马上把支付宝钱包升级到8.5版本，不然就抢不到喽。

另外，求大家别再问"为什么我现在输中文木有

图2-14　支付宝软文内容

通过微信公众号自定义菜单来吸粉

如果企业开通了微信公众号，就一定要懂得如何利用其公众号的功能来吸粉。微信不仅可以拿来分享咨询，发表推广软文，其自定义菜单中的服务也是吸粉的一大利器。粉丝可开启编辑或是开发模式的自定义菜单功能，然后按照自己的需要以及粉丝的需要设置服务菜单，即可搭建成一个微信服务平台。

南航的微信公众平台的成功就是来自于对自定义菜单功能的设置，搭乘飞机的旅客只需要关注南航的微信就可以完成机票预订服务，还可以查询航班动态。南航除了在微信上为乘客提供各式便利的服务，还推出了里程计算的优惠活动。这个功能可以计算乘客飞了多少里程，到达一定的标准，南航就会给予一定的优惠，同时还有南航发起的各式各样的机票打折活动。

QQ 空间的蔓延度不可小视

QQ 自推出以来，就自带了营销功能。例如一对一的聊天、QQ 群、QQ 邮件、漂流瓶等，而现在就连 QQ 空间也不再是一个单纯地记录个人生活的地方，很多企业都在 QQ 空间中做起了营销推广。相比于 QQ 的其他营销功能，粉丝对 QQ 空间的营销接受度也比较高，同时企业也能从 QQ 空间中获取大量的精准粉丝。同时 QQ 空间中的各种功能也能有效帮助企业吸粉，而且它的蔓延度也不可小视。

案例　美丽说：空间里宣传“美丽经”

提到 QQ 空间营销，不得不提美丽说（如图 2-15 所示）。它可以说是 QQ 空间营销的成功案例中最典型的代表。美丽说在 QQ 空间中的流量都是百万级别的，它的成功可以说是颠覆了很多企业 QQ 空间做不好营销的想法，同时也让很多企业重新审视了 QQ 空间的营销价值，那么美丽说是如何利用 QQ 空间吸粉、吸引流量的呢？

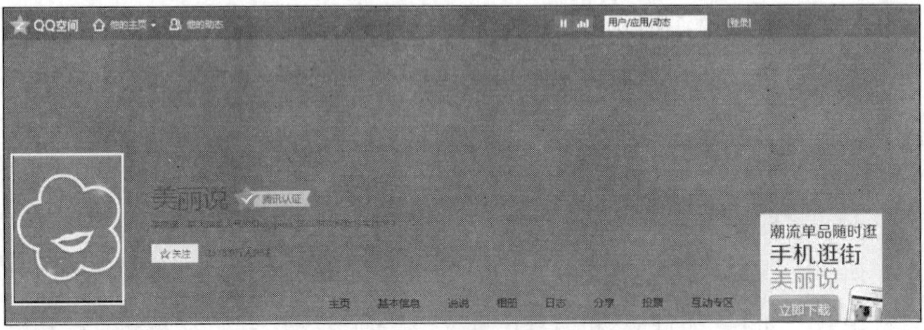

图2-15　美丽说QQ空间

官网推荐：美丽说官方网站底部都推荐了关注 QQ 空间，所以很多美丽说的原有粉丝也很自然地关注了 QQ 空间。到目前为止，美丽说的 QQ 空间的关注流量已经达到了 2 583.9 万。

借助微博流量：微博对于美丽说获取新粉丝的能力不容小觑，美丽说在新浪及腾讯微博都有强大的粉丝群，而且粉丝活跃度也非常高。通过微博的宣传，形成了对美丽说 QQ 空间的大范围传播。

日志转载分享：美丽说定期在 QQ 空间发布粉丝需求日志，这些日志经常会被 QQ 空间粉丝或是访问者转载、分享。可以试想一下，一个人转载平均可带来 50 个访问流量，10 个人就是 500、100 个人就是 5 000 个访问流量，依此类推，其能产生多少流量，而且通过一转、二转、三转之后，日志传播的范围就会越来越大，甚至有可能形成病毒性传播。带来流量的同时，也吸引了更多粉丝关注美丽说。

互动专区：与其他推广渠道一样，QQ 空间也要经常举办一些活动，通过这种方式来增加粉丝黏性，通过互动专区进行优惠、促销、送礼活动还可调动粉丝的积极性。美丽说也没有落下这一点，其经常会举办一些活动。

说说：美丽说每天都会发布说说信息，说说是最好的互动方式。和日志一样，说说通过转发也能形成自转播，这样就会有越来越多的粉丝看到美丽说的空间信息，也自然有越来越多的人关注美丽说，并进行评论、转发。

投票：美丽说在刚开始做得非常多投票的活动，还专门设置了投票专区。这些投票活动为美丽说带来了大量的流量，也拉近了官方与粉丝们的距离，提高了粉丝在美丽说 QQ 空间的活跃度。

为产品写日志

如同美丽说一样，想要通过 QQ 空间做好推广，就要学会如何给产品写日志。其实写空间日志和写推广软文并没有什么区别。都是针对产品出发，把握技巧，让日志看起来显得吸引人，没有广告的痕迹，同时还能激发起粉丝的兴趣，从而让更多的 QQ 空间粉丝变成自己的粉丝。

从（图 2-16）中，我们可看到，楚楚街的关注粉丝量也非常高，截至 2015 年 5 月 5 日，已有 1 138.5 万人关注。从这庞大的关注量，可知，楚楚街也是 QQ 空间推广的好手。从图中可知，楚楚街的推广方法也是定期为产品写日志，通过图文并茂的日志引发粉丝的关注、转发和评论。

图2-16　楚楚街QQ空间日志

每天一条说说，不能少

既然要通过 QQ 空间做推广，那就要懂得如何利用 QQ 空间的特点，而 QQ 空间最受欢迎的一项功能就是说说。所以企业要懂得如何运用。每天一条说说是必不可少的，有新品或是活动时可以多发几条。说说的内容可以是产品信息，也可以是一些鸡汤文。

从（图 2-17）中，我们可以看到蘑菇街迄今为止在 QQ 空间已经发表了 22 633 条说说，基本上每天都会发布数条说说。说说的内容除了一些鸡汤文，最主要的还是产品信息，但是蘑菇街的说说并不是为了广告而广告。其每条说说都显示得非常文艺，让粉丝看了非常舒服。在文字的使用上和图片上非常的用心。如图中“她笑容甜美、身材高挑、拥有一双大长腿……”还配上特定场景拍摄的模特图，让粉丝们看了非常心动。

图2-17 蘑菇街QQ空间说说

将产品图片上传至 QQ 相册

QQ 相册绝对是企业做视觉营销的一个有力通道，企业可以每日定时上传一些图片到 QQ 空间上，吸引粉丝们的注意力。效果就和购物网站的宝贝图片相似，图片比起文字更具有说服力，且更有视觉冲击力。在上传图片到 QQ 相册时，要注意好分类。将同类的产品图片放到一起，粉丝看起来会更加方便。这和我们平常为自己的照片做分类一样，例如家人、朋友、各个景点的分类等，等我们想看某些照片时，即可通过分类快速找到。同时，还可在每张照片下面标描述，这样会让产品更具吸引力。

这一点美丽说做得非常好，与之同类型的蘑菇街、楚楚街都忽略了这一点。美丽说将相册根据产品的特质分门别类，从（图 2-18）中我们可以看到，有分成了家居服、套装、情侣装、配饰、卫衣的等，多达几十类。

图2-18 美丽说空间相册

密切关注论坛的一举一动

论坛可以说是最早的营销渠道之一，新浪论坛、搜狐社区、天涯社区等各种火热的论坛都有很多企业的营销帖子。这些论坛帖子以各种各样的形式呈现出来，宣传各种不同的信息。在论坛中，企业发帖，以引起坛友的注意，并引发激烈的辩论。

案例 安琪酵母：一个馒头引发的婆媳大战

安琪酵母股份有限公司是国内著名的酵母生产企业，酵母，一般只有在蒸馒头、做面包时使用，其用途并不多。但是安琪酵母公司却开发出酵母的很多保健功能，并研究出了可以直接使用的酵母粉。

不过能生产是一回事，消费者能不能接受是一回事。在人们食品安全意识越来越高的今天，要人们接受一种完全陌生的食品是非常困难的，为了突破消费者的心理障碍，安琪酵母公司只能从推广上多下功夫，安琪首先选择的就是论坛推广，于是安琪开始在各大论坛中制造话题。

2008 年，当时有很多讲述婆媳关系的影视剧引起了网民们的广泛热议，各大论坛也有很多相关帖子受到了网友的广泛关注。因此，安琪公司在论坛中策划了《一个馒头引发的婆媳大战》的事件帖子。

帖子以第一人称的形式讲述了一个南方媳妇和北方婆婆因为馒头而发生争执的事。因为南方媳妇不会蒸馒头而引发了北方婆婆的不满，让南方媳妇受了不少委屈。后来婆婆教媳妇怎样蒸馒头，其中就包括了酵母的使用方法。后来南方媳妇使用酵母果真蒸出了好吃的馒头，而此次的婆媳大战也因此而平息了下去。

帖子出来后，马上就引起了坛友的热议，坛友们针对此次事件提出了多种观点和热点话题，其中就涉及了酵母的应用。当坛友们谈及酵母的应用时，安琪公司安排专业人士把话题的方向引入到酵母的其他功能上，让人们知道酵母的功能不仅只局限在蒸馒头上，还可以直接使用，并且还有很多美容保健的功能，还可帮助肥胖人群减肥的效果。减肥是女人永远都会关注的话题，因此，酵母能减肥的功能也让女性网友们迅速记住了。

同时，为了让帖子引起更好的反响，安琪公司选择了最为权威的网站之一搜狐（如图 2-19 所示），利用它的公信力把帖子推到较好的位置。搜狐女性频道是关注度较高的频道，其经常讨论减肥的话题，于是安琪就把相关的帖子细化到减肥沙龙板块来展示。果然，有了好的渠道，帖子便得到了更多人的注意。

互联网本身就是一个有不同声音存在的地方，所以也有很多人对酵母的功用提出了质疑。面对这种帖子，安琪公司并没有激烈反驳，而是让一些技术人员或者行家做适当的反击，比如对那些具有攻击性的帖子，安琪公司并不是让网站删帖，而是找发言人问清缘由。如果是消费者则将他的不满反映到企业，做进一步改进；如果是竞争对手的恶意诽谤，就在网络上揭露出来，而这种揭露，正好给了安琪一次炒作曝光的机会。

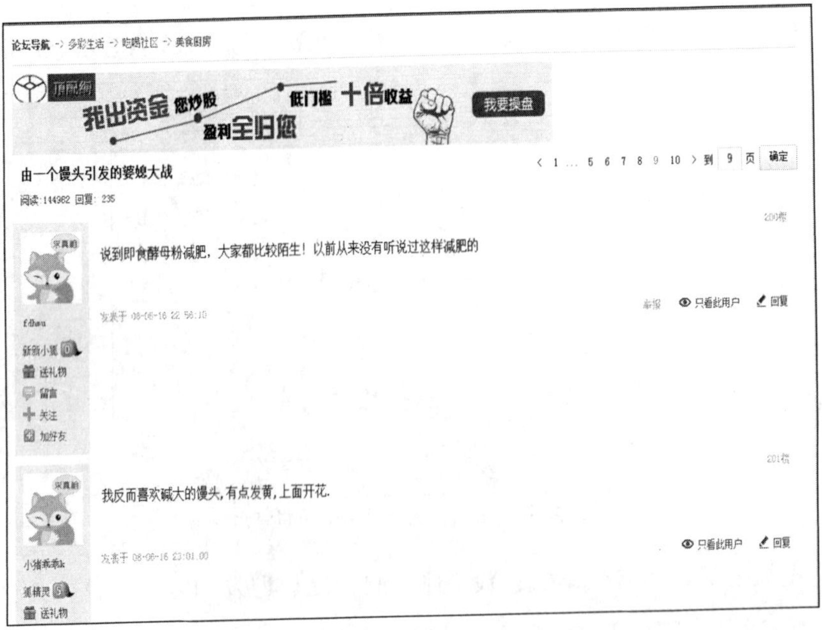

图2-19　搜狐社区网友的相关讨论

安琪还在新浪、新华网等主要网站发布新闻，配合论坛营销，让这些新闻作为坛友们的谈资。通过权威新闻，产品的可信度就得到了大大的提高。只用了两个月的时间，安琪公司的电话量就暴增，许多消费者纷纷前来咨询关于食用酵母的信息。在百度上输入关键词，页面的相关搜索也会显示出安琪酵母粉等相关内容。仅是通过论坛，安琪公司就将新品成功推出。

辩论回贴，加大影响

如果企业想要自己的论坛帖子引起更大的关注，就要多出些奇招，而不是按部就班。只有打破陈规，才能出人意料，引起轰动。可以采取辩论回帖的方式将事件推向高潮。例如回复贬低自己的网友，与之发生激烈的争论，从而引起其他坛友的注意。

2006 年 8 月，天涯论坛中出现了一篇非常火爆的帖子，名为《给上海华普汽车总裁徐刚的一封信》（如图 2-20 所示）。这是一个叫“四海一家 99”的网友，贬低、批评上海华普汽车的经营以及市场策略和汽车产品的一篇帖子。专门发帖对企业进行贬低，这在当时还是非常少见的。一时间，天涯论坛上的坛友就像炸开了锅，该帖的点击率则一路飙升，成为当时坛友点击浏览的热点对象。

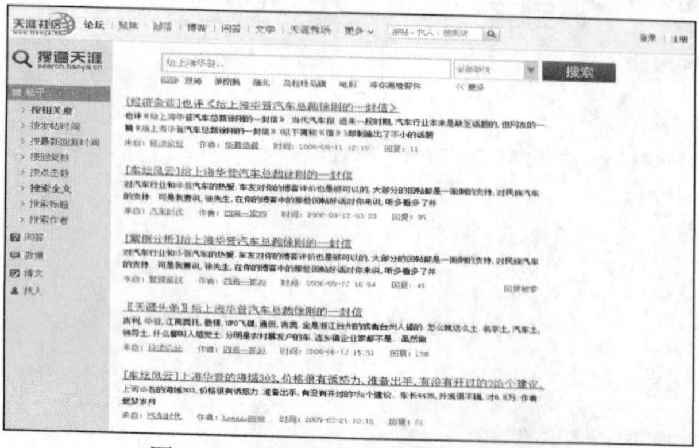

图2-20　此帖在天涯上引起的热度

不久之后，华普汽车的总裁徐刚亲自给这位网友回复了一篇《给“四海一家 99”网友的回信》的帖子（如图 2-20 所示）。在文中，徐刚对网友的种种质疑提出了解释。于是，刚刚沉寂下去的事件又再一次爆发出来，两篇帖子又成为了网友们热搜对象，同时因为徐刚的身份，让此次事件受到了空前高昂的关注度。天涯版主还将帖子放置到了天涯头条的位置。网友的原帖得到了 4 万次的点击量，而徐刚的回帖得到了 4.4 万次的点击量。华普汽车通过此次事件一夜成名，赚足了人气，也推进了华普汽车的销量。

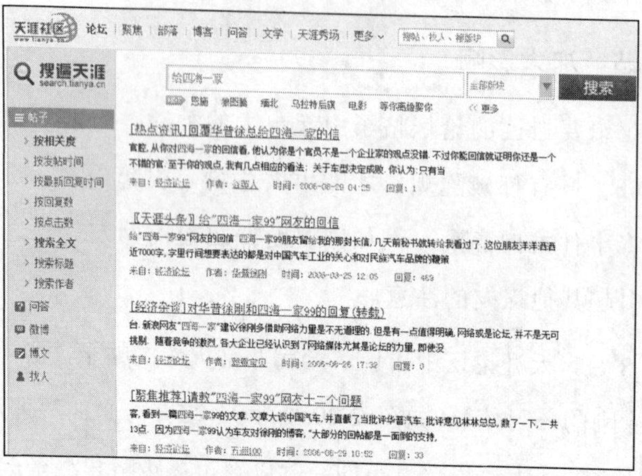

图2-21　华普汽车总裁的回信

制造热点话题，激发坛友的参与互动

要想在论坛中做营销，就要懂得如何制造热点话题来引发网友的关注度。论坛中每天有成千上万篇新帖出现，你的帖子如何才能从中脱颖而出呢？那就需要借助一些热点事件来引发网友的关注，这一点其实与微博微信借助热门事件制造热点话题是一样的道理，都是要找到当下网友最关注、讨论最激烈的事情来为自己造势。同时在制作热点帖子之后，也要不断地顶帖、回帖，尽量让帖子摆在最显眼的位置。

2009 年很多人因为金融危机失业，所以如何找工作就成为了当时人们最受关注的事情。澳大利亚昆士兰旅游局就借此事件推出了一份每小时 1 400 美元的高薪工作。受聘者不但能拿高薪，还可在美丽的小岛上居住半年，并且享受海景别墅，星级待遇，工作的内容很简单，只需要清理游泳池、维护设施、写微博、发视频即可。于是论坛中就出现了一篇名为《世界上最好的工作》的帖子（如图 2-21 所示），这其实是昆士兰自己发表的帖子。帖子发表后，其要求各个公司的每个职员每天都到论坛中顶帖、评论，要将其推上最热门的位置。通过论坛帖子，很多人都知道了这份工作。其实昆士兰这么做的目的，是通过这个事件和帖子向世界各地的旅游者宣传昆士兰的旅游景点，最后的结果证明，昆士兰成功了。

图2-22　天涯转载《世界上最好的工作》

巧设诱惑，引起坛友的好奇心

在帖子中巧设诱惑，可以引发坛友的好奇心，增加帖子的浏览量，提升关注度。一般来讲，大家都不相信天上有掉馅饼的好事，但是对于那些抽奖、赠品活动也会积极参加，其实就是想碰碰运气。那么企业要如何在帖子中设下诱惑呢？一，诱惑内容表达要简单，让坛友们很容易就能做到。有些企业的帖子标题很具有诱惑性，但是帖子内容却太过于复杂，坛友都看不懂，那坛友还如何有兴趣参加。二，诱惑要直白，能击中坛友的内心，其意思很简单，就是说，企业设置的诱惑内容，要是坛友所感兴趣的，所需要的。

新浪论坛曾经出现过一篇非常有诱惑力的帖子，名为《寻找现在灰姑娘——送童话水晶鞋等三重大礼》。该帖自发出后，没多久就得到了 81 万次的浏览量，还多次被新浪论坛置顶。单是看着名字就非常有诱惑力，现实生活中哪个女孩对童话故事、对水晶鞋不感兴趣？所以对女性坛友的诱惑力是最大的。打开帖子后，其实就能发现这是知名杂志 ELLE、迪士尼携手顶级鞋业和新浪微博共同打造的一个“寻找现代灰姑娘”的活动。参加活动的方式非常简单，只要阅读该帖后@三位好友，并登录 ELLE 的官方论坛发表评论并截图，就有机会获得价值 100 多元的假发套装及染发膏，同时还有机会获得全中国仅有的一双水晶鞋。

3

第3章

抢粉丝，就相当于挣钱

对于现代企业来说，粉丝的价值远高于其他一切。也许一个粉丝自身不能为企业带来多少价值，但是一个粉丝的背后是无数的粉丝。也就是说企业服务好了一个粉丝，这个粉丝就会向自己的关系链宣传企业的产品，通过这种循环的模式，该粉丝的隐藏价值就会越来越大。因此，各大企业费尽心思地吸引粉丝，即使是一个粉丝他们也不会轻易地放弃。因为他们明白，在这个粉丝经济时代，抢粉丝就相当于挣钱。

有的放矢，弄清自己的目标粉丝是哪些人

在吸粉之前，弄清自己的目标粉丝是哪些人是非常重要的，这样能让自己的吸粉工作更加具有目标性，在减轻工作量的同时，还能吸引到有效活动。很多企业在吸粉时往往走进了一个误区，就是看到粉丝就把他当成自己的粉丝。因此，有些企业的粉丝量看起来很庞大，但是并不活跃。微博、微信的转发、阅读量低，企业活动的参与也不积极，销量更是与粉丝数量不成正比。

案例　土鸡蛋 O2O 不到三个月积累近 1.5 万个精准粉丝

2015 年，O2O 模式可以说是进入了井喷期，无论是大企业还是小商家，都纷纷打出了 O2O 这个招牌，成功的案例也不在少数。现在就连卖土鸡蛋也开始玩起了 O2O 模式。咯咯咯土鸡蛋就是通过微信玩起了 O2O，而且还非常成功，不到三个月就积累了 1.5 万个精准粉丝。它是如何做到的呢？如图 3-1 所示。

图3-1　咯咯咯土鸡蛋微信公众号

其实土鸡蛋这个产品的货源渠道建设并不容易，而且很不起眼，是一个相对冷门的行业，没什么竞争，市场非常小众化，所以要在微信上玩 O2O 模式，首先要找到这些小众化的目标群体。

店主在做 O2O 之前先做了一个市场调研，去走访菜市场和鸡蛋销售店铺的一些相关人员，进行线下调查。通过一个月的调查，店主获得了一份关于目标粉丝的信息。有土鸡蛋需求的一般是怀孕的妇女、婴儿、儿童、老人，还有一些比较注重养生的中年人。他们的特点是对价格并不敏感，只要是真正的土鸡蛋。不过一般直接购买土鸡蛋的人群是家庭妇女居多。另外他们购买土鸡蛋的方式一般都是开车到农村进行收购，非常的麻烦，而且还不能保证一定能买到。

针对这些信息，店主在微信上策划了一系列以养生为主题和不健康食品对人体危害的主题活动，先通过这些主题活动吸引对养生感兴趣的粉丝。接着店主又通过微信打招呼的功能进行目标粉丝的聚集。这个打招呼的位置基本上是在店主的附近，主要是针对女性粉丝，而且都是在晚上进行活动，因为这个时间段，大家都下班回家休息，玩微信的人也比较多。同时，店主只加精准粉丝，不精准的就会拉黑。因为微信是一种加强关系的社交形式，客户关系维护成本相对来说都比较高，如果一味地追求粉丝量，加了大量的不精准粉丝进来，一是浪费推广成本，二是浪费客户成本，三是混淆自己对真正粉丝群体的定位，从而稀释了对目标粉丝的维护力度。

到了后期，店主主要在朋友圈进行系列文案的推广，其文案内容包括：食物养身、不健康食品的危害、土鸡蛋的营养价值、饲料鸡蛋的营养价值。各种鸡蛋的真实对比，收购土鸡蛋时与农户的合影照片分享等。同时配合线下的试吃活动，引导线下的粉丝将试吃新的和购买土鸡蛋的场景发送到朋友圈。一个月的时间，就有了 2 700 多名成交客户，并且很多都从普通粉丝变成忠实的粉丝。

吸粉之前，先做市场调查

在吸粉之前，一定要先做好市场调查。如果前期不进行调查和分析，没有对可能性的目标粉丝进行调查，那么就很难找到精准的粉丝群体，后期的推广成本就会大大的增加。

第一佳大鸡排在设置连锁店之前，都会先做好市场调查。它一般会在热闹的小区门口、商业街等地设置连锁店。不过并不是每个小区、每条商业街都有。在小区设置连锁店之前，会先调查小区的住户是否以年轻人居多，因为年轻人对于油炸类的食品接受程度较高。例如北京通州云景南大街旗舰凯旋小区门口的第一佳大鸡排连锁店，加盟店的老板之所以会在那里开设，就是因为看中了附近的一家北京现代音乐学院。音乐学院的学生很多，而且对于这类食品非常喜爱。如图 3-2 所示。

图3-2　第一佳大鸡排旗舰凯旋店

从粉丝特性着手找精准粉丝

看自己的产品适合哪类人群使用。找粉丝的第一件事就是对人群的定位。就如魅力购物街来说，因其是一个女性购物网站，产品也都是女性在使用，所以这个目标就非常明确了，就是女性群体。其次，看自己的产品是哪个年龄层的人在使用。就如魅力购物街将人群定位在女性，但是其产品并不是所有女性都能使用。因为产品偏时尚、潮流化，比较符合 20～30 岁这个年龄段的女性。最后，看哪种收入的人群买得起自己的产品。价格是非常重要的，它会直接影响到销量。如果你是价格偏高的产品，却找了大量中低收入的粉丝，那么这类粉丝即使有购买的欲望也会因为高昂的价格而却步。如图 3-3 所示。

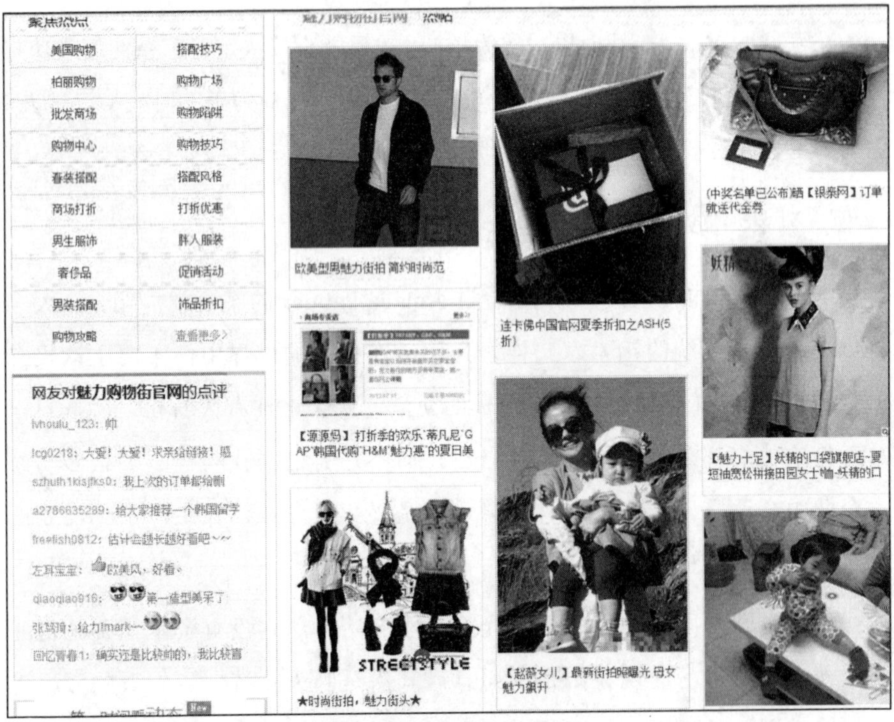

图3-3　魅力购物街官网

从产品着手找精准粉丝

企业可以根据自己的产品特点来寻找粉丝。有些产品有地域性，在南方好卖的产品，在北方就不一定好卖。比如雨伞，在南方雨伞是一年四季都有需求，因此市场庞大。而在北方，基本的功能是充当遮阳的作用，偶尔在夏天挡一挡雨，冬天根本就没有需求。而太阳伞之类的，也就只有女性粉丝才会购买。因此，相对于南方市场来说，想在北方市场找粉丝的限制实在太大。

放下姿态，主动去搭讪粉丝

在过去的几年中，很多大企业因为自恃身份，不肯放下身段与粉丝接触，从而失去了抢占粉丝的先机，被很多小企业抢走了不少市场。例如三星，认为其在中国的手机市场庞大，无视粉丝的需求，反而被小米、华为等国产小企业抢占了不少市场。

在互联网时代，一切应以粉丝为核心，粉丝能直接决定一家企业的成功与否。谁拥有大量粉丝，谁就等于有了销量。所以，厂商为王的时代早已过去，现在，无论你是多大的企业，都要学会放下姿态，主动去搭讪粉丝。

案例　小米：放下姿态和粉丝接触

小米为什么能成功？如果你看过 Amada Palmer 的案例就能明白：大多数传统企业和传统的艺术家一样，只愿活在自己的世界中，不愿主动投身于“群众”，与群众进行开放、积极的交流，认为这样有失身份，降低自己的身价。他们都是等待粉丝来找自己，而不是自己去找粉丝。如很多传统大企业中会透露出来这样一种信息，就是“我很专业，我生产了你需要的东西，你来买吧！”

但小米则不同，首先条件不允许，刚开始时，它没有资本花费几亿元到电视上打广告，而现在则是不愿意。其次是因为传统广告方式的效果已经越来越弱，最后则是雷军明白，在互联网时代，想要拉拢更多的粉丝，就要自己主动去拉粉丝。

在小米的粉丝体系中，主要有三个级别的粉丝扮演了三种角色，第一，参与产品决策的发烧友；第二，疯狂的米粉；第三，基础庞大的普通粉丝。

那么小米是怎样拉拢这些粉丝的呢？

小米让资深发烧友直接进入了小米产品的决策层，像是 MIUI 论坛中的“荣誉开发组”的成员，他们不是小米公司的内部人员，但是他们和内部核心人员拥有一样的特权：提前试用未公布的开发版，然后对新系统进行评价、鉴别，同时还拥有否决新版本的权利。除了这个“荣誉开发组”的成员，所有 MIUI 和小米论坛中的资深粉丝，例如小米论坛的版主、顾问、自愿组成员、同城会会场，还有 MIUI 论坛的版主、资源组、主题创意组、粉丝站长组成员都有直接和小米沟通的特权。除了小米的自身粉丝能参与产品开发之外，小米的普通粉丝也拥有对产品的评分特权，直接影响到整个产品的开发方向。小米内部每周三下午有一个“爆米花”奖，这个奖项的起源是 MIUI 的开发设计过程，最初开发时，每周二都会在论坛上发起对上个周五发布的新版本功能的民意调研活动，投票最高的新功能开发者可以得到一盆爆米花。虽然只是一盆爆米花，但是绝对是最高荣誉奖，小米会将获奖工程师的名字以及获奖照片发布在论坛中。如图 3-4 所示。

图3-4　MIUI资源组所发帖子

微博的加入更是让这种沟通方式得到了完美的对接，每个员工都要在微博和论坛上直接与粉丝沟通，以便能在第一时间拿到粉丝的反馈。

这种让粉丝对产品的直接参与，让粉丝和公司决策层的直接对话，就是小米拉拢粉丝的手段。小米曾经因为发货而产生信任危机，资深粉丝就直接给黎万强发短信，而他也一一回复，粉丝将回复的短信发布到论坛中，论坛上的粉丝看到黎万强的诚恳态度，也降低了怒气。

从雷军到工程师到销售再到客服，小米的所有成员都在粉丝面前放下了身份，让这种低姿态形成一条扁平的线，然后用这条线绕成一个圈，把粉丝包围起来。从论坛到微博、微信，从各个触点上主动去寻找粉丝，去接触粉丝。用一切能做到的事情，让无关的消费者变成关注自己的普通粉丝，然后再将其转化为忠实粉丝。

放下神秘感，让产品制作过程透明化

对于功能大众化的今天，只要不是核心技术，就没有必要将其裹上一层厚厚的神秘面纱，让粉丝看不着、摸不到。将产品制作的过程透明化，让粉丝参与进来，其实比企业自己埋头研究的效果要好。同时，透明化的制作过程也会让粉丝对企业产品更具信心。

沙县小吃就采取了制作过程全透明化的措施，不同于其他餐饮店厨房的隐秘性，沙县小吃直接将食堂与大厅连在一起，只用透明玻璃隔开。到店内的食客可以全程观看事物的烹饪过程。而且在看的过程中可以让厨师根据自己的口味更改食物的做法。

放下自负，重视粉丝的反馈

多数企业都自认为自己才是专业的人，粉丝们不懂。所以往往对粉丝们的反馈采取忽视的态度。却没想到粉丝中也不乏专业的人士，同时他们才是用产品的人，只有他们才了解产品的好与坏，他们的反馈往往就是产品存在的弊端。直接收集粉丝的反馈比花钱、花时间去做市场调研更有效、更快速。重视粉丝的反馈，其实不仅可以改进产品，同时也能让粉丝感到企业是以平等的姿态来对待自己，从而产生一种被尊重的感觉。

新浪微博就是一款非常重视粉丝反馈的社交软件，它经常会向粉丝做一些调查。比如页面经常会出现“你对本款软件满意吗？请对本款软件进行评价”这样的调查。并且设置了专门人员收集粉丝的回馈，然后根据其中的信息对微博进行修改。

放下所有包袱，陪粉丝一起疯

想要彻底赢得粉丝的心，就要懂得拉近自己与粉丝之间的距离。让粉丝知道自己是可接近的，和他们并没有什么不同。那么要怎样才能迅速地拉拢粉丝呢？最好的方法就是陪粉丝一起闹，一起玩。

雷军显然很懂得此方法，因此除了小米手机之外，他本人也获得了不少粉丝的支持。在与粉丝互动时，雷军并没有拘泥与自己大企业总裁的身份，处处表现出了一种亲和力。例如在 2015 年 4 月 5 日的小米 NOTE 黑色典藏版发布会上，他就配合歌手张杰唱起了湖北版的《闹啥子嘛闹》，虽然歌声不太美妙，但却博得了现场粉丝的阵阵掌声和笑声，网上对于雷军的这种行为也颇有好评。如图 3-5 所示。

图3-5　雷军唱《闹啥子嘛闹》视频

发布资讯，吸引粉丝持续关注

要想引起粉丝持续的关注，企业就要时不时地传出一点消息来。如果长期的无动静，粉丝的热情就会渐渐冷却，从而被其他更新鲜的事情所吸引。这就像明星一样，时不时地曝出一点新闻，每隔一段时间就有新的作品推出，这样有了曝光度的同时，也能维持粉丝对自己的关注。所以，企业也要和明星一样，定期地发布资讯，增加曝光度，以吸引粉丝的注意。

案例　凯迪拉克：微博内容连载，引人入胜

一家成功的企业，肯定懂得如何吸引粉丝的注意力，凯迪拉克就是一家懂得通过咨询来吸引粉丝持续关注的企业。作为高档汽车品牌，凯迪拉克肯定不会错过微博这个能够迅速提升品牌形象，拉近粉丝关系、吸引大量流量的强势推广渠道。

有别于其他企业在微博上所运用的促销优惠手段来吸引粉丝，凯迪拉克有别于其他人，用的是内容连载的方式。就像我们看连载小说一样，通过连载吸引粉丝的持续关注。

在日常的微博运营中，其采用了多元化的内容来呈现产品信息，如海外第一资讯、技术解析、时尚外观、各种车型、各种汽车展览会等，但是，凯迪拉克运用最成功的、吸引粉丝最多的还是内容连载。

凯迪拉克喜欢和全球的明星大腕合作，例如美国好莱坞的国际大腕，在其官方微博中有一个专门设置的板块，叫做#凯迪拉克明星风范#（如图 3-6 所示）。这就是凯迪拉克创造的一个内容连载话题，也是其粉丝最热爱的一个微博板块。

凯迪拉克每次请明星代言，都不会一次性地将明星阵容全部发布出来，而是采用了连载的方式，每隔一段时间推出一位明星，并在#凯迪拉克明星风范#中发布相关的博文。粉丝的好奇心因为这种连载方式不能得到一次性的满足，从而对下一位明星产生了更大的期待心理，猜测卡迪拉克下一次又能请来多大腕的明星来代言。而且每次凯迪拉克都会发布与明星凯迪拉克所

发生的不同故事内容，让粉丝看了更过瘾。

图3-6　#凯迪拉克明星风范#

2014 年 5 月 7 日，凯迪拉克又给粉丝送来了一个内容连载的惊喜，通过对美式橄榄球著名球星泰迪·布里奇沃特与身患癌症的母亲赠送粉丝凯迪拉克雷德汽车的故事，让粉丝从微博中感受到凯迪拉克对于人文的关怀，凯迪拉克也向粉丝展示了其汽车企业冷硬之外的感性一面。

2014 年 5 月 18 日，凯迪拉克又在#凯迪拉克明星风范#板块中发布了奥斯卡影后苏珊萨兰登和她的宠物代言凯迪拉克新款汽车 XTS 的消息。这条微博勾起了人们对于这位老牌影后的怀念，大大满足了粉丝的怀旧心理。

凯迪拉克不断地在这个“#凯迪拉克明星风范#”板块中输入新的内容，不断地与粉丝进行互动，维持关注度的同时又引发了粉丝的好奇心，让粉丝对凯迪拉克产生更多的依赖和期待，也让他们成为了凯迪拉克的忠实粉丝。

发布的咨询要正面

企业要通过新闻来维持住粉丝的关注度也要有所选择，不能所有的东西都拿来当作新闻来发布。信息的内容要正面，对企业的品牌塑造有帮助的信息，在发布后才能得到好的效果。其实这和明星一样，很多二、三线的明星经常靠一些负面绯闻来增加曝光度，虽然得到了关注度，却对自己的形象产生了很大的负面影响，而且这种影响会持续很长时间，处理得不好，对自己的演绎生涯会产生很大的阻碍。因此，企业在制作新闻，发布信息时要避免这种靠负面绯闻炒作，博取关注度的方法。即使近期没有什么正面信息，也不要使用这种手段，因为这样很容易让粉丝产生反感心理，那么企业之前辛辛苦苦塑造的品牌形象也就白费了。

湖南卫视《花儿与少年》第二季开播，为了抢占收视率，发布了一个彩蛋。内容是关于第一、二季中嘉宾的感情问题。本来这对前男女朋友关系的嘉宾因为参加同一个系列的节目，担任同一相当的工作就颇受粉丝们的关注，节目组把彩蛋爆出后，确实得到了他们想要的效果，微博关注度大涨，但是却被粉丝们批评消费明星隐私，并表示要弃看节目。节目组虽然赢得了关注度，却失了粉丝的好感，可谓是得不偿失。如图 3-7 所示。

图3-7　《花儿与少年》微博关注度

发布的咨询要是粉丝所关心的

既然要通过发布信息来吸引粉丝的注意，那么信息的内容就一定要是粉丝所关心的，所感兴趣的。如果企业老是发一些无关紧要的内容，那么粉丝肯定会慢慢地不感兴趣，同时，因为长期从企业的微博、微信、论坛处得不到相关的信息，粉丝就会取消关注。就像我们平常刷微博，老是看到某些企业发一些与企业产品、企业动态无关的文章，肯定会感到厌烦，或是因为对自己没有什么帮助而直接取消关注。

海尔的微博除了每天一篇“鸡汤文”，其他的全都是和企业、企业产品相关的信息。例如有什么新产品要推出，或是在什么时间有打折的活动，又或者是关于产品中某个功能的使用等。如图 3-8 所示。

图3-8　海尔微博内容

发布的咨询要有爆炸性

企业发布的信息如果具有爆炸性那就更好了，这样不但能得到粉丝的关注，也更容易形成病毒性传播。爆炸性的内容就是企业要推出粉丝期待已久的新产品，或是企业在某个时间有什么打折优惠的活动，或是企业找了哪个明星来代言。

例如，小米公司在 2015 年 4 月突然在微博上发出小米联合内地歌坛人气歌手张杰推出小米 NOTE 黑色典藏版，其中除了小米 NOTE 黑色版手机，还有张杰的唱片、写真、定制纯黑皮手工礼盒等。小米这条信息一发布，粉丝们马上在微博上制造了话题，形成了病毒性传播。当天就有两百多万人预约，第二天三万套的小米 NOTE 黑色典藏版一推出，288 秒就被粉丝们一扫而光。如图 3-9 所示。

图3-9 小米发布的微博信息

线下造势，能放广告的地方都放

在互联网主要销售及营销渠道的企业的共同特点是擅长网络营销和数据分析，当其线上流量及转化率达到一定瓶颈时，如何通过线下营销渠道来促进线上业务，成为了一个颇具挑战性的问题。因此各个互联网企业无不各施奇招，争夺线下广告渠道。

线下一直是各大企业做广告的重点，因此对于线下广告渠道的争夺一直都非常激烈。几乎能放广告的地方都放了。除了我们经常看到的商场外墙上的广告，现在就连地铁站的通道、地铁的扶手、地铁的感应门都有各式各样的广告存在，还有各个公交车站点、公交车的外部、公交车的视频、扶手也凑充斥着各式各样的广告，可谓是无处不广告。不过因为人们时间碎片化的原因，各大企业对于线下广告渠道的争夺非常激烈，所以企业的这种做法是必须的。要想通过线下造势，来拉取粉丝，就要在能放广告的地方都放上广告。

案例　卡当网：七夕线下营销全覆盖

卡当网是一家专注做私人定制的电子商务交易平台，主要业务是为恋爱中的年轻男女提供私人定制的爱情礼物。因此，一年重点中的三大爱情节日就是销售高峰。这三个节日决定了卡当网的整年销售成败，对此卡当网为 2014 年七夕做了一场声势浩大的线下营销活动。2014 年 7 月 15 日，卡当网在杭州地铁 1 号线推出了“卡当号爱情专列”。卡当网设计了三个经典爱情主题，分别为牛郎与织女的鹊桥相会、许仙和白娘子的情定断桥、梁山伯与祝英台的同窗共读。主打的广告语则是“七夕好礼物，尽在卡当网，”同时还宣传了一个活动：“情书写得好，卡当帮你上头条”，乘客可以通过微信参加卡当网的情书比赛，并参与卡当网的抽奖活动，幸运者可以得到卡当网定制的印有三大爱情故事中某一主角的卡用形象 T 恤。

除了在地铁上做广告，卡当网还在 15 号当天举办了爱情专列的首发仪式，在各大媒体、电视台、各商场大打广告，几乎能宣传的地方，卡当网都进行了宣传。经过 4 天的前期宣传，到了 7 月 20 日当晚，这趟爱情专列一炮而红，连续霸主了各大媒体的头条，更是直接上了微博热门话题榜。如图 3-10 所示。

图3-10　微博上关于“爱情专列”的讨论

在活动期间，卡当网的工作人员打扮成牛郎、织女在爱情专列中穿梭，并与游客举牌合影，并引导他们关注卡当网的官方微博及微信。同时还在线下举办了一场私人订制的高端求婚盛宴。这场盛宴的时间是在 7 月 31 日，卡当网提前一天把爱情专列上的广告位换上活动获奖得主的情书，并配上女方照片。同一天，当地的各大报纸也对此做了跟进报道。当天，男方会让女方坐上“爱情专列”，然后从武林广场站下车，在那里，卡当网已经布置好了一个温馨浪漫的求婚现场，包括舞台、红地毯、舞蹈、小提琴。还请了媒体进行现场报道。

卡当网这场线下营销活动做得很成功，当天微博话题《男子包杭州地铁专列求婚》转发过万并登上热门话题榜第 11 位，腾讯新闻、优酷等对其都做了报道。

找人群密集的地方做广告

既然要在线下做广告，就要让其发挥出最大的效果。因此要找人流比较大，人群较为密集的地方。像地铁站，各个大型的公交站，还有各大商场都是人流较大，人群密集的地方。看到广告的人越多，关注企业的粉丝也就越多，此次的广告效果也就越大。

康宝莱就在北京地铁 1 号线的国贸站上长期租了一面墙打广告，而且是人群流动最多的一个地方——国贸站 A 口，这个口通往国贸大厦，以及国贸桥下的公交站，很多乘客都会走这个口回家或是购物。

线下广告也要讲究便捷性

在线下做广告是为了吸引粉丝关注自己，因此除了让粉丝看到广告所传递的信息，也要让粉丝能快速、简单地就能关注自己。而关注企业微信、微博简单的方式，就是扫描二维码。所以企业在做广告时，一定要将二维码添加在显眼处，方便粉丝关注。

人人网在地铁打广告时，就非常简单，只写了一句广告语，并配上一个二维码。粉丝只要在等地铁时，对着感应门扫一扫二维码，就能直接下载人人网的手机 APP。如图 3-11 所示。

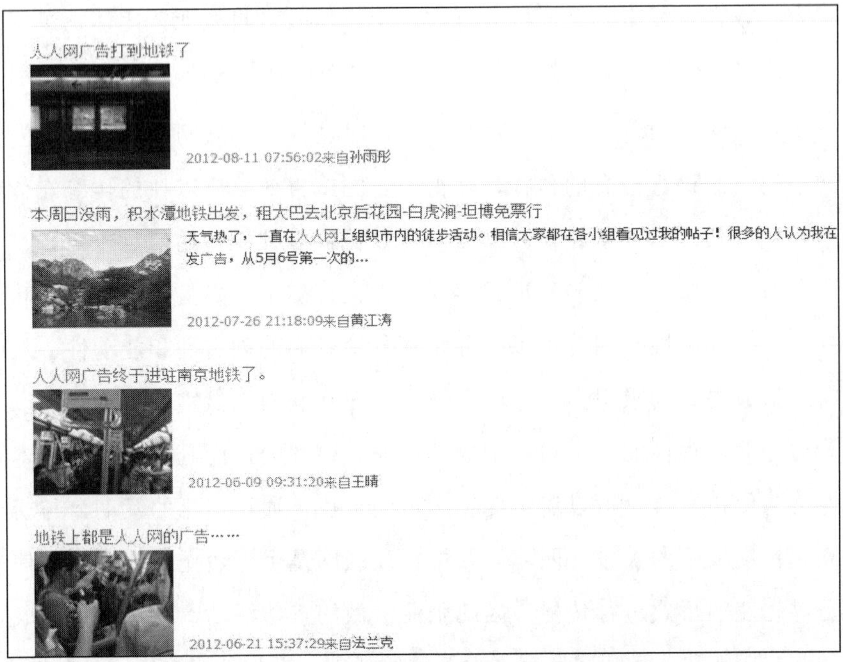

图3-11　人人网网友讨论人人网在地铁投放广告

线下广告要突出重点

在线下做广告，一定要突出重点，能让人一眼就看到产品的优势和核心是什么。例如在地铁站的墙上做广告，乘客往往只是路过，所以他们并不可能停下脚步，花大量时间阅读你的广告信息，因此企业在做广告时，一定要让粉丝一眼就能明白这个产品是什么，有什么优势，对自己有什么帮助，其他无关紧要的细枝末节无须添加。

例如，英孚在国贸站电梯墙上的广告，它的广告重点就非常鲜明。直接写上不用大热天坐地铁去上课，不用花大价钱找补习老师，在家就可以解决。路过的人一看确实击中了自己学习的痛点，从而加深了对英孚教育的印象。

线上宣传，充分借助互联网的力量

近些年，互联网所拥有的强大力量已经一次又一次地得到了验证。其所具有的强大传播效果是传统媒体无法企及的，因此各个企业在做宣传时，也将重心放在了线上。互联网就好比一个万能胶，将企业、团体、组织以及个人跨时间区域、空间黏在了一起，信息在这种情况下变得唾手可得。

在互联网上做营销有五大优势：一，时域性。互联网能够超越时间约束和空间限制进行信息的传播，使得企业的广告效果比以往的传统媒体更迅速、更有效。二，富媒体。互联网可以传输多种媒体的信息，声音、文字、图像、视频，并以多种形式存在，大大打破了纸媒只能通过文字和图像打广告的局限性，因此可以充分发挥营销者们的创造性和能动性，从而对粉丝形成更大的吸引力。三，个性化，在互联网上做宣传，企业可以进行一对一的、理性的、由粉丝主导的、非强迫性的，而且是一种低成本和人性化的促销宣传。可以避免促销人员的干扰，通过信息的互动，与粉丝建立起长期良好的关系。四，高效性。互联网是个无边无界的世界，信息都是以光速的形式进行传播，因此企业所做的宣传活动，能最快地形成效应。五，基础性。互联网拥有庞大的粉丝基础。不管是在数量还是黏性上，其都是无可匹敌的，如同微信、微博上的粉丝基础。企业只要通过这种社交网站发布信息，这个信息就能以最快的速度让最多的人知道。

案例 《爸爸去哪儿》：借助互联网带来的现象级节目

2013 年，湖南卫视《爸爸去哪儿》这档事先并不让人看好的真人亲子秀节目一夜爆红，出人意料的成为一档现象级节目，在零差评下收视率节节高升，一度突破，也捧红了参加节目的五组父子。到了 2014 年，《爸爸去哪儿第二季》更是独占鳌头，收视口碑均获双丰收偶。

数据显示，#爸爸去哪儿#主话题微博阅读量达到 230.2 亿个，超越#世界杯#71 亿个的话题阅读量，成为微博上电视节目阅读量最高的话题词。第二季首播全国网收视率达到 2.43%，城市网达到 4.24%，刷新国内节目首播纪录。如图 3-12 所示。

图3-12 截至2015年5月25日#爸爸去哪儿#的话题阅读量

《爸爸去哪儿》为什么能获得如此大的成功呢？其实有一半的原因就是湖南卫视借助了互联网社交媒体的力量，通过社交媒体的宣传让这档节目的关注度达到了顶峰。那么湖南卫视如何利用互联网为《爸爸去哪儿》第二季进行宣传的呢？

首先，在微博上进行同步直播。很多观众都有刷微博的习惯，在微博上进行直播，可以满足观众时时进行交流分享的需求。节目组将《爸爸去哪儿》正在播出的、具有一定话题性的内容和相关现场图片或是视频放在微博中，让观众进行点评和转达。同时节目中一些未播出的花絮，节目组也会将其放到微博上，维持到下期节目开播前一周中观众的热情。

其次，不断在微博上制造新话题，引发观众热议。由于《爸爸去哪儿》节目中的明星孩子都是第一次出现在电视节目中，观众对孩子的有着强烈好奇心。于是节目组就利用观众的好奇心，推出了一系列话题。例如“多多英语”、“小天使贝儿”、“杨阳洋”、“贝儿费蒙”等与孩子相关的话题。节目组还推出了明星爸爸小时候的照片、并且与他们的孩子进行比较。类似于这样新鲜有趣的话题迅速在网络上引发了关注，观众对节目的关注度也因此越来越高。

最后，利用视屏网站打造优势内容巨阵。除了电视，观众看电影、电视的最大渠道就是各大视频网站。因此，为了加大影响力，《爸爸去哪儿》与各大视频网站进行了深度合作。利用视频网站的平台优势以及庞大的粉丝基础加大节目的影响力。例如，优酷综艺频道独家上线了视频互动功能，根据当前的热门节目设置事件话题，并邀请网友主动参与讨论。同时，节目还会将未播出的删减片段提供给各大视频网站，除了完善节目内容准备之外，也能通过视频网站的影响力推高节目的热度。而且视频网站也会根据节目中的笑点、泪点、爆点进行剪辑，让节目更具趣味性，满足不同观众的需求。

利用社交媒体扩大影响力

在互联网营销中占据最主要地位的，就是各大社交媒体，如微博、微信、论坛等。因此企业在做线上宣传时，要懂得利用微博、微信、论坛的影响力来配合自己的宣传。如在微博上设置话题，在微信公众平台上做系列营销软文，加大在微信朋友圈的影响，也可以在论坛上发帖，引发坛友们的讨论。

小米不愧是拉拢粉丝、懂得利用互联网宣传造势的能手。近日，小米推出了“小米 Note 顶配版”，除了线下举行发布会，还在线上各大社交网站上宣传造势。其 2015 年 5 月 6 日在微博上发起话题#小米 Note 顶配版#话题，只不过一天时间就有了 1.4 亿次的阅读量。同时在微博上还发起了抽奖送礼的活动，粉丝只要关注小米 Note 并转发，就有机会赢得手机一台。除了微博之外，小米在微信、论坛上也做足了宣传。希望通过这些社交媒体的影响力为小米 Note 宣传造势，让更多的人加入到小米 Note 的抢购大战中来。如图 3-13 所示。

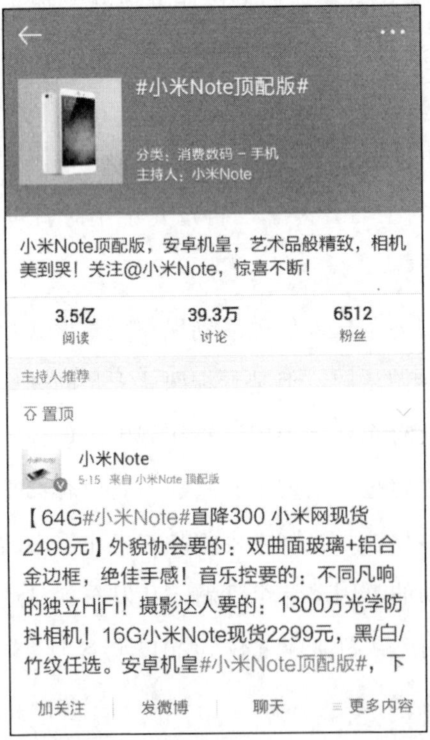

图3-13　截至2015年5月25日#小米Note顶配版#话题阅读量

线上宣传、线下活动配合

既然在线上做宣传，那么线下也要同时举办一些活动，配合宣传的同时也能通过现实案例增加说服力。可以将线下活动的照片发布到各大社交媒体上，让网友感觉“原来真的有这回事啊！”“看来确实有这回事”的感觉。这样网友的参与热情会更好。

近日热映的电影《左耳》，现在票房接近五亿元，这就是因为其团队将宣传做得非常好，在微博上发起热门话题#左耳#的同时，也在线下各大城市的影院、大学发起活动。并把现场的图片发到微博上，让网友看到电影在线下的真实情况，从而激发网友去观看《左耳》的兴趣。

线上宣传内容要在第一时间引爆网友眼球

互联网，每时每刻都在产生信息，如微博上，每分钟都有新的话题出现。互联网上的信息不存在慢慢酝酿此方法，如果你的内容不能第一时间就吸引网友的注意，引发网友的兴趣，那么很快地就会被其他信息给淹没。就像我们每小时去刷微博，都可以看到每小时的微博话题、热门话题、微博人物热搜的排名是不一样的。这个小时还在热搜的第一位，过一小时就可能掉到十名开外了，再过几个小时就可能被淹没在微博这个汪洋大海中了。

例如，央视新闻为了让人们关注到现在大学生就业的问题，在微博上发起了#就业有位来#的话题，但是看标题就十足的劲爆，“就业有位来”，就是说只要想工作就有企业来招聘，直接戳中了现代大学生找工作难的问题。同时其发布的内容也让网友很感兴趣，其内容都是针对面试时的一些技巧、需要注意的事项能。这些内容都是有工作需求的网友们最需要的，也是对他们最有帮助的。因此这个话题，从发布到已过了大半个月，还一直排在热门榜的前列，话题阅读量截至 2015 年 5 月 25 日，已达到 22.8 亿次。如图 3-14 所示。

图3-14　#就业有位来#微博话题阅读量

好的活动策划是永远的金字招牌

活动策划是企业笼络粉丝的绝佳法宝。有时候，粉丝买不买你的账，就要看你是否能策划出吸引粉丝的活动。成功的活动策划往往能做到让粉丝主动宣传产品，让粉丝推荐其他人成为你的粉丝。

案例　土耳其航空：根据大事件迅即策划

2012 年，伦敦奥运会赛场内比赛进行得如火如荼，赛场外的品牌也没有闲着。土耳其航空公司利用二维码与消费者玩起了寻宝游戏。土耳其航空公司先是将七十多个奥运会参赛国家和地区的旗帜做成了二维码，然后分别放在了伦敦市内 90 多个公交站牌上，然后发布消息，吸引消费者来寻宝。寻宝的游戏规则是，参与者先去找“藏”在公交车站牌里的二维码，找到后用手机扫描，就能够获得一面旗帜。之后，可以凭借收集到的旗帜在土耳其航空公司的移动网站上登记。最终，收集到旗帜最多的消费者就可以获得往返土耳其飞往全球 200 多条航线的免费机票。这种送礼方式新奇且有趣，充满了刺激和挑战性，这样消费者通过自己努力得到的礼物的同时，也充满了成就感。

土耳其航空公司借助伦敦奥运会这样的大赛事，巧妙组织奥运会的观众来参与他们的营销活动，可谓是借力的高手。

一些热门事件总会引来公众的追捧。企业只要找到合适的切入点，就能巧妙地把活动和事件结合起来，然后让消费者自发参与，从而为企业带来真正的价值。事实证明，能和大事件结合起来的营销活动，往往会取得较好的效果。

当然，除此之外，企业还可以通过策划其他方式的活动来吸引粉丝。在一些特殊的节日或者是用“免费”的噱头吸引粉丝，但是不论采用哪种方式，都要记住抓住以下三点，只有这样的活动粉丝才愿意参加。

活动有创意粉丝才买账

企业要想从扎堆的活动中脱颖而出，成功吸引客户的注意，使的客户成为你的粉丝，就一定要注意，让你的活动有足够的创意。

2014 年 5 月，为期三天的草莓音乐节在通州大运河广场举行，众多的互联网企业纷纷加入其中，将高科技与音乐文化有机结合起来，成为了音乐节上最大的亮点。在这中间，也有国内下载量最大的女性健康 APP——大姨妈。它以其独特的粉嫩、贴心气质引起了音乐节上的人们广泛关注。在这个活动期间，大姨妈的 APP 下载量迅速增长，下载人数更是达到了 50 万人次之多。

因为大姨妈是这次草莓音乐节上唯一一家参展的女性经期类软件，所以刚亮相，就吸引了许多女性的捧场。大姨妈充分利用了女性特质，将自己的展台全部装饰成了浪漫的粉红色，大姨妈的界面也是如此。而且将自己家的展台设计成了“百求百灵”的“姨妈庙”。“姨妈庙”上的对联也很吸引人，写着“拜一拜血气方刚，求一求桃花连连”，引得许多粉丝疯狂拍照，在“姨妈庙”前排起了十几米的长队。他们都在等待抽取寄于幸运愿望的粉色丝带，祈求自己的愿望能实现。大姨妈凭借其在草莓音乐节线上线下的营销活动，成功笼络了一众粉丝，带动了该软件的下载热度。如图 3-15 所示。

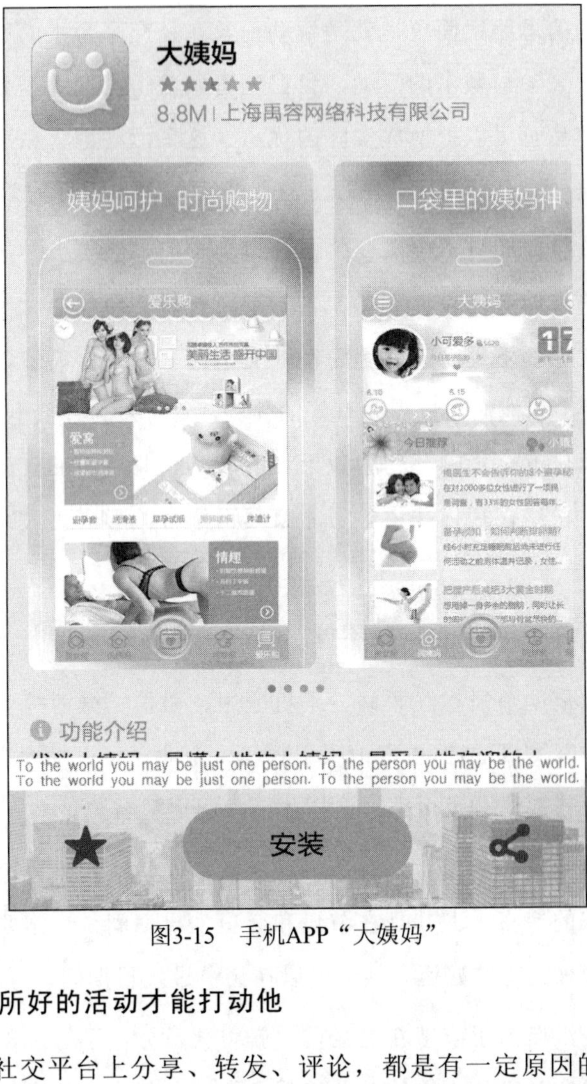

图3-15　手机APP“大姨妈”

投粉丝所好的活动才能打动他

粉丝在社交平台上分享、转发、评论，都是有一定原因的。比如这则消息是关于健康的，这则是很幽默的，还有这则转发出去能够传递正能量的。因此，广告主想要让消费者扫描后将你的信息分享到社交平台上，一定要把握好粉丝网络动作后的驱动动机。想要做到这点，就要把“动力”藏匿在策划的活动上，最好在兼具自己品牌和活动效果的同时，或者体现出幽默的笔触，或者给出点小优惠，总之，确保具有吸引力，这样，信息被粉丝分享的概率才会增大。

戴尔在社交平台上打造的戴尔存钱罐活动就是一个很不错的案例。戴尔存钱罐活动的思路很简单，就是调动粉丝在社交平台上的朋友关系，让这些朋友一起来参与戴尔的活动，自己则可以获得相应的积分，这些积分在购买戴尔产品时可以抵换成实际的优惠。这个活动因为精准地掌握了粉丝希望获得优惠的心理动机，所以才在推出后取得了很好的效果。

把握粉丝心理动机不仅需要广告公司具有很强的实力，还需要广告公司多聘用一些有创意的设计人员。当然了，要想让粉丝心甘情愿地分享，在粉丝体验上也要下足功夫。因为在社交平台上的人，大多数都是自己的朋友、粉丝等，和他们交流需要有好的体验，这样双方才会开展良性互动，如果太过商业化就会影响互动的效果。所以，企业要保证自己推出去的产品质量，这样粉丝在扫描并体验后才会真正认可，形成“大家好才是真的好”的口碑。

“免费”的活动谁也推脱不掉

企业可以借助节日在互联网、手机应用、微信、微博等各种渠道中推出“免费计划”，为了能够更好地吸引粉丝，企业还可以加大宣传力度，将标题制造得有噱头，有吸引力。这样才能吸引更多客户。

比如，企业可以利用微信会员卡让粉丝多次消费积累分值，还可以为粉丝送上额外的惊喜。尤其是在节日和会员生日期间，一定要让粉丝感受到特殊时节带来的特殊好运。甚至可以在会员过生日期间，为粉丝免单等。

比如，金汉斯为了回馈新老会员，就将会员分出了等级，根据注册时间，免费赠送会员价值不等的自助餐代金券。至尊会员生日时甚至会获得价值 100 元的代金券。有这么大的福利诱惑，金汉斯的会员一下子增加了数万人。如图 3-16 所示。

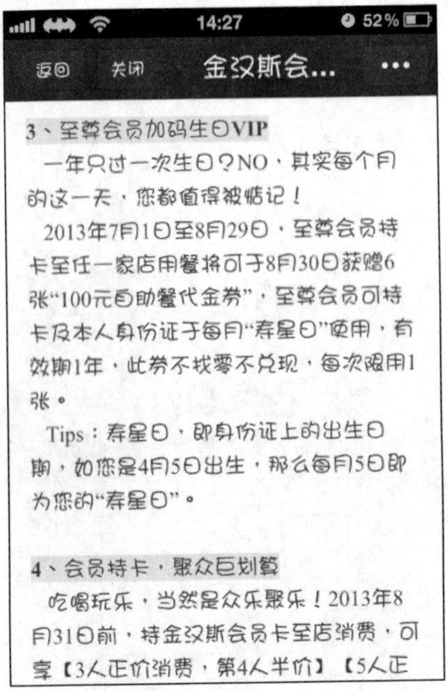

图3-16　金汉斯会员活动

4

第4章 揣摩粉丝心思，这几招足够

都说吸引粉丝要“攻心为上”，因此企业一定要懂得分析粉丝的心理。根据粉丝的心理，然后“对症下药”，这样才能彻底地把握住粉丝。粉丝的心理主要分为 8 种，反叛者心理、英雄心理、民族情结、超值心理、草根心理、参与心理、表现心理、受重视心理。粉丝的每一种心理都有不同的表现形式，他们的满足点也不同。因此，企业不但要准备揣摩粉丝的心理，还要懂得根据不同心理做出不同的应对技巧。

反叛者心理——传统手机都是垃圾

反叛者心理，这是所有粉丝心理中最重要的，它就像我们小时候父母越不想让我们干什么，我们就越想干一样，而且还会想方设法地去把它完成。这种心理其实就代表着内心对某种限制的叛逆快感。

其实任何行业都可以造就或是运用这种叛逆心理，iPhone 就是成功运用这种心理的典型代表。它有时只需一句话就可以让粉丝有认同感，例如乔布斯说的“传统手机都是垃圾”，这句话就准确击中了粉丝心中深藏已久的不满传统手机的心理。不过当 iPhone 成为叛逆者，并成功挑战成为强势手机之后，它又会诞生新的反叛者，而在中国市场，这个新的反叛者就是小米手机。小米手机的高性价比击中了许多对苹果高昂价格不满但又想使用好功能的手机粉丝。而小米在中国市场成为可与苹果相匹敌的企业之后，又有华为这个新的反叛者出现。这种反叛与被反叛之间的循环模式永远不会停止。

案例　苹果手机：要买就买苹果手机

在功能时代，诺基亚一直是世界手机之王，它过硬的功能和质量让其他传统手机只能望其项背，而它也牢牢地占据着龙头老大的地位。不过当一个人成为王之后，就难免会有自傲心理。因此在这种“高压政策之下”，诺基亚许多被诟病的功能一直没有解决，粉丝心中对这种不满也越来越强烈。此时，苹果手机这个反叛者出现了。起初，诺基亚还未将苹果看在眼里。但是乔布斯登高的一呼“传统手机都是垃圾”，彻底让对以诺基亚为代表的传统手机的不满爆发了出来。拥有这种反叛者心理的粉丝越来越多，诺基亚的粉丝也就流失的越来越多。在苹果手机用自身证明“传统的功能手机确实是垃圾”之后，诺基亚的王者之位也就被苹果推翻了。从此，诺基亚的身影越来越黯淡，而苹果则代替诺基亚成为了世界手机企业的龙头老大。于是乎，粉丝间一直流传着一句话：“要买就买苹果手机”。

现在我们就来看看诺基亚存在哪些问题让粉丝产生了反叛心理，而苹果手机又是如何让粉丝说出“要买就买苹果手机？”

诺基亚忽视粉丝对智能的需求：当智能大潮袭来时，诺基亚还在坚守着它功能为王的制造理念。不肯重视粉丝对智能手机的需求。当通话已经变成最基本的手机功能时，智能娱乐才是手机行业竞争的焦点。不过诺基亚明显没有看到这一点。诺基亚的功能质量不可否定，单是从质量来说，即使是苹果也无法与之匹敌。但是诺基亚对于智能方面的不足，已经把这个优点掩盖过去了。手机机身沉重、触摸屏反应迟钝、内存低、手机软件不全，这些缺点都是让粉丝产生反叛心理的原因。

诺基亚不肯跟随，坚守塞班系统：当 99%的手机都选择将安卓作为系统时，诺基亚还在固守着塞班系统。于是很多软件诺基亚都无法安装。而当时，粉丝对软件的需求早已大于对通信功能的需求，当诺基亚无法安装自己所需要的软件时，粉丝们只要弃用。如图 4-1 所示。

图4-1　诺基亚被微软收购后

苹果反叛成功的理由：苹果手机的到来证明了智能手机时代来临了。通过苹果，人们可以完成许多传统手机都完成不了的事。例如轻薄的机身、迅速地触屏反应、各种应用软件的普及。粉丝除了可以通过苹果通话，还可以通过苹果学习、工作、娱乐、游戏，而且体验绝对比其他手机要好上许多。同时它对于极致体验的追求、粉丝反馈的重视更是诺基亚传统制造业无法企及的。

找出粉丝的反叛原因

如果要把握粉丝的反叛心理，那就首先要找出让粉丝产生这种心理的原因。是价格垄断产生的反叛心理，还是某种需求一直得不到满足而产生的心理。就像是一条街上开了两家经营项目差不多的餐厅，那么后开的一家想要拉到顾客，就要先了解对方餐厅什么地方做得不好，让顾客不满意，然后自己将这方面补上。例如价格太高，就定低点，环境不好，那就装修的好点。

魅族之所以一直能获得粉丝的支持，就是因为它成功地找出了粉丝的反叛原因。现在的手机行业，只重视功能以及价格，粉丝很难从中找到一种情感上的认同，所以市面上一旦出现性价比更高的手机，粉丝马上就会反叛。因此，魅族除了在功能上下功夫，还在人文情感上下功夫，让粉丝在手机上也能有情感寄托。果不其然，相比于苹果、小米的粉丝，魅族的粉丝虽然不是最大量，但绝对是最忠诚的。如图 4-2 所示。

图4-2　魅族官网

让自己具备反叛者的条件

反叛成功的前提是自己要具备反叛者的能力和条件，如果没有，即使你找出了让粉丝产生反叛心理的原因也没用，因为你无法消除粉丝的这种反叛心理。

京东为什么能与淘宝分庭对抗，就是因为它具备了反叛者的条件（如图 4-3 所示）。刘强东有资金，有电商技术，有自己的物流团队，并有能力与淘宝做出差异化。在淘宝被假货充斥，粉丝怨气漫天之时，京东推出了只做正品，绝无假货的经营理念，这无疑是给淘宝一个最致命的打击。

图4-3　京东官网

反叛时要一击即中

一击即中，这一点很重要。当企业对反叛者发起挑战，夺取对方的粉丝时。如何才能一击即中对方的反叛心理呢？找出粉丝产生反叛心理的原因和让自己具备反叛者的条件是一击即中的必需条件，但还有一点就是如何像乔布斯那样用一句“传统手机就是垃圾”这样简洁但有力的口号也很重要。这种口号要融汇粉丝所有的反叛点，要具备心理冲击力，要让粉丝一听就深有感触并认同。

例如，小米手机的口号“为发烧而生”（如图 4-4 所示）。这一句口号就是融汇了粉丝对国产手机质量不够硬，苹果、三星手机价格过高的反叛心理。同时，为发烧而生这句话也是手机发烧友的口号。

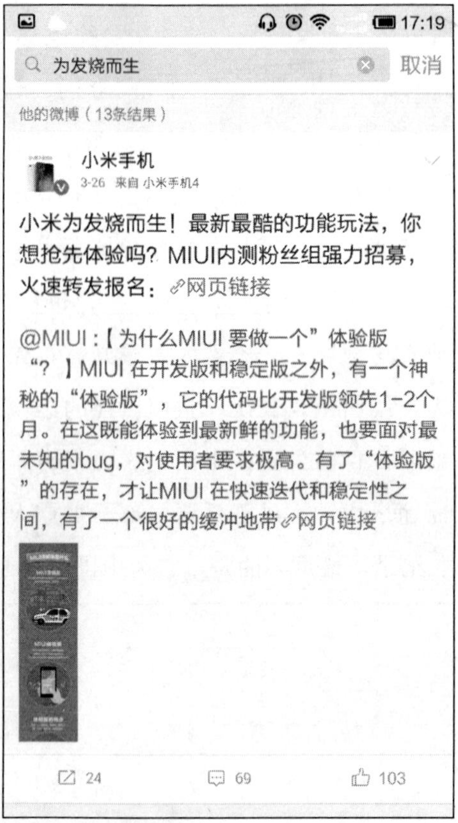

图4-4　小米手机微博内容“小米为发烧而生”

英雄心理——英雄就要与众不同

英雄心理，是自古以来就存在的。每个人都有英雄情节，这不分男女。如同小米的成功，就是成功地运用了粉丝对于英雄崇拜的心理。一，它借借苹果手机这个英雄，不正面挑战却敢于站在它的肩膀上获取成功，二，小米塑造了一个七人团队，借助这七个人在各自领域的长处，形成了一个英雄团队。让粉丝对这个人才济济的团队产生崇拜感和信任感。三，最主要的英雄心理的塑造，就是要敢于与众不同。小米获得粉丝支持的一大原因就是敢于打破手机行业的规则，低价、无中介商、饥饿营销。

案例《战狼》：英雄军人打出来的高票房

近日，由动作演员吴京自编自导自演的主旋律电影《战狼》获得了近 6 亿元的票房，在豆瓣网和时光网获得了 7.1 和 7.0 的高分（如图 4-5、图 4-6 所示），这在评分严苛的两个网站中已经非常难得，可谓是口碑票房双赢。如果不是国外大片《速度与激情》的出现，还可能取得更高的票房，不过当前也只有《战狼》能够与《速度与激情》相抗衡。不过《战狼》对于中国电影的意义绝度比《速度与激情》要高上许多，也得到了更多人的认同。不过在电影上映之前，这部影片并不被人所看好，首先没有明星阵容，而主演吴京也能勉强为二线明星。其次，按照以往的经验，主旋律电影的口碑和票房都很低。最后，目前为止，中国电影还没有军事题材类型出现，没有经验可参照，前途堪忧。不过正是这一部不被众人看好的电影却拿到了高口碑、高票房的纪录，最重要的是，它为中国电影画下了一个里程碑。

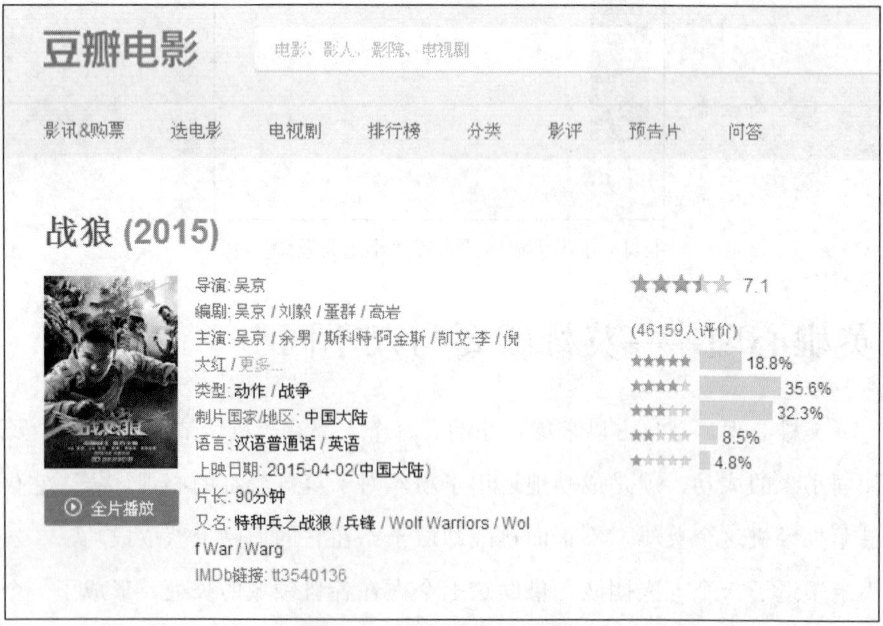

图4-5 《战狼》豆瓣网评分

这部电影的成功，除了营销到位，最重要的还是其对英雄情节的塑造获得了粉丝们的高口碑，而这口碑催化了后期票房的持续走高。

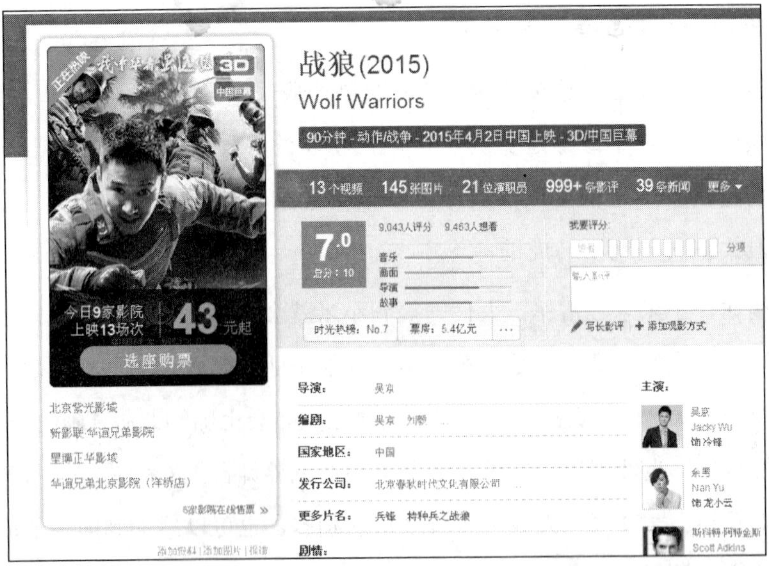

图4-6　战狼时光网评分

为什么英雄心理的塑造能获得粉丝们的高度认可呢？古往今来，英雄都是受人崇拜的，顶天立地的英雄风骨不仅体现出了一个时代宏阔远大的文化胸襟，与民族心灵的建构和国家的兴衰存亡也是不可分离的，而《战狼》正是抓住了人们对于这种英雄心理的渴求，通过英雄人物的塑造让人们看到了如今的中国军队值得敬佩，是血性强悍的，是能够保家卫国的。除此之外人们对于中国军人的印象也发生了改变。

中国的历史上不乏果敢无畏、前赴后继的英雄志士。贯穿《战狼》全片的经典台词“犯我中华者，虽远必诛”，更是彻底激发出人们对于吴京所言的这位“军人英雄”的崇拜感和认同。现代化武器、装备的出现、枪战、打戏的出彩都让观影的粉丝们看得热血沸腾，赞叹不已，而通过多方元素的添加，影片也将“英雄人物的热血强悍”表现得淋漓尽致。

有媒体称，看《战狼》的以 90 后的年轻人居多，男女比例也相差不已。本来以为这个纯男性化的影片是不受 90 后女性喜欢的。但显然每个人心中都有个英雄情节，只要塑造得好，就能获得他们的支持和喜爱。而《战狼》显然把握到了这一点，并将之发挥到完美。

英雄不一定都是“高大上”

很多人企业在制造英雄时，都喜欢制造成一个完美的不像个人的英雄，让人只能仰望而不敢靠近。其实，现代粉丝的心理，越是接“地气”的英雄他们越喜爱。他们喜欢的英雄是和他们息息相关的，也会做些平常人的事，但关键时刻绝不马虎的。

例如，小米总裁雷军，人们一提到小米就会想到雷军，可以说雷军就是小米这个企业的英雄。但是雷军却不像其他企业的英雄人物一样，端着企业家的架子，反而让人觉得他很可爱。他会在发布会上唱湖北版《闹啥子嘛闹》来取悦粉丝，也敢于用一口蹩脚的英语站在世界舞台上发表感言。粉丝从他的身上看到了一个平凡人成为英雄之后的励志，也可以感受到即使他成为了一个英雄还是那么平易近人。因此不仅是小米获得了不少粉丝，雷军本人也有个庞大的粉丝后援团，其人气丝毫不逊于当红偶像明星。如图 4-7 所示。

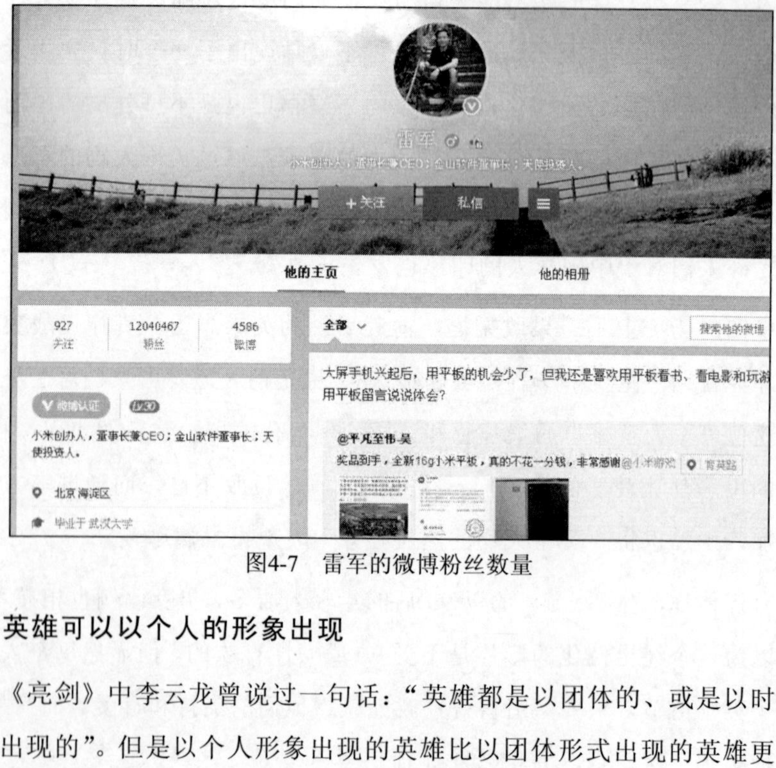

图4-7　雷军的微博粉丝数量

英雄可以以个人的形象出现

《亮剑》中李云龙曾说过一句话：“英雄都是以团体的、或是以时代的形式出现的”。但是以个人形象出现的英雄比以团体形式出现的英雄更让人记忆深刻。因此企业在塑造英雄人物时，最好是选择以个人的形式出现，这样即容易打造，又能让人印象深刻。

海尔电器的董事长张瑞敏，他在粉丝眼中就是一个英雄形象。大家看到海尔时就会想到张瑞敏，而很难联想到其团队中的其他人。海尔集团在最初也想把团队塑造成英雄团队，但发现张瑞敏的个人形象太过于鲜明，比起团队更容易让粉丝记住。于是张瑞敏除了是海尔的董事长之外，也慢慢成为企业的一个形象代言人。

塑造一个英雄代表企业

企业要想让人记忆深刻，除了产品和品牌之外，也需要有一个代表性的人物，那么什么样的人物才能代表企业呢？这和找明星代言不同，这需要一个能为企业做出最多贡献，且十分具有魅力的人。

比如聚美优品的陈欧，他是所有电商网中最年轻的 CEO，而且外表帅气，虽然成就不能和马云相比，但粉丝绝对比马云多。在创立聚美优品时，陈欧没有找任何明星代言，而是自己代言，经典的广告词“我为自己代言”（如图 4-8 所示），红遍中国，而网上流传的陈欧创业的事迹，更使其具备的英雄有特质。他为企业代言的效果比请明星大上了好几倍，聚美优品也因他成为年轻人的网购首选之地。

图4-8　陈欧微博“我为自己代言”

民族情结——“小米”加步枪就是强

近些年，人们对于“崇洋媚外”的批评声越来越大，中国人的民族情结越来越深。因此支持国货、支持本土化品牌成为中国市场现今的趋势。许多曾经被外国品牌打压得快消失的民族品牌也在这股支持浪潮中渐渐恢复了生气，百雀羚、华为手机、红旗汽车这些快要消失的民族老企业现在又重新占据了市场。

“小米”加步枪式的民族情结不只是中国人的一种情感，更是各个企业可利用的一个商机，在被国外产品包围的中国市场中，如果能出现一个可以代表中国，并具有民族特色的品牌，那必然让人耳目一新，并为之激动。

案例　小米：给粉丝提供有意思的联想

雷军可以说是非常懂得利用粉丝的“民族情结”，他在创造小米这个品牌名时，就很容易让人联想到中国的代表性武器“小米加步枪”，这能够唤起很多爱国人士的民族情结。后来，小米公司的吉祥物“米兔”（如图 4-9 所示），在设计时也加入了民族英雄雷锋身上的元素，红领巾和雷锋帽。在众人批评小米的种种缺点时，只要用“这是咱们自己的品牌”即可解决问题。

图4-9　雷军所拍的过年版“米兔”

现今小米手机是中国市场上唯一一个能与苹果、三星这些外来品牌相抗衡的本土化品牌，这一点让许多具有爱国情结的粉丝激动不已。与此同时，小米手机也代表着中国手机行业走出了国门，并成为中国手机的一大特色。前不久，小米进军印度，引起了不少印度人民的抢购狂潮，小米现在也正计划进军欧洲、新加坡、美国等地区。以往都是国外的手机走进中国，而很少有国内手机走出国门并且大受欢迎，这样的现状更是让人兴奋不已。

雷军在为小米做宣传时，除了其所强调的“为发烧而生”外，喊得最多的就是要做中国自己的手机，让大家支持国货等类似的语言。雷军的一再强调以及众多的实际表现彻底点燃了人们的民族情结。

中国市场对于苹果的痴迷，已无须多说，“街机”这一词就足以说明它的受欢迎程度。但是苹果毕竟是一个美国品牌，它代表的是美国的创新，因此中国粉丝对其只有功能上的喜爱，而没有包含着深刻地民族情感，一旦出现能与苹果相媲美的其他外国手机品牌，粉丝们很快就会转移注意力。但是具有民族特色的小米就不同了，它在手机中加入中国的特色，让手机具有“反崇洋”的思想内涵，所以中国粉丝对它的情感肯定是不同的。因此，在中国市场上，小米粉丝对小米的忠诚度绝对要比苹果粉丝对苹果的忠诚度要高。

在细节处加入民族元素使产品更具代表性

既然要通过民族情结这个因素来吸引粉丝，那么产品本身一定要具备民族元素。企业添加民族元素并不是说把整个产品都设计为民族产品，这种粗糙的风格很难赢得粉丝们喜欢。最好的方式是从细节处添加，可以在产品的细节中添加一些最具代表性的中国元素，让粉丝从细节处感受到产品显示出的民族情结。

不久之前，被誉为时尚界奥斯卡的“MetBall”在纽约举行（如图 4-10 所示），此次活动就是以“镜花水月”中国元素为主题，参加该典礼的各国明星们必须身穿具有中国元素礼服前来参加。为了响应这一主题，许多设计师无不绞尽脑汁地设计出具有中国特色的礼服。有许多外国明星就成为了其中的代表性例子，蕾哈娜效仿范冰冰的龙袍装，结果却成为了最具中国特色的“煎饼果子”，这就是中国元素添加太过而导致的原因。

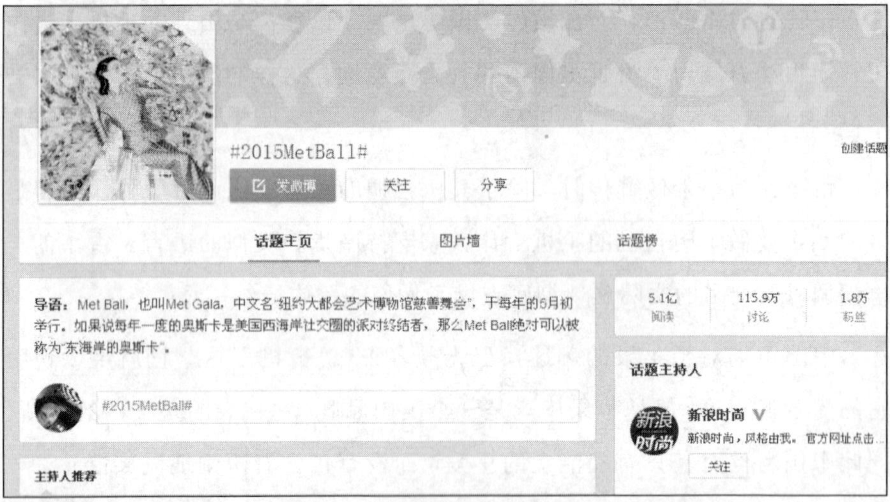

图4-10　微博上关于发起的“2015MetBall”话题

赋予民族的思想使产品更吸引人

在产品的外观添加中国元素很重要，但要使产品变得更加生动、更加吸引人，还是要看其产品是否拥有民族的思想，能引起人们共鸣的思想。思想是一个人的灵魂，没有思想的人就没有深度，产品也一样，没有思想的产品即使功能再好也无法吸引粉丝。

例如，范冰冰第一次以红毯受到国际瞩目时，就是以一身极富中国元素的龙袍吸引了众多国际摄影师的相机，也引起了国内粉丝对于范冰冰龙袍的讨论。相比于以往对于范冰冰贬大于褒的舆论，这次的舆论则是充满了对她的夸奖。其中夸奖得最多的就是她把中国元素带到了国际，而且还表现得如此完美。

产品质量要过硬才能成为粉丝眼中的“中国代表”

要想大打“本土品牌”风，单是有民族元素和民族思想，这是远远不够的，质量过硬才能引得粉丝们的认可。所以，还是要以质量为优先考虑。中兴手机虽然名气比不上小米和华为，但是无论从产品质量，还是价格上，绝对是中国手机本土品牌的最佳代表。如图 4-11 所示。

图4-11　中兴V5Max

超值心理——要的就是高性价比

中国的市场，从来都是比拼性价比的市场。中国市场的大部分粉丝都有着共同的特征，就是收入不高，但有着很强的消费欲望，喜欢追求产品的高配置，虽然听起来有点自相矛盾，但却是真实的情况，月收入不足 3 000 元但手拿苹果、身穿名牌的低薪者屡见不鲜。不过，大部分的粉丝还是倾向于在自己的能力基础上，追求最高的性价比，而也有一部分人群，虽然有一定的消费能力，却不喜欢在产品上花费太多。因此，超值心理，就成为了中国粉丝的一个特点，他们想要用同样的钱买到更多。

案例：满妃阿胶糕，让粉丝用同样的钱买到更多

其实，“高性价比”心理的最佳体现，是粉丝觉得花同样的钱可以买到更多，这个“更多”，并不是指产品本身，而是指它的附加价值。在中国，

能将这一准确把握心理的企业并不少，但是能做到能将之做到极致的却很少，满妃阿胶糕显然是能做到极致的企业中的一个。如图 4-12 所示。

图4-12　满妃阿胶糕

满妃阿胶糕的“高性价比”主要体现在三个方面：

首先，出奇制胜，给产品一个高贵的出身。所谓的出奇制胜，就是将自己手中的王牌恰如其分地运用。阿胶是一种相对名贵的滋补品，在古代，也只有达官贵人才有资格使用。因此满妃阿胶糕刚一上市，就打出了“清宫古方，宫廷御用”的口号，赋予产品一个“高贵的出身”。这样出身，让满妃阿胶糕从一上市，就有了一个与众不同的定位：“高贵，没进过皇宫一切都是虚的！”

其次，打出“中华国礼”的王牌。跟风，这是一直以来就存在的一种现象。当各类同质性产品纷纷涌现的时候，满妃阿胶糕又打出了“中华国礼”的王牌，让粉丝们知道，满妃不止有高贵的血统存在，现在的成就更加辉煌。这一点，也无形中为满妃阿胶糕增加了附加值，让粉丝更加认同它的高性价比。如图 4-13 所示。

最后，进军时尚圈，满足现代人的时尚、个性需求。高贵的出身和辉煌的现在绝对是无法满足现代人的需求，因为现代人更追求的是时尚、个性。因此，满妃阿胶糕又开始了自己的第三步计划，进军时尚圈！满妃阿胶糕先后赞助了电影《巴黎时装周》的先导发布会、赞助了当红明星杜淳的新书发布会、最后更是直接冠名 PLITZS（中国）的时装周。通过与这些紧跟时尚产流的电影、明星、时装周的合作，满妃阿胶糕无疑也给自己加上了一层时尚、个性的色彩。让粉丝们看到阿胶虽然是出身传统，但不代表着落伍和缺乏个性。如图 4-14 所示。

图4-13　满妃阿胶糕荣获“中华国礼“称号

图4-14　满妃阿胶糕冠名PLITZS时装周

高贵的出身、辉煌的现在、时尚的态度，将这三者集于一身的满妃阿胶糕，牢牢地抓住了粉丝的心理。产品本身的过硬品质价值再加上三个超高的附加值，自然能让粉丝觉得自己买到了一个“超高性价比“的产品。由此，也可以证明，满妃阿胶糕的成功不是偶然，而是一个必然。

拒绝价格“高大上”

拥有超值心理的粉丝对于价格的敏感度非常高，唯有低价才能吸引他们的注意。例如，他们在浏览手机产品时，他们基本上都选在 3 000 元以下的区域浏览，像苹果动辄五六千元的价格，他们估计也只有在广告时看上一眼。所以价格绝对是一个关键点。

小米手机无疑抓到了人们的这种追求高性价比的超值心理。小米系列在 1 999 元的价位上做出了最让粉丝们心动的手机，千元以下的红米手机更是一炮走红，迅速占领了低端消费市场。如图 4-15 所示。

图4-15　红米官网价格

价格低还要质量好

要吸引粉丝，单是价格低这是绝对不够的，还要看产品的性能是否能够满足他们。如果你的产品性能不能满足他们，即使你的产品价格再低，他们也不会接受。

森马就是一家颇受粉丝喜爱的服饰品牌，其店内的服饰价格基本上维持在 50～500 元之间，100～200 元阶段的服饰占了大部分比例，比起同类型的服饰店，森马的价格属于平价型。不过它受欢迎的原因并不只是因为价格低，最主要的还是因为服饰的质量与高性价比，其他同类型的服饰品牌基本做不到这一点。有时候如果碰上森马做活动，价格还会更低，平常要一百多元的，活动期间几十元就可以买到。例如森马加入电商 3 周年时，全场的价格是 4.18 元（如图 4-16 所示），李钟硕同款衬衫平常要 200 多元，活动时只需要 99 元（图 4-17）。这个活动一宣布，就引发了粉丝们的抢购狂潮，森马的高性价比绝对是引发抢购狂潮的主因。

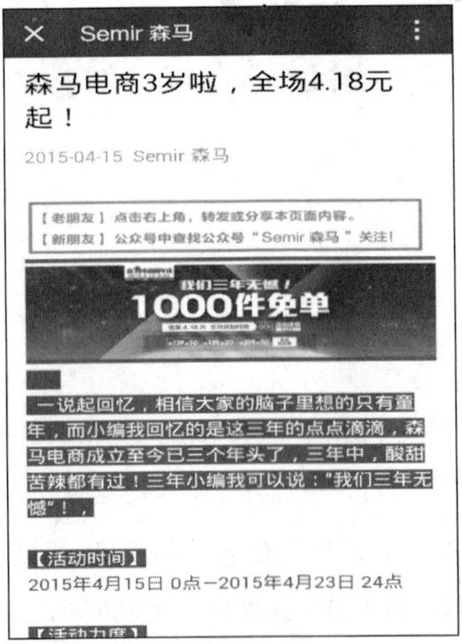

图4-16　森马京东旗舰店成立三周年活动

图4-17　森马李钟硕明星同款活动

质量好还要赶得上潮流

现在 70、80、90 后是消费的主力，他们对于潮流的要求非常高，因此，如果想让他们产生超值心理，还要加上潮流这一条。否则，即使你的质量再好，价格再低，他们对于落伍、老旧的产品也是产生不了任何兴趣的。

例如，曾经风行一时的飞跃鞋，那是中国的百年品牌了，价格低还耐穿，但还是没落了。因为老旧的款式实在是让粉丝提不起兴趣，购买它的只有需要干农活的农民，因为价格便宜、质量好，并且耐磨耐脏。不过，他被外国厂商收购之后，却成为法国时尚界的宠儿，因为该厂商的设计师在保留原始风味的同时，加入了新的元素。让其有一种既复古又新潮的设计感。

草根心理——接地气的产品才有未来

“得草根者得天下”，这是互联网人奉如圭臬的真理。确实，高富帅在人群比例中如果占据了 1/10，那么剩下的 9/10，绝对是草根。中国有 13 亿人口，主打高富帅的企业只能争取不到 2 亿的人群，但是主打草根路线的企业却能得到 11 亿人群，这数据一对比，即可知道草根的市场有多庞大。那么如何才能赢得草根粉呢？这就需要把握到他们的心理，草根的内心都是拒绝“高大上”的，特别是价格方面。因此如果走高价路线，绝对能把 11 亿的草根粉都吓跑。

案例　锤子手机：接地气才有粉丝群

SmartisanT1 可以说是所有手机中最受争议的一款产品，拥有精良的做工，但是 3 000 元以上的售价却让许多草根粉丝望而却步。因此这款被期待已久的手机的开局并不美好。罗永浩的“情怀牌”打的并不成功。于是罗永浩改变策略，将该款手机的价格下降，最低 3G 版售价为 1 980 元，下降幅度高达 30%。

其实 SmartisanT1 各方面都表现的几位个性，可以说为国产手机市场带来了很大的惊喜。SmartisanOS 打破了传统安装的路线，全新的界面和操作流程颇得粉丝们的好评，外观设计也足够的特别，单从产品来说这是一款中高端的国产手机一点也不为过。不过即使再高端，这款锤子手机在刚开始时还是没有吸引到多少粉丝，即使是靠罗永浩的 600 万粉丝也没有起到任何帮助用。因为他的粉丝们多数都是草根级别的，而草根粉的心理就是拒绝高端产品，特别是价格上。如果他们喜欢高端的产品直接去买苹果就行了。其实罗永浩的粉丝对这款手机是非常期待的，他们足足等待了 1 年多就足以证明，按此来说这种因长久等待而激升的渴望是足以让锤子手机火一把的，但是 3 000 多元以上的价格却把这股渴望之火给浇灭了。

如何才能把一部国产手机卖得特别好？4 000 元？3 000 元？错，是 1 980 元。只有把 4 000 元、3 000 这种高价格给抛掉，才能赢得粉丝。SmartianT1 的降价确实让这款手机迎来了新起点，2 000 元阵营的手机再次重新洗牌。因为高价而处于观望状态的草根粉都点心动了，虽然有些细节不如其他的产品，但是做工精良再配上这样的价格已经足够了。

那么降价之后粉丝的反应如何呢？大部分的潜在粉丝都认为降得好，在 2 000 元的阵营中，这款手机做工好，系统特别、性价比高，值得入手。对于粉丝来说，降价肯定是好事，而且 SmartianT1 加入 2 000 元的阵营中，让许多不是锤子粉的粉丝对于手机多了一个新的选择，而锤子手机的高性价比对于这种人群是最具吸引力的。

锤子手机进入 2 000 元阵营后，对其他品牌的手机造成了不小的冲击。从横向来看，在外观和做工方面，SmartianT1 的优势非常明显，杀伤力很大。不过 1 980 元的 SmartianT1 只支持 3G 版，但市面上 2 000 元阵营中热销的都是 4G 版，而粉丝想买 4G 版的锤子手机则需要 2 480 元（如图 4-18 所示），这一点让许多粉丝也颇为不满。因此，锤子手机如果想获得更多的粉丝，还需要将这“高大上”价格的 4G 版手机再做的接地气一些。

图4-18　锤子T1（SM705）32GB版售价

草根追求的就是与众不同

草根其实也有一颗想要变高富帅的心，但是他的途经并不是依靠价格，而是依靠与众不同，依靠有个性。他们认为有个性的产品才能让他们显得与众不同。所以企业在设计产品时，要充分把握到这一点，千万别将其设计成庸俗不堪的“普通”产品。产品个性的显现不是说设计的功能有多独特，而是其赋予的思想。如优衣库和 ZARA 能赢得粉丝的喜爱，就是因为其品牌所彰显出的方便与个性。

不要“高大上”，但要小而美

“高大上”的反义词是什么?就是小而美。小而美的产品才能产生差异化，有差异化的产品才能显示自己的与众不同。否则为什么有很多粉丝弃红米不用，而去追求酷派、锤子、索爱等，就是因为它们具备了“小而美”的特征。如果要进行全方面的比较，这些手机绝对比不上苹果、三星、小米，但是他们在某一个功能上非常突出，甚至可以说是行业顶尖。如索爱手机，它算不上是市场主流，它的功能和性价比更是不占据优势，但还是拥有一大批粉丝的追求。就是因为它具有一项其他手机无法超越的功能，像素和摄像头。它的拍照功能的核心技术是来自于索尼爱立信，这是日本最知名的相机品牌，口碑可算是行业最顶尖的。就如 2008 年时，索爱一款手机的相机才 200 万像素，但是它拍出来的照片却比 800 万像素的还要清晰，照片洗出来的效果与照相机相比也相差无几。这就是它身上小而美的特点，也是受到粉丝欢迎的原因。如图 4-19 所示。

图4-19　索尼爱立信摄影功能

走下“高台”，亲近粉丝

在如今以粉丝为核心的时代，如果企业还站在高高的“高台”上，那绝对是无法得到粉丝的真心拥护的。即使是再大型的企业，都不能一直将自己摆在“高台”上。所以，无论企业在制造产品还是宣传产品时，都要放下身段，贴近粉丝。制造产品时贴近粉丝，是指的是其功能、价格、设计的细节要符合大部分粉丝的需求；宣传产品时贴近粉丝是指在为产品做的活动要能与其玩到一块。

美国好莱坞一直是中国演员的朝圣地，但相比于中国市场对好莱坞的热情，好莱坞对此往往却不屑一顾。不过，近几年，随着中国电影市场的渐渐庞大。好莱坞为了讨好中国粉丝的欢心，也走下了高台，开始在电影中大量使用中国元素。相比于以往的不屑一顾，中国一线明星在好莱坞电影只有一个跑龙套的角色，现在已改变了很多。如《变形金刚 4》这部影片，不止在中国取景拍摄，还聘请了大量的中国演员。戏份更是重中之重，李冰冰扮演的角色甚至一度超过了女主角。最后，20 多亿元的票房也证明了《变形金刚 4》这一步策略走得非常好。如图 4-20 所示。

图4-20　时光网全面解读《变形金刚4》的中国元素

参与心理——积极听取粉丝的意见

互联网时代，是以粉丝为核心，以粉丝的需求为需求，以粉丝的依归为依归。现代的粉丝与以往不同，他们希望自己有强烈的存在感，他们希望得到他人的重视，他们希望参与到产品的设计中。这就是一种参与心理。

拥有这种心理的粉丝会喜欢给企业提供意见，喜欢表达自己使用产品的感受，更喜欢直白地说出自己的需求。所以，企业应该充分把握粉丝的这种参与心理，积极听取他们的建议。粉丝的建议往往很中肯，能指出产品的不足之处，因此企业可以根据粉丝的建议来修正产品的不足。

同时，粉丝的意见往往也表达了他们的需求，而只有粉丝需要的产品他们才会购买。

案例　雕爷牛腩：粉丝不满意就立马换掉

我们在任何一个搜索引擎上搜雕爷牛腩，都能得出好几十万条结果。但是，你仔细翻看内容却发现，它很少在地铁、公交、电视上的打广告。那么它是如何打响名气的呢？这基本上靠的就是粉丝的口口相传。那么它又是如何让粉丝为其做口碑宣传的呢？

雕爷牛腩为此专门设定了几项规定。首先，给予粉丝充分地参与权，让试过这套菜的粉丝进行投票，投票数达到一定的比例，这个菜品很快就会在菜单上消失。其次，粉丝在用餐过程中如果出现了任何不满，即可凭微信回复获得赠菜或是免单，最后，粉丝可以申请 VIP，关注微博并参与答题环节，就可以获得 VIP 的资格。问题不难，但前提是对雕爷牛腩有一定的了解。例如雕爷牛腩是从哪里得到的配方，茶水是怎么上的，服务员为什么要戴黑纱，餐具都是什么材料制作的。要通过答题成为 VIP，就必须对用餐细节有所掌握。也就是说，你去过或是经常去雕爷牛腩才行。

雕爷牛腩的 VIP 有专供的菜单，VIP 粉丝可以获得精美纪念册，生日当天还可无限量免费品尝甜品，同时还能优先免费试吃新品。

这些都是雕爷牛腩为了讨好粉丝而作，粉丝不满意就将菜品撤掉，其实就是雕爷牛腩对于产品的精致与粉丝体验的不断优化。雕爷牛腩在开业之前，模仿网友玩起了“封测”，通过封测找出缺陷并修正。雕爷牛腩除了用来测试服务，也用来优化菜品。为此雕爷牛腩足足花了半年的时间，邀请各路明星、微博大号、美食达人来免费试吃，通过这些名人粉丝的嘴不断优化。评论最低的菜品则会在雕爷牛腩的菜单中消失，通过这长达半年的封测活动挑选出了最优秀的 12 道菜品。

雕爷牛腩的创始人是淘宝阿芙精油的创始人，他在经营阿芙精油的过程中，尝到了粉丝反馈的甜头，这也就是前面所说的让粉丝参与。雕爷每天都亲自盯着微博、微信等平台，一旦发现粉丝有不满的地方，就及时进行回复，如果大部分粉丝都说这道菜不好吃，就直接换掉。如图 4-21 所示。

图4-21　雕爷牛腩食客留言板块

雕爷牛腩的成功绝对不是偶然，而是其永远把粉丝体验放在第一位，满足所有粉丝的口感，不断优化自身产品和服务，并让粉丝充分地参与进来，让粉丝握有绝对的主动权与决定权。

让粉丝理解企业的目标

企业和粉丝不但是利益关系，还是朋友关系。如果想要和粉丝成为朋友，就要让粉丝理解企业的目标，把自己的理念说给粉丝听，让他们理解企业这么做的目的。其实这就是价值观的认同，就像我们交朋友一样，唯有价值观相同的人才能真正地走到一起。

如同魅族和小米的粉丝之所以能和企业走到一起，就是因为他们有共同的价值观，粉丝能理解企业的目标。魅族的价值观是人文、精致；小米的价值观是“为发烧而生”，为粉丝提供性价比最高的产品。它们的粉丝正是受到它们品牌价值观的吸引，所以理解企业的目标，并愿意和企业一起共同完成。

让粉丝成为工作伙伴

让粉丝参与到品牌的建立中来，让粉丝成为企业的工作伙伴。一个品牌要建立成功是很困难的，其中会受很多因素的影响，团队的凝聚力就是其中之一。让粉丝参与到团队中来，一起建立品牌，一起形成凝聚力，粉丝的参与感自然会达到前所未有的高度。

电脑管家就是腾讯与粉丝一起建立的一个新品牌，电脑管家的每一点，每一次更新粉丝都参与其中。电脑管家为了能和粉丝保持沟通，在多个城市定期举办同城交流会，北京、上海、重庆、福州、深圳，几乎涵盖了全国的一二线城市。电脑管家的很多设计灵感都是来源于这些同城交流会。电脑管家的负责人表示："电脑管家大半的更新迭代工作都是来源于粉丝的建议，在产品上线之前，电脑管家会事先联系一些粉丝、"发烧级"粉丝进行产品试用，然后根据他们的意见对产品再进行改进。"如图 4-22 所示。

图4-22　电脑管家

一起做公益也是增加参与感的一种方式

企业应多举办一些活动让粉丝参与，不管是线上的还是线下的活动，因为一起做公益也是增进情感，增加参与感的一种方式。公益活动可以让粉丝展现他们阳光、充满爱心的一面，能让他们产生“价值实现”。企业可以适当的举办一些公益活动，但不要那种单纯地捐钱捐物活动，这样参与感会大打折扣。

雀巢曾经举办过一个“为爱跑腿”的公益活动，吸引了不少粉丝的参与（如图 4-23 所示）。雀巢发现在很多行动不便的生活粉丝，很多商家不会为行动不便者特别配送，这造成了他们很大的困扰，为了关注残障人士。雀巢打造了一个慢跑 APP。当跑者打开 APP，就会出现求救信号，然后可以自由选择想帮助的残疾人。通过 APP，慢跑者和残疾人士可以进行沟通，慢跑者即可确认跑腿任务。这个 APP 还设置了“跑腿英雄榜”，鼓励跑者分享到社交网络，邀请更多的人参与进来。跑腿 APP 的第一批粉丝就是雀巢的粉丝，他们与雀巢一起对残障人士作出贡献，这让他们有一种一起战斗的感觉。

图4-23　雀巢推出的“为爱跑腿”活动

表现心理——给粉丝“晒体验”的空间

现在大部分的人性格都比较开放，喜欢表现自己，让自己受到关注。这种心理表现在日常生活中，就是我们可以经常从微信朋友圈、QQ 空间看到他们发的照片，除了自拍之外，最多的就是今天去哪儿玩了，今天去哪儿吃饭了，今天买了什么东西了。喜欢把生活中一些点滴的事情分享出来，让周围的朋友看到。由此可见，现在人们的表现心理很重。因此，企业应该把握住这种心理，充分给予粉丝晒体验的空间，让他们的表现心理得到满足。同时，这也是一件双赢的事，粉丝晒体验，这也能为企业做宣传，而且粉丝晒的体验越多，形成的传播效应也就越大。

案例　海尔：提高粉丝体验晒单积极性

2013 年 5 月 23 日，一张照片引起了外界的关注。手中拿着酒杯，四个外国人站在一起对着镜头露出充满喜悦的微笑，在他们的身后，一张海尔 LOGO 成了照片的焦点。其实，这是海尔发起的“寻找最美海尔粉丝”活动（如图 4-24 所示），新西兰网友艾伯特晒出了与朋友们参加海尔体验会时的照片，他们脸上的亲切笑容成为了人们关注的焦点，也成为最美的海尔粉丝。

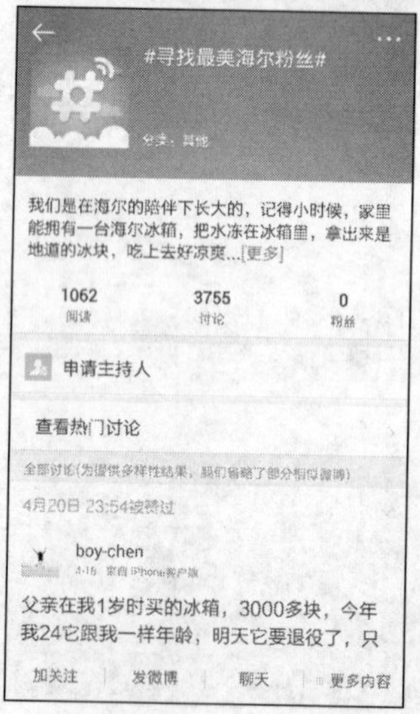

图4-24　海尔在微博上发起的#寻找最美海尔粉丝#活动

艾伯特告诉记者，他是海尔的老粉丝了，7 年前在朋友的介绍下购买了海尔的洗衣机，在使用过程中慢慢发现了使用海尔家电的乐趣。之后，又购买了海尔冰箱、酒柜，只要是与家电有关的，他都会选择海尔。艾伯特称海尔让他的生活发生了很大的改变，也让他认识了很多朋友。艾伯特喜欢新西兰的葡萄酒，为了储存葡萄酒，他还特意购买了一台海尔酒柜。他还说朋友们在品尝美酒后，都会询问海尔酒柜的功能，看海尔是如何将葡萄酒封存得这么好。

其实，艾伯特只是“寻找最美海尔粉丝”中的一个，还有许多粉丝都成为了最美海尔粉丝。

挪威美女登上在比赛结束后站在海尔虎娃体验区所拍的照片，也被海尔选为“最美粉丝”。

其实许多海尔的粉丝都经常会在社交网络上发布一些关于海尔的照片，与他人分享使用海尔的乐趣。之前他们只是在自己的社交圈里分享，所以并没有引起多大的反响。海尔这次举办的“寻找最美海尔粉丝”的活动，彻底激发了他们的晒照兴趣，活动自开始后，海尔就收到了亚洲、欧洲、美洲、非洲、大洋洲等五大洲粉丝的合影照片。不少网友在上传照片的同时，也表达了对海尔的喜爱。

建立一个渠道让粉丝“有地”分享

很多粉丝喜欢晒照片，也喜欢分享，但是通常只在朋友圈里发，得到的关注有限。因此他们的积极性并不高，如果有一个专门的渠道让他们晒照，让更多的人可以看到，并且与他们进行互动，那么他们的晒照积极性肯定会更高。建立渠道的方式有很多种，论坛、微博都是最好的方式。

像魅族、小米就建立了专门的论坛来让粉丝进行互动，论坛中有多个板块，就是让他们晒照，分享使用体验的。分享后，其他的粉丝都会进行评论、点赞，积极地与他们互动起来。有了渠道和关注之后，粉丝的晒照和分享就越发地积极了起来。如图 4-25 所示。

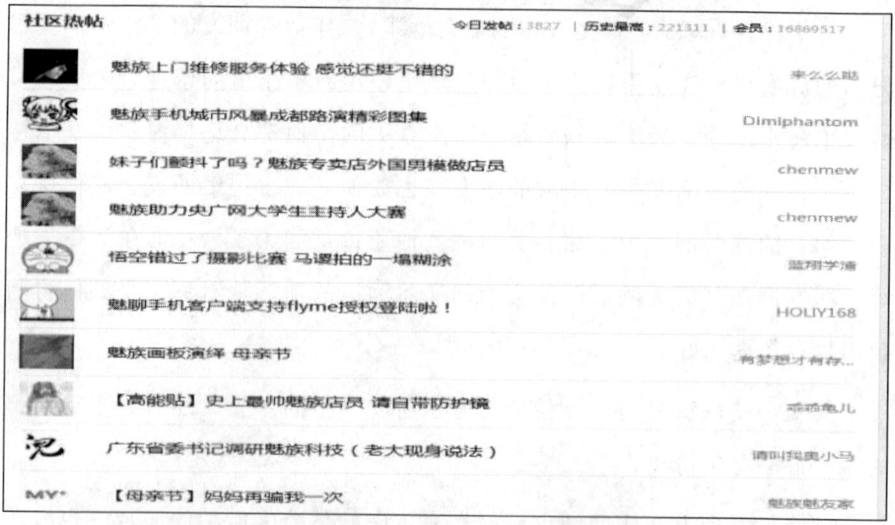

图4-25　魅族论坛粉丝发帖

通过活动促进粉丝的晒照积极性

举办一些有奖活动是提高粉丝晒照积极性的最有效方法。例如可以在微博上、官网上发起一些晒体验有奖这样的活动。但在发起活动时，一定要给活动取一个响亮有趣的活动名称，就如海尔的“寻找最美海尔粉丝”，活动的过程也要以有趣为主。这样粉丝才能积极地参与进来。

如上汽 MG GS 名爵锐腾联手新浪娱乐在新浪微博上发起了“爱豆抱抱”的活动（如图 4-26 所示）。每期都针对一个明星，这次的活动时让唐嫣的粉丝转发唐嫣微博，并微博带话题词#爱豆抱抱#晒出准备带到现场送给唐嫣的糖果图。这种方式，不止让唐嫣的粉丝感到特别的兴奋，纷纷在微博上晒出图片。“爱豆抱抱”的活动举办了很多期。还有张艺兴的手写情书等（如图 4-27 所示）。这些活动的举行，受到了很多明星粉丝的关注，上汽 MG GS 名爵锐腾也因此获得了不小的关注。截至 2015 年 5 月 13 日，“爱豆抱抱”的话题阅读量已达到 12.4 亿次，讨论量高达 19 万条。

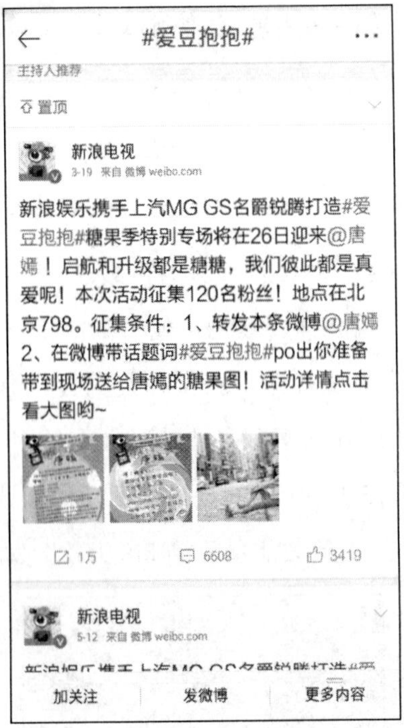

图4-26　唐嫣#爱豆抱抱#

图4-27　孙艺兴#爱豆抱抱#手写情书

晒体验有奖，用奖品吸引粉丝“晒体验”

如果想要充分提起粉丝的“晒体验”积极性，其实奖品是最直接有效的一种方式。粉丝在指定的地点晒体验后，就有机会获得某种奖励，类似于这种的有奖活动，很多企业都玩过，而且效果都非常好。

新浪发起的“随手拍”就是如此，粉丝发布带有#随手拍#的图片和视频微博参与活动，即有机会抽取红包，使用微博相机 OR 秒拍 APP 在微博中晒出自己日常生活中的照片即可获得抽奖机会。通过这种有奖晒照的方式，微博粉丝的积极性完全被激发了出来，还有很多明星也加入了#随手拍#的活动。截至 2015 年 5 月 14 日，该话题活动的阅读量已高达 28.6 亿次。讨论达到 2 184.7 万条，粉丝关注量达到 8.8 万次。如图 4-28 所示。

图4-28　#随手拍#活动

受重视心理——要让粉丝有存在感

粉丝都希望自己被重视，而让粉丝感到被重视的方法就是让粉丝有存在感。企业每次有活动时，要让粉丝发挥出他们的强大战斗力。这种心理在明星身上表现得的尤为明显，例如一些颁奖典礼，明星要拿奖，就需要粉丝投票，像是最受欢迎歌手/演员，最具人气明星，这样的奖项，主办方都要求粉丝投票来绝对归属。而粉丝们为了让偶像拿到奖项，都会疯狂地投票。当偶像因为自己的投票拿到奖项时，他们会感觉到这除了偶像自身的努力之外，更多的是来自于他们的支持，他们就能感受到自己的重要性。这就是典型的受重视心理。这一套心理，在企业身上也一样受用。例如企业推出新产品时，让粉丝自动地在微博、论坛发起话题，为企业的新产品做宣传。当企业产品因为他们的宣传受到更多的人关注时，粉丝就会感到自己对企业的重要性。

案例　存在感强，粉丝的战斗力就强

在庞大的娱乐圈中，有一种人，他们不是公众眼中的一线明星，曝光率也不是最高、广告身价不是最贵、微博粉丝也不是最多，但是他们主演的电视剧、唱的歌都能拿到高收视率和点击率，这是为什么，因为他们有着“存在感”最强的粉丝。无论明星出现在哪里，甚至是国外，这些粉丝们都会“浩浩荡荡”地跟随；只要他们一发微博，都会有那些最一线明星们难以企及的转发量。这类明星中最有代表性的两个人就是钟汉良和吴奇隆。

他们和范冰冰、李冰冰、章子怡的名气有一定的差距，但是他们所受的关注度却比这些国际明星还要高。

吴奇隆和钟汉良都已四十多岁，但是还是有很多低龄粉丝的追随。钟汉良是香港艺人，出道以来在影视歌舞等领域都有不错的发展（如图 4-29 所示），虽然曝光度不是太高，但是这丝毫不影响粉丝们对他的喜爱，以及这群粉丝所带来的超强战斗力。在网络上，钟汉良的粉丝的存在感很强，只要一有电视剧和电影出来，就能马上看见他的粉丝在微博上刷起的无数话题，不用多久就能进入热搜和热门微博。强大的粉丝团战斗力让“钟汉良效应”时时得到凸显，对于收视率的推动更是有直接的影响。就如 2013 年播出的《最美时光》、2014 年播出的《何以笙箫默》，它的效应都可赶超 2015 年的电影版的《何以萧笙默》，两版的口碑更是天差地别。

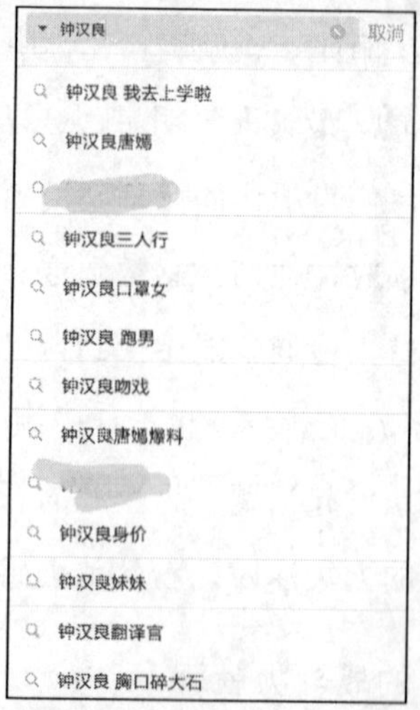

图4-29　微博关于钟汉良的部分搜索联想词

吴奇隆来自台湾地区，其年少成名，以他为首的“小虎队”更是一代人的青春记忆，在当时可谓是亚洲第一天团（如图 4-30 所示）后，他的事业遇到了瓶颈期，他做过很多尝试，但一直不太顺利。不过 2011 年的《步步惊心》，让他得到了事业的第二春。一跃成为最为卖座的电视剧男演员之一，更是吸粉无数。吴奇隆的粉丝年龄比钟汉良粉丝的跨度要大，也是以女性粉丝为主。他们不管在线上线下都处处彰显出他们的存在感。但凡他一发微博，一小时内转发量就能突破一万条。

图4-30　微博关于吴奇隆的部分搜索联想词

他们在事业上的成功，除了依靠自身的努力，他们所拥有的超强粉丝团实在是功不可没。而这也是现在的娱乐圈都玩亲民、对粉丝无比贴心的原因。

让粉丝体验到被尊重

尊重粉丝，在意他们的感受，把粉丝当作朋友看待，而不是账户。粉丝感受到你对他的尊重，他自然也就想为你做些事情，而从一个粉丝想做的事变成一大群粉丝想做的事，他们的超强战斗力就体现出来了。如此，大部分的明星都很在意粉丝的看法，也很尊重粉丝。有些明星甚至可以为了粉丝与媒体、保安互呛。例如《甄嬛传》主演孙俪就为了粉丝与现场保安人员发生争执。如图 4-31 所示。

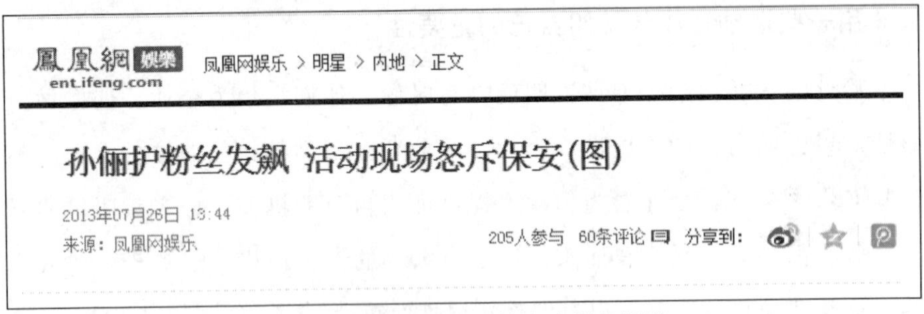

图4-31　孙俪护粉行为被各大媒体报道

用互动的方式让粉丝获得存在感

如果想让粉丝发挥出超强的战斗力，就要先让粉丝获得存在感。那么如何才能让粉丝获得存在感呢？互动是最好的办法。可以举办一些同城会、粉丝交流会，或是发起一些公益活动，邀请粉丝前来参与。例如，很多明星都会定期举办一些粉丝交流会、生日会、歌友会等。有别于其他活动，不邀请媒体，只邀请粉丝前来参与。目的就是为了能和粉丝进行更好地互动，让粉丝获得存在感。百度卫士就经常会举办一些线下粉丝交流会，让自己和粉丝能有更好地互动。如图 4-32 所示。

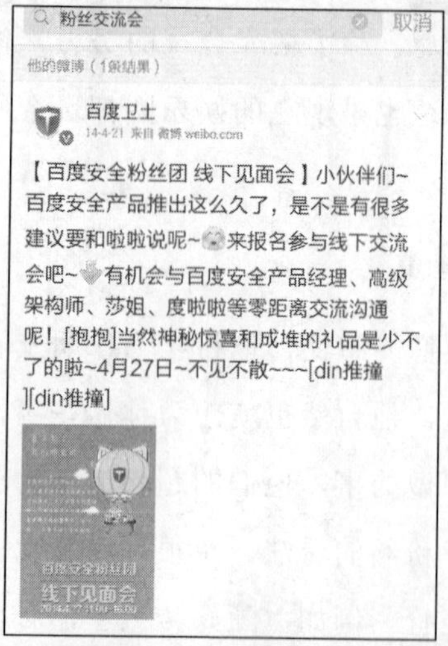

图4-32　百度卫士粉丝团线下见面会

用一些活动让粉丝证明自己的重要性

粉丝的重要性是需要被证明的，有时候，他们很想为企业、偶像做点事情，以证明自己的重要性。因此，企业要充分满足粉丝的这种心理，不让其产生失落感。企业要为粉丝多提供证明自己的机会。如多数明星的颁奖礼获奖都是靠粉丝投票而来的，还有歌手的专辑销售、演唱会门票成绩等，这些都是粉丝证明自己对偶像重要性的机会。

第5章

和粉丝互动，像对女友一样

要想让粉丝对企业死心塌地，那就要像对待女朋友一样对待粉丝。把对女朋友的细心、贴心、温暖都用在粉丝身上，这样粉丝自然会被企业所感动。而且，用情感培养起来的粉丝不同于一般的粉丝，他们对企业会像对待自己的爱人一样，事事为企业着想，默默地为企业做很多事，例如不畏辛苦地为企业做宣传，做推广。

给你的粉丝一个昵称

昵称，是一种亲密关系的表现，一个昵称可以增进情感，加深双方的联系，同时也可以给对方产生一种与众不同的感觉。如男女朋友、夫妻之间经常会给对方取昵称。例如宝贝、亲爱的、亲亲、宝贝这种亲密性的昵称，这样的昵称让人一听就感觉双方的关系肯定很好，同时男女双方也能从昵称中感觉到一种甜蜜。企业也一样，可以给自己粉丝取一个昵称，除了显示粉丝独特性之外，也能让粉丝感到自己和企业是连在一起的，是有亲密关系的。

当然，一个亲密的昵称所代表的不仅是企业和粉丝之间的关系，还代表着企业对粉丝的行为也要如所取的昵称一样，要多为粉丝考虑，要体贴粉丝、时时刻刻地关心粉丝。

案例　淘宝：每个粉丝都是“亲”

很多人在刚接触淘宝时，都不太明白，他所说的亲是什么意思？有些人甚至还有种被冒犯的感觉。那么淘宝的“亲”到底是什么意思呢？究竟代表了什么呢？为什么淘宝要用“亲”这个词作为对粉丝的昵称呢？亲这个词是亲爱的朋友的简称，喊对方亲既显得亲昵又不矫情。当然淘宝称粉丝为“亲”肯定不只要显示对粉丝亲昵又不矫情这么简单，其实这个亲的意义有三个方面。如图 5-1 所示。

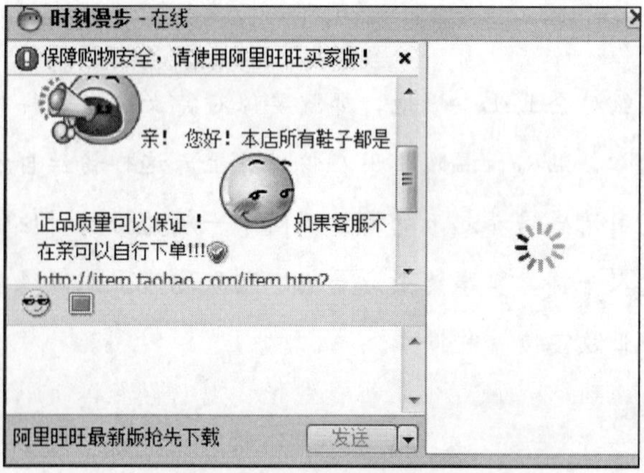

图5-1　淘宝“亲”的昵称

第一，“亲”代表着卖家对买家一种亲切的感情，是卖家对买家一种热情的态度。这一点就像我们平常去实体服装店买衣服，导购员很喜欢喊女性买家“美女”，这种叫法可以让女性消费者的虚荣心得到满足，也能让她感到导购员热情、亲切的服务态度。

第二，淘宝卖家用亲来拉近双方的距离，使交流更加自然。我们可以想象一下，在网络的虚拟世界里，双方都不知道对方的性别、年龄，如果对方是男性你却喊对方美女，对方是女性你又喊对方帅哥，如果喊对方客人、顾客，或者直接用您代替，都显得特别生疏。因此，用亲来代替美女帅哥，这样就不会喊错而让买家感到尴尬，用亲来代替客人、顾客能瞬间打破双方的距离感，让买家产生亲切感。

第三，卖家可利用亲这个昵称降低买家的防备心理。亲是“亲爱的”的意思，而亲爱的这种昵称，基本上只有在关系很亲密的人之间才会使用。卖家喊买家亲，就是让其产生一种亲密感，从而降低防备的心理。

取的昵称要让人感到亲切

企业既然想通过为粉丝取昵称拉近双方的距离，那么这个昵称就一定要让人感到有亲切感。如果你取一个不符合粉丝新意的昵称，那就失去了意义。

例如，小米给粉丝取名为“米粉”，这种叫法就特别有亲切感。“米粉”有两层意义，第一层“米粉”截取小米的粉丝这个词，如苹果粉丝叫“果粉”一样。第二层意义“米粉”就是真正的接地气了，因为米粉是生活中人们常吃的一种食物，也是属于物美价廉型的，和小米标榜的高性价相符合。

取昵称要有个性

给粉丝取昵称个性很重要，要让粉丝一听就喜欢，让路人一听就觉得很新奇。个性的昵称往往能体现出企业是否具有创新的一面。例如淘宝，为什么不直接喊买家亲爱的，而是喊亲呢？就是因为亲爱的，使用得太过泛滥，完全没有耳目一新的感觉。因此，取昵称个性很重要。

例如，魅族的“煤友”，就非常特别。“煤友”不知道的人还以为是一起挖煤的，其实这是取自魅族魅字的谐音。然而魅友不够特别，没有让人一听就想了解的冲动，从而取之为“煤友”。

取昵称要有由来和代表性

取昵称要有由来，没有根据的昵称会让粉丝感到莫名其妙，不明白自己什么是时候有了这个昵称，这个昵称又是什么意思呢？同时昵称要能代表个人或者企业，昵称也是一种宣传的手段，昵称有代表性，他人一听到昵称，就知道原来是这家企业的粉丝。

许多明星的粉丝的昵称就具备了这两种特质。例如歌手张杰的粉丝昵称是“星星”，歌迷会就叫“北斗星空张杰歌迷会”（如图 5-2 所示），这个昵称的由来是缘于其出道时的成名曲《北斗星的爱》。还有张靓颖的粉丝叫“凉粉”，范冰冰的粉丝叫“冰棒”，李易峰和杨幂的粉丝叫“蜜蜂”等，都是取自谐音或是有其他的由来。

图5-2　张杰粉丝昵称

用幽默、风趣的语言和粉丝沟通

语言是一门艺术，在沟通的过程中的恰当运用，不仅可以树立企业的威信，反映企业自身的素养，还能促进企业和粉丝之间的关系，使双方在沟通的过程中有张有弛，粉丝在笑声中接受企业发送的信息，在幽默风趣的语言中对企业产生情感。风趣幽默的语言不仅是企业传递产品的工具，也是沟通双方关系、交流情感的纽带。机智的语言、亦庄亦谐的小幽默常常能带给粉丝活力。幽默引起的笑声能填平企业和粉丝之间地位的差异，消除双方之间心理上的隔膜，建立起平等、亲密和谐关系。特别是在互联网这个信息能瞬间传递的世界中，语言如果运用得好，还可能会形成一种病毒性的营销传播。

案例　杜蕾斯：越俏皮越可爱

很难相信，在中国这个以含蓄唯美的社会中，一家避孕套企业居然能引起这么大的关注，也很难相信，杜蕾斯居然能将营销做得如此引人注目，如此受到粉丝们的欢迎。如果是换在古时候，估计早已淹没在“卫道士”的舆论中。避孕套企业要做广告，其中的度很难把握，如何才能避免敏感、尴尬呢？杜蕾斯选择了用幽默、风趣的语言来与粉丝沟通。现在我们就来看看，它是如何通过幽默感来吸引粉丝的吧！

案例一：一名为车仁浩的微博网友发了一条微博：“嗨，兄弟……加满！”“兄弟，你的杜蕾斯也满了……”。杜蕾斯官方微博看到这么有趣的一句话，深知这是一个非常好与网友进行互动的机会，于是转发了这条微博并回复道：“杜蕾斯无糖避孕套，关爱牙齿，更关心你。”如此幽默的回复让该网友忍俊不禁，还引发了一次改编广告词的热潮。如图 5-4 所示中的那样：“1.相信群众篇——杜蕾斯，我看行！2.套餐篇：美眉：第二个半价哦”等。如此幽默的回复方式，让围观的粉丝笑个不停。如图 5-3、图 5-4 所示。

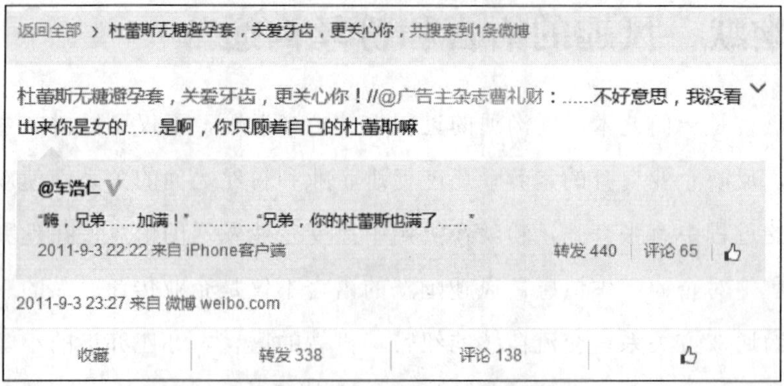

图5-3　杜蕾斯回复网友

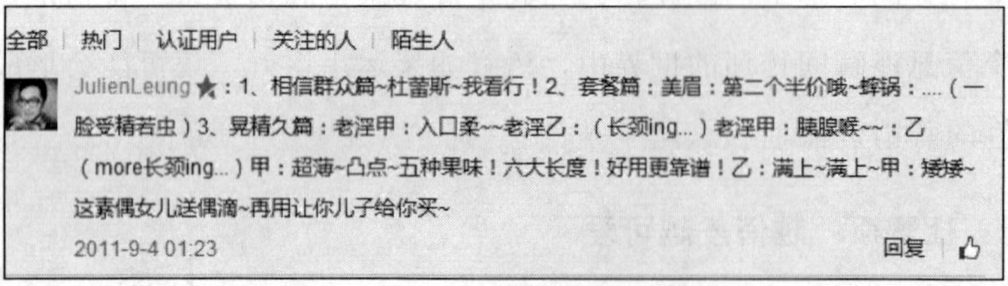

图5-4　网友参与讨论

案例二：@VANCL 粉丝团微博有一条微博是这样写的："韩寒在新书《私》中称女儿十八岁时会送其一句话——套好安全套，带好安全套。韩寒真是语不惊人死不休哇！"杜蕾斯看到后马上调侃起了韩寒："所谓安全第一，韩少作为赛车手深谙此道啊！"一般来说，谁要是调侃偶像，并说得如此让人浮想联翩，粉丝早就在微博中开骂了。但是，杜蕾斯将此说得诙谐风趣，粉丝们看了只有"发笑"，而不会"发怒"。

案例三：2011 年 5 月 16 日王功权私奔事件引爆微博，引起网友们的疯狂转发，转发量高达 7 万多次，被网友称为私奔体。杜蕾斯又一次发挥它幽默的小才能为自己打了广告。其实该条微博中的关键词"男女"、"私奔"、"幸福"的歌词都与杜蕾斯的品牌诉求相吻合。于是，第二天杜蕾斯针对私奔事件发了一条微博："私奔需要 3 样东西，杜蕾斯、现金、一起私奔的他和她。"如此巧妙地结合，有网友评论到："杜蕾斯，也真是醉了！"

案例四：2014 年 4 月 12 日晚，微博名为"作业本"的网友发了一条恶搞的微博："今晚一点前睡觉的人，怀孕。"杜蕾斯通过关键词搜索发现后，随即留下评论："有我！没事！"这条微博把包括"作业本"在内的人都给逗笑了。随后包括"作业本"回复并且转发的两条微博统计被转发了 7 000 多次。

杜蕾斯除了在自家账号上频频与粉丝互动，赢得粉丝的喜爱。还经常在其他的名人账号上留下痕迹，虽然都是与自身相关的内容，但都非常幽默有趣，赢得了不少名人粉丝的喜欢。

标题劲爆才能吸睛

很多企业与粉丝沟通都会通过微博、微信等方式。现在最火爆的就是微信软文，很多微信公众平台都是通过软文来吸引粉丝的。微信软文和其他的软文一样，如果想要被粉丝点击或者观看，与软文的标题有很大的关系。如果你的软文标题很普通而且严肃呆板，那么无论内容有多么精彩、图片多么吸引人，也很难吸引粉丝的关注。而一篇标题幽默风趣的软文，总能够很轻松地赢得点击量。

例如，"叫个鸭子"的微信公众号，它的软文标题就非常逗趣、吸睛。如图 5-5 中所示。这篇软文的标题是《加入霸道总裁邦，来找鸭子领土豪蛋》，"霸道总裁"和"土豪"都是最近特别流行的词语，"霸道总裁"是形容一个人有钱又霸道的褒义词，"土豪"则是直接形容一个人有钱。粉丝们看到这个标题肯定会很奇怪，什么时候吃鸭子和"霸道总裁"扯上关系了。粉丝们会因为好奇而点击文章，这样就达到了靠标题获取点击量的目的。

内容要犀利、具有趣味性

一篇好的软文除了要有幽默吸睛的标题，还需要在内容上精心雕琢。内容决定了粉丝对企业的印象以及忠实程度，因此一定要"有料"。只有这样才能够引起粉丝的兴趣，满足他们的好奇心。可以在软文中加入一些当下流行的热点话题，这样才能让网友看得懂，并且能很快加入该话题的讨论中。

图5-5 “叫个鸭子”微信软文标题

韩寒在微博中可以称得上是绝对的段子手，不管是发表自己的感言，还是为朋友做宣传，其所写的文字都非常的有趣且犀利。例如为《左耳》做宣传时，配上剧中高中生角色的一句台词“我早就不看韩寒了”图片，加上一条“看完《左耳》，我很难过。这条请勿点赞”的内容（如图 5-6 所示）。粉丝被韩寒的这条微博逗的兴趣大发，结果微博点赞数达到了 122 万次。还有为电影《何以笙箫默》做宣传也一样，微博内容转发并评论“何以笙箫默，先把狗放过。”韩寒的微博内容风趣且犀利，通过风趣犀利的微博内容韩寒吸粉无数，现在他的微博数量达到了四千多万次。

图5-6 韩寒微博

配上图片，幽默效果更加

无论是在微博上还是微信软文上，图片是最不可缺少的。 逗趣的图片加上逗趣的文字，让粉丝更有带入感。有时，一段文字如果没有配图完全没有笑点，但是有了图片就不一样了。就如之前火遍网络的“妈妈再打我一次”。

支付宝中的一篇《当摇滚青年遇上支付宝》就是采用了图文结合的方式，从图 5-7 所示中，我们可以看到这么一段话：“哥喜欢凑热闹，但不凑排队买票的热闹，从买票到核销，一个支付宝搞定，只留下销魂的背影。”图 5-8 所示中则写上了这么一段话：“看脸的时代，和看钱的时代，哥都经历过。这次哥靠芝麻信用，租个免费帐篷”。文字再配上图片，粉丝就会产生很强的代入感，感到更加的有趣。

图5-7　支付宝微信软文内容

图5-8　支付宝微信软文内容

找到粉丝痛点并及时解决

在移动互联网时代，谁能先找到粉丝痛点并及时解决，谁就先赢得粉丝的心。那么粉丝的痛点是什么呢？其实就是粉丝在生活中对于某项功能的深切需求。因此，企业要通过各种手段来挖掘粉丝的痛点，并及时解决。那些说自己粉丝身上没有痛点的企业，其实是自己不愿意去挖掘，怕浪费时间和精力。每个粉丝身上都有无数痛点，只要挖掘出来并解决，企业就可进一步加深粉丝对自己的依赖性。

案例　《致青春》：寻找青春的痛

2013 年，由赵薇指导的电影《致我们终将逝去的青春》，口碑和票房双赢，同时还被誉为青春片的“鼻祖”，引流了现在青春电影的潮流。赵薇也凭此拿到了最佳导演奖。《致我们终将逝去的青春》拿到了 6 亿元票房，这在当时只有张艺谋、陈凯歌、冯小刚等老牌大导演才能做得到。赵薇虽然成名多年，但作为导演她还是第一次。首次做导演就能拿到这么好的成绩，确实让人为之惊叹。那么她是如何做到的呢?如图 5-9 所示。

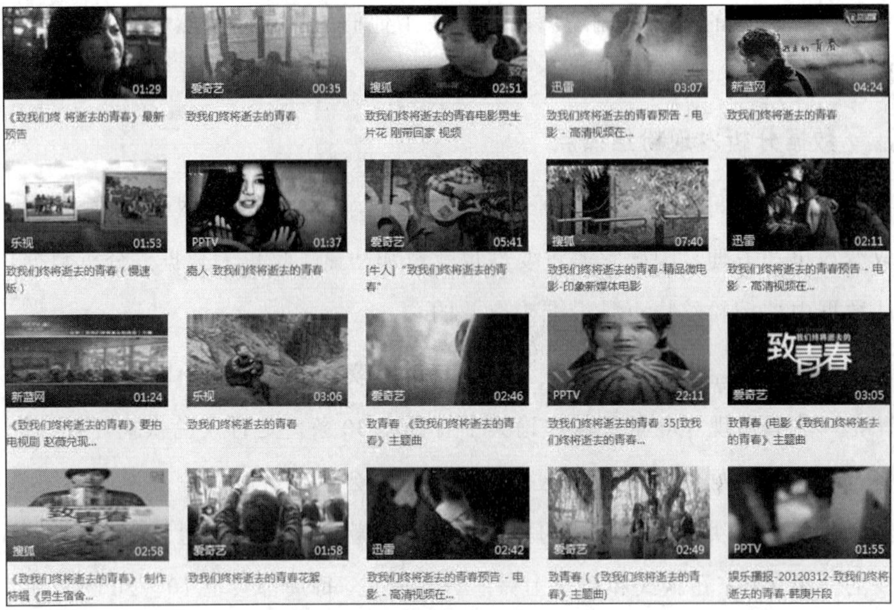

图5-9 《致我们终将逝去的青春》

《致青春》的成功就是因为抓住了两个痛点。一是观众的痛点，该电影是追忆逝去的青春，在大学里留下的遗憾。每个人都有青春，每个人都有对于某些事的遗憾，更是常常为这个遗憾而感叹。《致青春》的出现给了观众一个追忆青春的感情入口，看着电影中人物故事，找寻自己的青春记忆。大多数人都能从电影中找到自己曾经的影子，从电影里寻找青春正是观众所需要的。二是市场的痛点。在《致青春》出现以前，市场上的青春电影题材非常少，即使出现了也没有什么好的票房。在这种情况下，各大院线的经理都认为青春题材的电影并没有市场。其实青春电影的市场是很庞大的，每个人都有青春，每个人都在青春时期发生过一些难忘的事，因此青春题材的电影是很容易让人感同身受的。从《致青春》之后，《同桌的你》、《匆匆那年》、《左耳》等青春题材的电影都取得了不俗的票房，分别为 3 亿元、6 亿元、5 亿元，可见青春题材电影的庞大市场。

青春题材电影的成功源自于它成功地戳中了观众的痛点——对回忆青春的需求，以及市场的痛点——空白的市场。其实无论是企业还是电影，都要抓住粉丝的痛点来制造产品，解决了他们的痛点，自然就能赢得了他们的心。

数据分析发现粉丝痛点

大数据在每个时代都占据着重要的地位，如今，互联网让大数据的获取变得更加方便，因此它的重要性也就更加凸显。收集大数据，分析数据，从数据中挖掘粉丝痛点是最准确有效的。

例如，淘宝服装卖家在聚划算做活动，卖家会花一晚上的时间看买家评论，然后发现 300 条买家评论其中有 20、30 条，是有人说款式好看、价格合适、质量好的……通过这些数据，卖家会意义拆解评论要素并归纳总结，最终发现买家购买服装的核心关注点是款式和质量。通过数据分析得来的结果，卖家在款式和质量上做了许多改进。每周都会上 10～20 款新品，同时在质量上下了许多功夫，宁可提高成本，也不进虽便宜但质量很差的服饰。

问卷调研发现粉丝痛点

问卷调查是一种最有效且最省力气的发现粉丝痛点的方式，虽然容易受制于问卷本身。因此企业在问卷中一定要加入产品建议，否则问卷调研的效果将大打折扣。因为问卷的逻辑性比较强，如果问题设置得太多，粉丝到了后面就开始懈怠，胡乱作答。例如一份问卷设置 30 个问题，粉丝在回答到第 20 个问题时就会开始不耐烦，后 10 个问题基本上就是没有经过任何的思考，随手作答。因此，企业在问卷中设置的问题一定要秉持“在精不在多”的原则。

长城润滑油的问卷调查就非常的简洁有效，它的问卷调查只设置了 8

个问题，而且都是选择题，有单选题以及多选题，选择题的答案最多只有 5 个。每个问题都是和自身品牌紧紧地联系到一起。如图 5-10 中所示：“你听说过长城润滑油么？长城润滑油品牌在你心目中的第一印象是什么？”如果得出的答案是没听说过的选项比较多，长城润滑油就会针对此加大宣传的力度。它的这种问卷调查方式非常的有效，简单直接，粉丝不会因为问题过多、需要自己想答案而不耐烦，又能直接得到自己想要的效果。

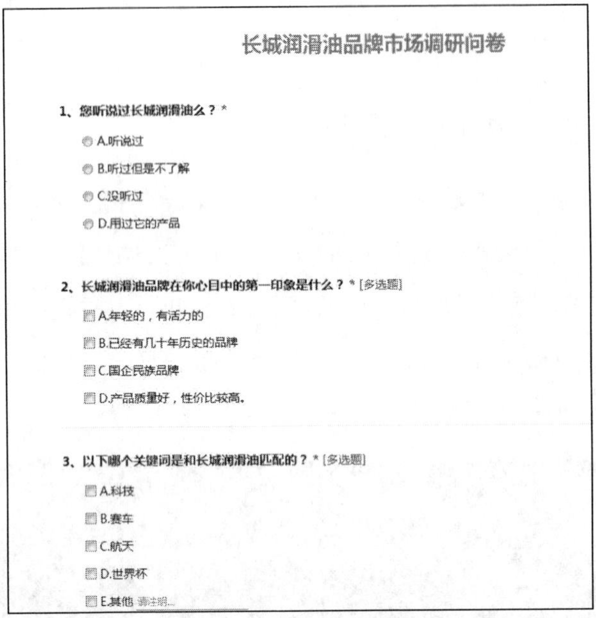

长城润滑油品牌市场调研问卷

1、您听说过长城润滑油么？*

A.听说过

B.听过但是不了解

C.没听过

D.用过它的产品

2、长城润滑油品牌在你心目中的第一印象是什么？*［多选题］

A.年轻的，有活力的

B.已经有几十年历史的品牌

C.国企民族品牌

D.产品质量好，性价比较高。

3、以下哪个关键词是和长城润滑油匹配的？*［多选题］

A.科技

B.赛车

C.航天

D.世界杯

E.其他 请注明...

图5-10　长城润滑油问卷调查

直接交流发现粉丝痛点

直接与粉丝交流，包括面对面聊天和在线答疑。直接交流的方式可避免受制于问卷，而且还能收到意外之喜。因为在线交流可以询问粉丝一些非设定的问题，即使闲聊，企业也能从中发现粉丝的痛点。与目标粉丝进行真实交流，粉丝对产品体验的直观感受，可以直接表现出来。

网店卖家是最喜欢通过与买家在线上直接交流的方式来寻找买家的需求，成功的网店卖家都会有保留聊天记录的习惯，整理过后，从买家聊天的信息中发现对方的需求，然后根据这些需求为自己的店铺做出改变。

像知己一样考虑周到

要赢得粉丝的心，就要像知己一样了解粉丝，为他们考虑周全。就像我们平常和好朋友在一起，他心情不好时我们应该陪他做什么，他身体不好时我们会为他做什么，他有困难时我们能帮他做些什么。彼此之间做到了这些，才能成为真正的好朋友。企业对粉丝也应是如此，不应只是一味地给予粉丝优惠。企业要想获得粉丝长久的支持，就要从心着手，像对待知己一样对待粉丝，为他们考虑周全。

案例　三只松鼠：卖的不只是产品

2013 年，淘宝上突然冒出了个大“黑马”，全年销售额超过三亿元，其中仅是“双 11”一天就卖出了 3 562 万元，成为天猫坚果类目的销售冠军。三只松鼠自 2012 年 6 月底成立开始，到 2013 年也不过是一年半的时间。在这么短的时间里就有如此成就，真是不简单。那么三只松鼠的团队是怎么做到的呢？如图 5-11 所示。

图5-11　三只松鼠天猫店

三只松鼠的成功不是因为卖产品，同类型的产品电商网站上数不胜数，它之所以能获得成功，是因为它卖的不只是产品，还有服务。它能像知己一样为买家考虑周到，让买家因为贴心周到的服务而喜欢上它。

三只松鼠在成立之初就已经意识到了超预期服务的重要性。因此三只松鼠从服务文化着手来赢得粉丝的心。一，线上的主人文化，三只松鼠的客服会化身为松鼠，向买家卖萌，并称呼买家为主人，而且服务中语言诙谐幽默，不时地卖萌搞笑，常常让买家大笑不已。二，真好剥和超过买家期望的小赠品。很多人不喜欢吃坚果是因为吃起来非常费劲，因此三只松鼠针对这一现象把产品加工得易剥，买家稍微一使劲就能将坚果打开。为了突出松鼠形象，三只松鼠还将产品进行了双层包装，并在包裹中放入纸袋夹子，以便买家吃到一半时需要密封。还有垃圾袋、纸巾、微杂志等。总之，买家在食用过程中所需要的一切服务，三只松鼠都考虑到了。三，提供一对一服务。三只松鼠会通过软件识别并筛选买家，筛选的条件包括客单价、二次购买频率、购买产品种类、购买打折产品的比例、是几次购买等。得出结果后，买家每次收到的产品包装以及赠品都会不一样。

在同类产品如此泛滥的情况下，单靠卖产品是很难获取大成功的。因此“三只松鼠”只有走超预期服务路线，才能从中突围而出。而结果也证明，它的选择并没有错。

像知己一样为粉丝提供产品价值

想要赢得粉丝的心，不但要靠产品的品质，还要靠产品的价值。从普通粉丝成为忠实粉丝的过程，不仅是由产品品质决定，还要看企业给产品设置的价值观和理念与买家需要的是否相符。产品的价值不是在销售过程中体现出来的，而是在使用后。比如化妆品企业，企业即使营销做得再好，买家因营销活动的营销进行抢购，那也是一时的，想要赢得粉丝长久的价值，还是需要产品价值的积累。

例如，兰蔻在加入聚美优品之后，每推出一款产品，只要稍微打一点折，就立刻被抢购一空（如图 5-12 所示）。但有些化妆品就没有兰蔻的这种销售盛况，打再低的折扣也没用。为什么会有这么大的差别呢？就是因为兰蔻在经营过程中所积累的价值，这些价值得到了粉丝的认同。

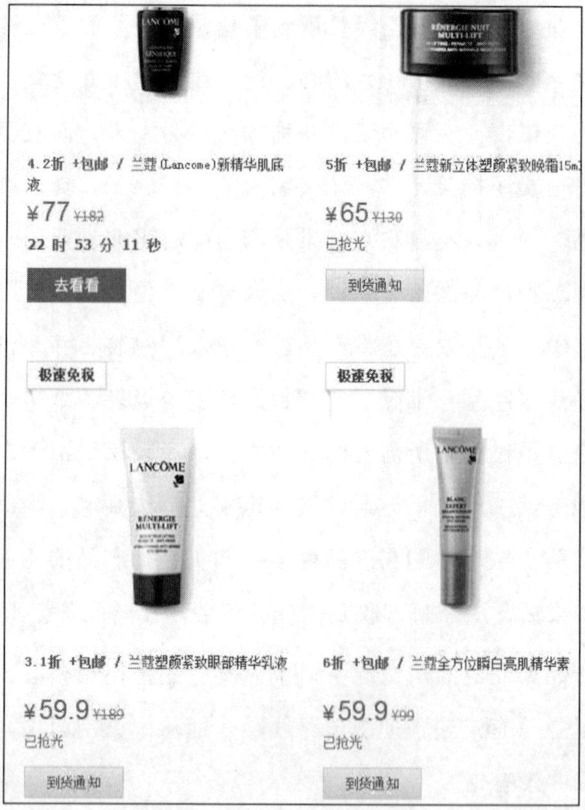

图5-12　兰蔻

攻心为上，给粉丝最需要的

粉丝只有从心里喜欢企业的产品，才有可能长久地支持企业。因此，企业在拉拢粉丝时，一定要选择“攻心”。如企业平常给予粉丝的一些回馈，精神奖励有时比物质奖励更能让粉丝感动。因此，企业如果想为粉丝做些什么，就要考虑到他们最需要的是什么，给予他们最需要的东西。

都市丽人在给粉丝做回馈时，就很好地做到了这一点。它并没有给粉丝送什么优惠券，打折卡或是内衣裤、睡衣这些赠品，而是考虑到粉丝的需要。粉丝经常会因为如何保养、清洗内衣而苦恼。针对这一点，都市丽人给一些老会员赠送了清洗内衣裤专用的清洗液，让粉丝不再为如何清洗内衣裤而苦恼。如图 5-13 所示。

图5-13　都市丽人最新活动

利益为下，不要一味地以物质拉拢粉丝

都说商场上没有永远的朋友，也没有永远的敌人。这是为什么，因为他们的结合是以利益为先，一旦无利可图便会变为竞争对手。如腾讯滴滴和阿里快的一样。但是此方法千万 不能用在粉丝身上，如果企业一直只用优惠、促销、赠品来拉拢粉丝，那只能保持一时的人气，一旦出现比你更优惠的地方，粉丝就会一哄而散。因此，企业在拉拢粉丝时，要精神和物质相互配合，用情感来培养粉丝。

例如小米，米粉们对小米的喜爱可不是因为优惠，而是从心里的喜欢。小米会为粉丝解决他们知道的并有能力解决的问题，事事都为米粉考虑周到。因此，米粉才会对小米如此支持。

让粉丝玩游戏获得礼品

如今，单纯的赠送礼品已经不能引起粉丝的兴趣。现在大多数人的经济条件都不错，因此对于价格、赠品这类信息都不太感兴趣。如果想要引起粉丝的兴趣仅靠礼品肯定是不够的。现在的人都喜欢玩游戏，看手机上装的各种手游即可知晓。正所谓“寓教于乐”，送礼品也一样，通过玩游戏这种娱乐方式来获得礼品，不但更有趣味性，也更有挑战性。现在的年轻人对趣味性和挑战性的看重胜过一切，他们看中的不是结果，而是享受游戏的过程。

案例　时光网：一边玩游戏一边拿礼品

时光网是国内公认的专业电影网站，拥有不少忠心粉丝的支持。进入时光网后，粉丝可以随意浏览最新的电影资讯、查看最专业的影评们、结识有共同爱好的朋友。时光网凭借着这种独特的方式，使其成为最受年轻人喜爱的网站。

为了跟上现代人信息接受方式改变的脚步，时光网在微信上开通了公众号，吸引粉丝的关注。公众号上线没多久，就成功地将在门户网站上的粉丝引到公众号上。手机粉丝可以随时收到时光网发来的电影咨询。这给不在电脑旁的朋友提供了方便，可随时随地订购自己想看的影片。

时光网公众号能成功吸粉的关键还在于成功满足了粉丝对于娱乐的需求。时光网会定期举办一些活动，如猜电影赢优惠电影票的活动，粉丝打开时光猜电影的软文后，即可看到一张图片，这张图片是某部电影中的经典场景。粉丝将电影名称回复给时光网，如果是正确的就有机会赢取优惠电影票。

除了定期举行的“时光猜电影”活动，时光网还会根据每一部的热门大片推出相应的游戏。如最近正在热播的《复仇者联盟 2》，时光网就举办了与朋友组队玩《复仇者联盟 2》的手游游戏，就有机会获得商城券 100 元，以及《复联 2》的 3D 兑换票（如图 5-14 所示）。这种一边玩游戏一边获取礼品的方式吸引了不少粉丝的注意，比起以往纯粹的抽奖活动，用这种游戏的方式获得礼品，让粉丝变得更加兴奋，也更加期待。

图5-14　时光网《复联2》活动

不仅要让粉丝娱乐，还要让粉丝互动

企业在制作游戏时，不仅要有娱乐性，更要有互动性。企业推出玩游戏拿礼品活动的最终目的还是增加粉丝的黏性，扩大企业品牌知名度。因此在娱乐的同时，互动也是非常重要的。粉丝和粉丝之间互动了，才能产生更大的传播效果。

开心消消乐是 2015 年新兴起的一款手游，其独特的游戏方式让其长期霸占游戏类 APP 下载第一名，推出两个月下载量就破亿（如图 5-15 所示）。开心消消乐的成功就是因为其娱乐性和互动性的相互平衡。当粉丝精力瓶尽时就可以向好友发出邀请请求赠送一个精力瓶，当闯到一定等级时，就需要粉丝邀请三个好友帮助解锁。除了娱乐性之外，这种粉丝与粉丝之间的互动性会让人玩的更加开心，也加快了传播的速度。

图5-15 开心消消乐

结合当下流行的话题组织游戏活动

游戏活动要引起粉丝的注意，也要游戏的主题够劲爆，够有吸引力。最能快速吸引粉丝注意力的方式就是结合当下一些流行的趋势来玩游戏。如果是要在线下举办一些游戏活动，可以参考《跑男来了》中的撕名牌、《快乐大本营》中的“谁是卧底”、“我想静静”等游戏方式。这些游戏因为综艺节目的热播，本身就吸引了大批的受众，如果企业能举办这种类似的游戏，肯定能吸引不少粉丝前来参与。

腾讯房产台州站和中环世纪就联合在线下发起了一场模仿跑男的撕名牌活动，而且比跑男还要疯狂。活动分为六组，女生先背起男生走过指压板，然后互换开始撕名牌，背上的人不准落地，落地者就算输。赢得一等奖的队伍可获得千足铸金三阳开泰+8 888 元的购房代金券；二等奖可获得精美礼品+2 888 元的购房代金券；三等奖则可获得精美礼品+1 888 元的购房代金券。

游戏要和产品主题相符合

“玩游戏赢礼品”也是一种宣传，如果粉丝玩完游戏，拿到了礼品，但还不知道这个游戏是哪家企业举办的，那么就有点浪费资源了。因此，企业在设置游戏时，最好在游戏中的某一环节融入企业的一些产品特色，让整个游戏成为企业的一种宣传手段，最后的礼品也要和企业的产品相关。

腾讯房产与中环世纪的活动奖品就是和产品相关的，从一等奖到三等奖所设置的购房代金券，而且这个奖品还能促进粉丝消费，当粉丝有购买需要时，就会想到可以使用的代金券，而腾讯房产就会是第一选择。

节假日少不了礼品

每逢节假日，就是各大企业、商家们的繁忙日。它们花招百出就是为了吸引人流，有流量才有销量。而使用最多的就是优惠、礼品赠送这些促销手段。我们经常可以看到“10.1”、“5.1”、中秋、春节等节假日，各大百货公司、商店都贴满了打折、买一送一等促销广告，网店也一样，都是这些促销广告。虽然这个招数被用了无数次，但每次都有效。可以这么说，节假日就是少不了打折、少不了优惠。

案例 娇兰佳人：每个节假日都是契机

娇兰佳人可以说是中国本土第一个全国意义上的化妆品零售连锁企业，全国拥有 400 多家门店。娇兰佳人可以说是小而美的典型代表，平均的店面面积也就十几平方米，但是平均每家店在节假日、周六周日的营业额却能达到 15 000～20 000 元之间。它是如何做到的呢？除了店长经营有方、产品质量过硬之外，靠的就是在节假日进行的打折优惠、礼品赠送的活动。

每逢节假日之前，娇兰佳人就会进行预热，在店内贴满节假日打折优惠或是礼品赠送的广告。例如“10.1”来临之前，娇兰佳人就会在 9 月 25 日左右开始做预热活动。店内的产品基本上都能打折，例如玉兰油化妆品。在平常里一般是不打折的，但是每到节假日娇兰佳人就会推出 8 折或是满 200 元减 50 元的优惠，或者是买护肤水和润肤液赠送洗面奶等礼品活动。除了化妆品，店内的其他产品也会做出相应的优惠，例如洗发露、洗发液、纸巾、洗衣液等都会比平常的时候优惠许多。

娇兰佳人还推出了会员积分换购活动，这在平日里也能使用。不过每个月的15号，娇兰佳人都有会员日，会员们在店内产品打折的基础上还可享受9折的优惠，这一天也是娇兰佳人的销售高点。

娇兰佳人不放过任何一个能为自己带来销量的节点。如2015年5月的10周年盛典（如图5-16所示），借这个难得的机会，娇兰佳人更是狂打优惠、狂送赠品。例如10元送礼，指定产品只需多加10元即可多一件产品；全场换购，会员凭借积分即可换得某些指定产品，而这些产品在平常卖的价格可不低；10周年特惠精选，则是指定产品可享受几折优惠等。

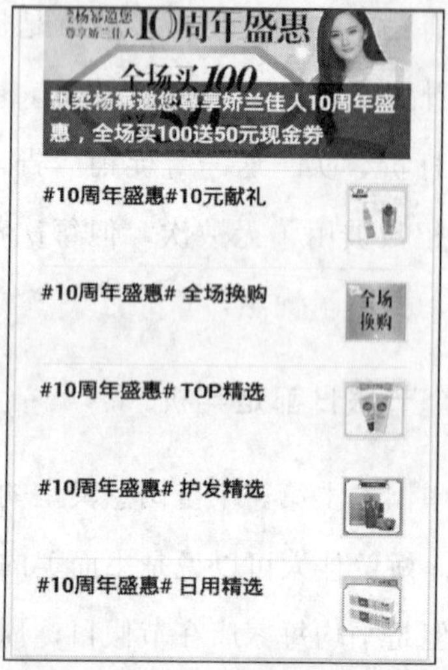

图5-16　娇兰佳人10周年活动

就连以往没有的，只是近日被网络炒作起来的2015年5月20表白日娇兰佳人也没有放过，在店内推出了“520大胆说出你的爱，赢好礼”的活动，粉丝只要参加就有机会赢得价值238元的依普斯自然舒缓防晒霜一支。

礼品要符合粉丝的心意

企业在节假日送礼，不是说你送了，粉丝就会接受，还要看粉丝是否喜欢。有些企业在送礼品时，一样东西送到底，不分时间、季节。比如夏天还给粉丝送暖宝宝，中秋节给粉丝送粽子，这样不仅粉丝不喜欢，也不合时宜。

稻香村在这一方面就做得非常好，每当节假日来临之前，它都会给粉丝送上与节假日相符，且粉丝绝对用得上的优惠券。例如，中秋节就给粉丝送月饼的优惠券，端午节就给粉丝送粽子的优惠券。

礼品不能太过小气

既然要送礼就不要太过于小气，否则不如不送。有些企业为了节省，送给粉丝一些成本低并且质量很差的礼品，粉丝收到后反倒没有感到开心，还会对基产生不好的印象。因此，礼品质量一定要过关，这是买家诚信的体现，不要以为是免费的东西就可以随便的忽悠粉丝。

当当网在送礼时就非常大方，第一次下载当当网 APP 的粉丝就能得到 20 元的电子代金券，当粉丝购书到一定的数额时，也能得到数额不小的电子代金券。如果当当网送货延迟，还会赠送粉丝 5 元的实体图书代金券。当当网上还设置了签到、摇一摇等各种奖品，奖金数额都不小。如图 5-17 所示。

图5-17　当当网签到送奖活动

只在节假日才有的礼品

既然要送礼品，就不能太过普通。如果你的礼品让粉丝感到随处可得，那么就失去了意义。因此，送礼一定要讲究时间。这个礼品只有在这段时间，只在节假日才有。这样粉丝才能感到自己来购买产品确实来对了。

屈臣氏一直将节假日礼品赠送的方式做的很好，2015 年 5 月 20 日被网友称为表白日，屈臣氏也借此机会回馈粉丝。在 20 日到 21 日，会员只要在店内购满 200 元，即可获得沙宣修护水养旅行套装或是妮维雅男士洁面乳，以及同品牌第 2 件 5 折，不限品牌 3 件额外 8.5 折的优惠。这些礼品赠送也就仅 20 日、21 日这两天才有。如图 5-18 所示。

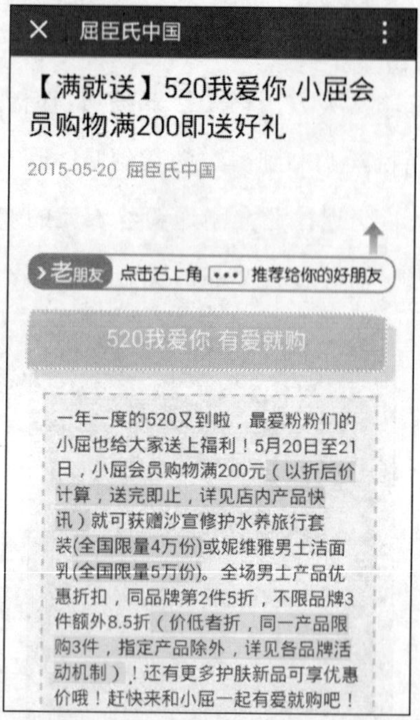

图5-18　屈臣氏520活动

经常给粉丝新鲜感

曾经有一段时间，人们只要一打开电脑、手机，铺天盖地的广告就会迎面而来，而占据最多的就是电商网站的广告。这些电商网站，不仅是广告单一，连内容也单一。比如当初的淘宝网，粉丝一打开主页就会看到密密麻麻的内容，即繁杂又陈旧俗气。同时粉丝们也只能在淘宝网上买到不能保证是否为正品的产品。因此，淘宝网的粉丝渐渐地被其他新兴起的电商网站给分走，例如京东、聚美优品。淘宝网粉丝不断流失的原因是什么呢？就是因为它不能持续给粉丝带来新鲜感，粉丝日复一日所看到的都是那些陈旧的东西。当然，现在淘宝网已经发现了这一点，不断地在板块上加入新的东西，例如淘宝台湾、淘宝香港、淘宝东南亚等新板块。

案例　唯品会：粉丝要的就是新意

当初，唯品会相比于淘宝、京东、聚美优品来说就像是个名不经传的小网站，谁都不认识它。但是它却在 2012 年迅速兴起，到了 2015 年其发展势头已不在聚美优品之下。那么它是如何做到的呢？其实很简单，就是唯品会给粉丝们带来了新鲜感，而且是持续不断地新鲜感。如图 5-19 所示。

图5-19　唯品会

相比于同时期价格虽低、但假货泛滥的电商网站，唯品会一出现就打着 VIP 精品低价购买的噱头。唯品会也确实做到了这一点，进驻到唯品会的都是国内外的知名品牌，而且还保证是正品。其他电商网站也有品牌产品，但是价格却非常贵，一般的粉丝都不想花这笔钱。但是唯品会却满足了粉丝想穿大牌却又想省钱的心理，用最低的价格买最好的产品。唯品会的“保证正品、低至一折”给了粉丝一种全新的购物体验，一时间，唯品会吸粉无数。除了在运营方法上，唯品会给粉丝还带来了新鲜感，在一些推广上，粉丝们也能感受到其与其他电商网站的不同之处。唯品会为了打开知名度，玩起了情景营销，这在电商网站上，还是少之又少的。

唯品会千万元巨资网络独家冠名湖南卫视热播节目《我是歌手》2，并同步推出由《爸爸去哪儿》第一季大火的张亮作为《我是买手》的狂欢购物大餐。将歌手和买手结合到一起进行推广宣传。

唯品会从《我是歌手》第 2 季开播之日起，同步推出一档网络购物活动——《我是买手》，每期都会推出 7 个品牌，并以 0.7 折起售。这一点是为了迎合《我是歌手》每期只有 7 名歌手参加的特点。通过这个活动，粉丝可以边听《我是歌手》带来的好音乐，又可边抢《我是买手》7 大明星品牌的最强折扣特卖产品。这种连贯娱乐的体验，粉丝们可是从未享受过。

唯品会每过一段时间都会推出一些新的东西让粉丝保持对自身的新鲜感，就像是刚刚过去的《我是歌手》3 微信摇歌手赢取唯品会抵扣券一样。

新鲜感就是以前从未有过的

什么样的东西才能给粉丝新鲜感？就是粉丝以前从未体验到的，其他企业也不能给予的。人们对于没经历过的东西总能产生极大的好奇心和极大的忍耐力。好奇心能引来粉丝关注，而忍耐力则能给企业带来好评。带来好评的原因是因为粉丝之前没有经历过，也无从去比较，所以他自然而然会认为眼前的东西是好的。

例如《爸爸去哪儿》第一季和第二季、《我是歌手》第一季和第二季。

明显第二季的口碑就不如第一季来得好。因为粉丝们已经看过第一季的节目，有了可以比较的地方，同时因为看过而缺少了新鲜感，因此对于节目中的一些槽点忍耐力就降低了。如图 5-20 所示。

图5-20 《爸爸去哪儿》第1、2季

新鲜感是不给粉丝单一的选择

这一点其实很容易做到，就是企业在产品的价格上、种类上、购买途径上多设置一些，每天都给粉丝们带来新的东西，让他们有多种选择。比如我们去一家面馆吃面，面馆每天只提供那几种面，吃过几次，自然就感觉到腻了，转而去寻找新的就餐地点。如果面馆每周都能推出一些新的菜色，那肯定就不一样。

例如他乡外卖，它主要的经营项目是给公司送餐。为了避免客户因经常吃一样的菜而感到厌烦，它在菜色上下了很多功夫。从周一到周五的荤菜、素菜、汤料都是不同的，而且每隔一段时间就会调整一下菜单。这样就能避免客户因菜色单一而产生厌烦感，从而选择去别家餐厅订餐。如图 5-21 所示。

图5-21　他乡外卖菜单

新鲜感体现的都是细节

给粉丝制造新鲜感可以从细节处着手，如果要让整个产品都让粉丝感到新鲜，一次两次即可，多了，企业的负担就会过重。从一些小细节着手，给粉丝一些意外之喜，反而更能让粉丝产生新鲜感。

例如海底捞，它的主经营项目是遍布大街小巷的火锅。因此，即使味道弄得再好，也很难在口味上翻玩出什么花样，让食客感到新鲜。因此，海底捞另辟蹊径，从服务上着手，在等餐、就餐、离店等每个细节处都给食客带来了别家餐厅绝对不会有的极致体验。例如餐前等位的五子棋、免费饮料、美甲、擦鞋等服务。

奖品要有噱头才会让粉丝过瘾

即使是送礼，也要有个噱头，才能吸引粉丝的注意，粉丝也才觉得过瘾。我们在逛街的时候，经常可以看到各个商家在做促销活动。那种只简单地设置一些打折广告的店铺，客流量并不多，因为每家都在打折促销，所以并没有什么优势。但是有些商家却在这些促销活动添加了噱头、设置了主题，粉丝只有完成商家指定的项目才能得到奖品。像这种有噱头又有趣味性的促销活动往往能吸引大量粉丝的围观和参与。

案例　酷派：尖叫赢好礼

从 2014 年 5 月开始，酷派的“尖叫门”事件引发了粉丝们的广泛关注，在网络上掀起了讨论热潮。酷派尖叫们之所以如此吸睛，是因为官方微博在 5 月 5 日凌晨发出了“啊啊啊”的尖叫式的整点报时，刚开始的时候，粉丝还以为官方微博“疯了”!

在“尖叫门”开始阶段，悬念式的引导方式引起了粉丝们的兴趣，之后，活动细节的逐一曝光，酷派“尖叫门”事件的真相终于浮出了水面。原来是酷派将在 5 月 20 号为粉丝带来一场更具创意的且更大的福利——“尖叫赢好礼”。如图 5-22 所示。

酷派此次的“尖叫营销”可谓是布局缜密，一环扣着一环。酷派在活动的初始阶段是使用悬念式引发粉丝的关注，在官方微博首先发出最大的尖叫声，然后每个整点发出一次尖叫，到了 12 点，酷派整整发出了 12 声尖叫，而这整整的 12 声尖叫迅速点燃了粉丝们的好奇心。酷派的“尖叫门”吸引了无数网友的围观和讨论，甚至有些企业和明星也模仿酷派，用“尖叫式”撰写微博。

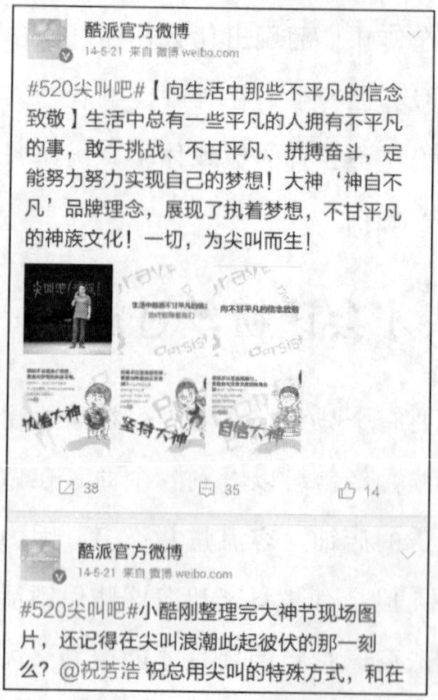

图5-22 “520尖叫吧”

抛出悬念后，需要一个发酵的过程，但这个过程很短暂，后续的传播因此很快地赶了上来。通过高尔夫车队携模特团队在小米总部楼下高举“买小的不如买大的、买大神送高尔夫”信息牌，酷派的尖叫赢好礼活动又再次被放大，吸引了粉丝们的持续关注。

在“尖叫活动”取得关注后，酷派向大众说明了此次活动的真相，除了是给粉丝送福利，还为即将到来的“520”节日预热，并告知粉丝有一些神秘的惊喜需要去现场体验。

活动口号要有创意

活动是否能吸引粉丝们的关注，是否有噱头，一个有创意的活动口号很重要。粉丝一听口号就感觉特别新鲜，并产生好奇心。其实这一点和某些营销软文所说的“标题党”很相似，就是标题要足够吸引人，让粉丝看到标题后就情不自禁地点击进去。

例如，微博发起的一个话题活动“不可辜负的美食”，这个标题就非常有意思，粉丝一看到这个标题会想到有什么美食是不能辜负的呢？平常就喜欢美食的朋友肯定会因为这个标题而点击进去。进去后发现，原来是一项美食拍照活动。不过这一点恰好符合现代年轻人的喜好，吃饭时都要先拍一拍照片发朋友圈。这个微博活动截至 2015 年 5 月 26 日就有了 1.3 亿次的阅读量，讨论量达到了 27.7 万条，一度登上微博话题榜第一名。如图 5-23 所示。

图5-23　微博话题#不可辜负的美食#

活动内容要有趣味性

趣味性的内容和创意的活动口号一样重要，既然是一个送礼活动，那么加入一些趣味性的游戏比单纯的微博转发、微信点赞更能引起粉丝的关注。粉丝们可以一边玩一边赢好礼，娱乐的同时又有奖品可拿，粉丝何乐而不为。

如“呷哺呷哺”火锅连锁店曾经举办过的一个“看图呷猜，闯关免费赢台历”的活动，台历中还包含了 170 元的优惠券。它并没有像其他企业，通过微信点赞这种方式来做促销活动，而是模仿曾经风靡网络的《疯狂猜图》，既简单又有趣。如图 5-24 所示。

图5-24　看图“呷猜”闯关免费赢台历活动

活动过程要简单便捷

企业做活动的目的最终也是为了传播，因此其内容要符合传播的特色，就是简单、便捷。粉丝只需要一两个简单的动作，就能完成活动，并分享给下一个粉丝。

呷哺呷哺“猜图赢台历”的活动过程也非常简单，只要猜出图片名，即可闯关成功，因此粉丝获奖的概率非常高。图片中的内容都是与产品相关的，比如呷哺呷哺中的食材，而能闯关成功的只有经常去光顾的老顾客，因为他们对“呷哺呷哺”有足够的了解。

6

第 6 章

参与感
——给粉丝定制产品

粉丝营销第一步要做的就是唤醒粉丝参与的主动性和激情，要给粉丝创造机会、提供平台、确定主题，这样才能把具有相同目标和共同价值观的粉丝聚集起来。其实，任何粉丝形成的主题，都有一个最直接的价值诉求，然后让粉丝做主，让粉丝决定产品，决定产品的走向，确定产品的未来。

粉丝至上，粉丝需要什么你就做什么

如今是以粉丝为王的时代，粉丝的想法胜过一切，粉丝的需要决定了市场。那些成功的大企业，都是为粉丝而生的，他们推出的所有产品和服务都是根据粉丝的需要而产生的。粉丝需要什么，他们就生产什么，粉丝不满意什么，他们就改变什么。一切的一切都是以粉丝的需要为依归。可以说，移动互联网时代的企业就是为粉丝而生的企业。

案例　小米：只为“米粉”而生

黎万强说小米手机是“为米粉而生”。小米创立到至今，其所有的设计和发展都是根据“粉丝”的需要来做的。小米的粉丝不是用手机，而是玩手机。爆米花奖、同城会、米粉节，这些都是小米为粉丝而设，通过这些小米将粉丝紧密地联系在一起，发挥出最大的粉丝效应。

在小米生产第一个产品 MIUI 操作系统时，当时黎万强是这个项目的负责人，他的任务就是“不花钱把 MIUI 做到 100 万元。”于是黎万强带领团队泡论坛、灌水、发广告，吸引资深粉丝。从最初的 1 000 个粉丝中选出 100 个作为超级粉丝，参与 MIUI 的设计、研发和反馈。这 100 个人就是忠实米粉的源头。如图 6-1 所示。

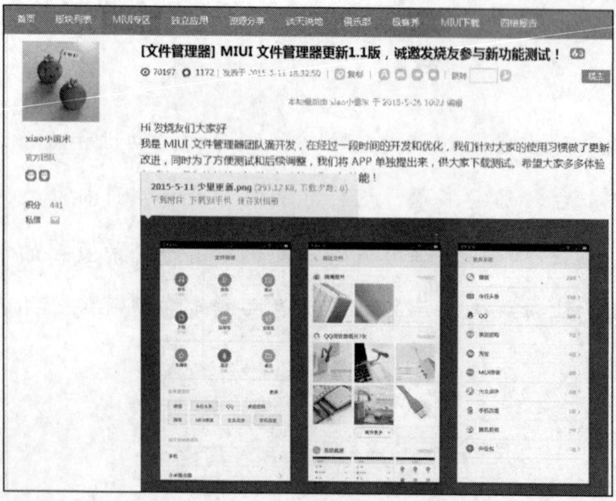

图6-1　MIUI邀请发烧友参与产品测试

在小米的论坛上，粉丝可以决定产品的创新方向以及功能的增减。为此，小米还专门设置了“爆米花奖”。每周五下午 5 点被定义为橙色星期五，小米每周都会发布一些新版本。下一周的周二，根据粉丝提交的体验报告数据，评出上周最好和最差功能，以此来决定小米内部的“爆米花奖”。同时，开放平台让所有粉丝参与讨论，讨论出下一个版本该如何改进的结果。这种直接将员工奖惩与粉丝体验相挂钩的做法，在确保员工的所有驱动不会因老板的喜好而决定时，还让粉丝感到了自己的重要性。

小米的产品是为米粉而生的，米粉需要什么小米就生产什么。为了能更好地完成粉丝的需求，小米让粉丝参与调研、产品开发‘测试’传播、营销、公关，所有的环节都是由米粉的喜好而定。

小米的手机、小米的电视、小米的路由器等各个细节、各个功能都是在粉丝的意见上设计出来的，粉丝需要什么功能，小米就生产什么功能；粉丝觉得哪个功能不好，小米就删除哪个功能。

只要粉丝说好就进行到底

在设计产品时，企业不能抱着主观的态度，而是应该充分尊重粉丝。即使站在专业的角度认为某款产品的某项功能不够好，应该将之撤换掉，只要粉丝说好就要将之进行到底。因为，企业不是使用者，并不能充分体会产品是否好，粉丝才是使用产品、主导产品发展方向的人。

屈臣氏有一款自制的面膜，销量一直不错。但因为某些因素，屈臣氏将该款面膜下架。面膜下架之后，很多粉丝都向屈臣氏的各个实体店咨询。屈臣氏表示这款面膜不太好用，所以打算研制新品代替，但粉丝普遍反映说如果不是质量问题，就请继续出产该款面膜。这款面膜价格合适，而且效果非常好。因为粉丝的支持，屈臣氏决定继续出产该款面膜。

粉丝不满意，马上换掉

粉丝不满意的产品肯定是没有市场的，即使你认为你的产品设计得很完美。只要粉丝不喜欢，就要马上换掉，推出让粉丝满意的产品。

腾讯在推出每一个版本的 QQ 之前，都会先推出一个测试版。测试版的目的就是让粉丝先看看这个版本的 QQ 好不好用，都有哪些缺点，以便在推出正式版之前进行修改。如果粉丝反映该版本存在着大量的问题，就直接弃用。如图 6-2 所示。

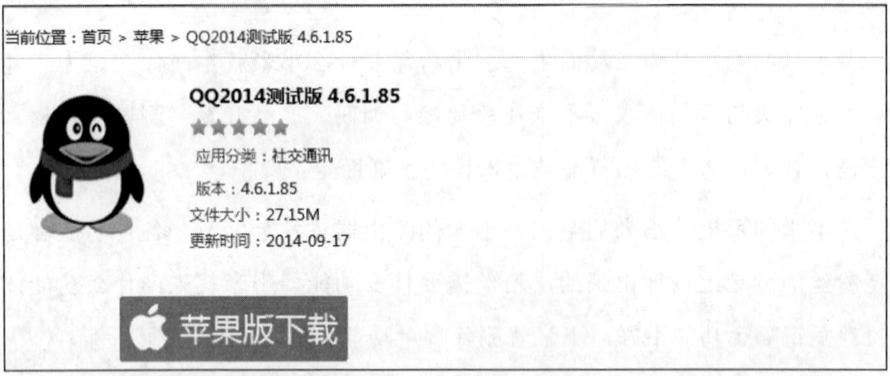

图6-2　QQ2014测试版4.6.1.85

迭代要快，粉丝等不及

粉丝是缺少耐心的，因此如果企业要对产品进行迭代，就一定要把握好速度，因为粉丝没有耐心等。同时面对市场强烈的竞争，如果产品的迭代时间过长，粉丝就会放弃等待，直接选择另一款产品。因此，粉丝不仅需要定期进行迭代的产品，更需要能快速迭代的产品。

微信不仅是一款迭代非常频繁的产品，也是一款迭代非常快速的产品。从第一版微信 1.0 推出到 1.1 版本，期间只用了 20 天，1.2 的迭代甚至只用了 11 天。微信现在已经迭代到 6.1.0 的版本，每一个版本之间的迭代时间最长的不超过一个月，最短的甚至只用了一个星期。微信的这种频繁快速的迭代让产品不断地向完美趋近，也越来越符合粉丝的需求。如图 6-3 所示。

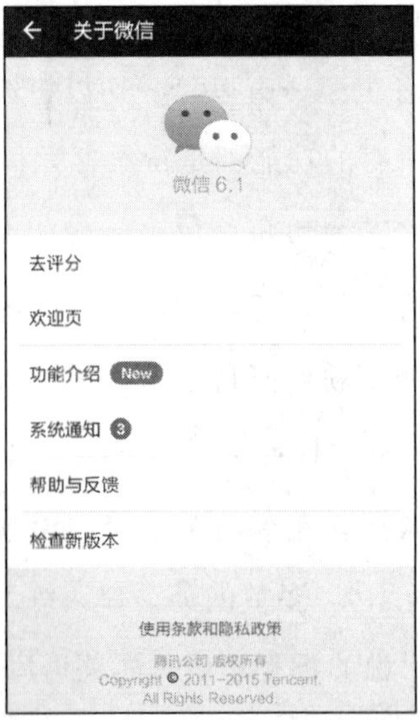

图6-3　微信最新版本6.1

体验为王，一切以粉丝体验为中心

互联网时代，一切以粉丝体验为中心。粉丝获得了好体验，企业才能获得好口碑。小米手机的成功就是因为它一直以“粉丝体验为王”来设计自己的产品，最后还演变为一种为粉丝创造体验的经济学。一款产品想要获得粉丝的支持，首先就需要极致的体验。那么什么是极致的体验呢？如同我们玩智能手机，只要一根手指滑动即可完成所有操作。无论是小孩还是老人很快就能学会，这就是极致的体验。

案例　英语流利说：极致体验打造极致学习软件

近两年来，手机 APP 英语流利说很火爆，不到两年的时间粉丝量就突破了 12 000 万个，而且这 12 000 万个中有 90%的粉丝都是忠实粉丝。他们从用上英语流利说开始，就没有将其从手机上卸载下来。而且从英语流利说诞生以来，从来在宣传推广上花过一分钱，所有的品牌推广营销都是粉丝主动做的。

为什么英语流利说能这么受欢迎，并且拥有那么多忠实粉丝呢？其实最大的原因就是该设计者王翌一直以“一切以粉丝体验为中心”的标准来设计产品，因此该产品所有的功能都是粉丝喜爱和需要的。

王翌在开发软件之前，对手机英语学习软件市场做了调查，得到的结果是英语学习软件普遍存在枯燥乏味的特点，因此常常被粉丝中途弃用。为了提升粉丝的信心，激励粉丝坚持学习，王翌将游戏闯关解锁和社交元素搬到了软件上，和玩游戏一样，粉丝只有闯关成功才能进入下一个关卡。

为了增加粉丝的体验感，王翌将英语流利说分成两个部分，修炼阶段和闯关阶段（如图 6-4 所示）。多数的英语口语练习软件虽然提供了录音功能，但是根本不知道自己说的正不正确。而英语流利说会根据发音、声调、断句给粉丝打分。不标准的地方用红色标出，让粉丝知道自己哪里的发音不标准。为了给粉丝学习到正确的英语发音，还设置了单词发音攻略，长按该单词就可以进行学习，正确的部分则用绿色标出（如图 6-5 所示）。当粉丝感觉熟练后，就可进行闯关。闯关时粉丝和系统轮流扮演角色进行对话，用星星表示是否闯关成功。为了满足粉丝想受关注的心理，还设置了分享功能。闯关成功后粉丝可以任意分享到社交网络上。

图6-4　修炼和闯关

图6-5　口语练习过程

学习讲究的是氛围，有人一起学习效果会更好。为了给粉丝更好的体验。英语流利说除了在功能上下苦功夫，还设置了社交活动，软件中有专门用于社交的流利小组（如图 6-6 所示）。这个功能就和 QQ 群一样，加入小组后就可以与组员一起学习。而且每个组都有老师免费教大家英语。同时还设有流利吧，这和百度贴吧一样，粉丝可自由在上面发帖，与其他粉丝进行交流互动。

图6-6　流利吧和流利小组

让粉丝思考，给自己提供改错的机会

每一款产品都不可能一步就做到完美，因此，需要不断地迭代更新，让产品趋向完美。在这个过程中，让粉丝思考，按照他们的体验给产品提供报告改错的机制。只有经过粉丝参与、认同的产品才是最好的产品体验。

QQ 就是这样一步一步地达到完美的，刚开始时 QQ 音乐的设计非常粗糙。粉丝使用过后，给了 QQ 音乐很多建议。它就是通过粉丝的建议慢慢地对自己做出改正。有一次粉丝反映 QQ 音乐是音乐软件，但是音质却不怎么样。为了改善这一粗糙的体验感，QQ 音乐联手全球顶尖的音效处理公司 DTS，针对不同耳机的特点，结合其特有的数码环绕处理技术，专门为粉丝量身调试了独特的音效。加入这一技术后，QQ 音乐的播放体验比以前跨越了一大步。如图 6-7 所示。

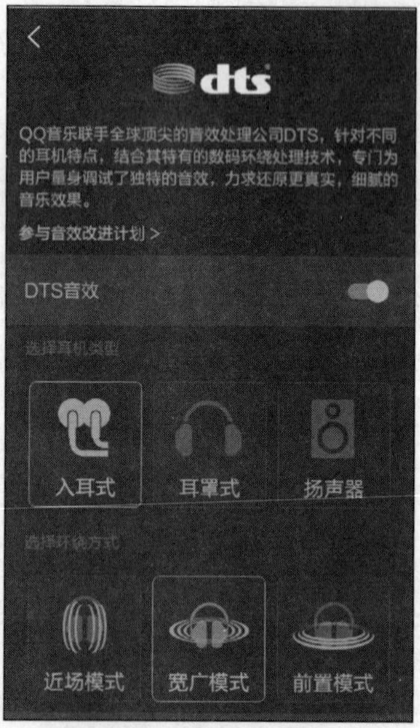

图6-7　QQ音乐DTS功能

傻瓜都能用的产品，就是极致的产品

企业在设计产品时，应该把粉丝想象成傻瓜，想象如果一个智商有问题的人来使用自己的产品，他会怎么做，产品怎样设计才能让傻瓜都能懂

得用。进一步说，既然傻瓜都懂得用，其他人就更不用说了，操作起来更是得心应手，顺畅无比。千万不要给粉丝提供需要思考、研究后才会使用的机会，否则产品想要成功很难。

苹果 iPad 就是个典型的"傻瓜"产品，其在功能上无比强大，但是在操作上。就连 3 岁的小孩都会使用。根据报告，iPad 使用者在 3～10 岁之间的儿童使用率高于成年人。如图 6-8 所示。

图6-8 苹果iPad

不要"差不多"，要百分百

在提升粉丝体验时，企业要有极致的态度。在对产品进行改善时，如果自己有能力就要将产品和服务做到百分百，差 1 分都不行。既然企业有能力，并且发现了这个错误，那么就要将这个体验感提升到百分百，不要让粉丝有再次提出该功能体验不佳的机会。

酷我音乐每一次对产品进行改善时，都努力将粉丝对上一个版本提出的缺点改善到百分百的完美，不断地测试改造，直到这个版本的缺点已经百分之百消失。就是因为这种态度，在酷我音乐的粉丝反映中很少出现"这次版本更新，这个缺点怎么还没改掉"的声音。如图 6-9 所示。

图6-9　酷我音乐

兜售参与感，让粉丝成为产品经理

参与感就是让粉丝参与到产品设计的整个过程中，将企业的产品、销售、品牌、服务、营销等一系列的运营过程全部透明化，让粉丝熟悉并参与进来。简单来说，就是让产品、企业与粉丝一起成长。有时候，甚至可以让粉丝成为产品经理，由粉丝把控产品未来的发展方向。

案例　七格格——让粉丝决定潮流趋势

七格格 TOP 潮店，店主是曹青，网名七格格。她在 2006 年大学毕业后用 4 000 元资金注册了网店，此后就一直停留在玩票的状态。2009 年 1 月才升上皇冠，员工才 3 人，但是到了 2009 年年底，就已变成 5 皇冠店，员工人数超过 100 人，拥有全套电子管理系统、工业流水线，还发展了六大潮流女装品牌：OTHERMIX、IAIZO、OTHERCRAZY、OTHERFAITH、OTHERSIN、MEYEEKA。2009 年，全年销售额达到 3 000 万元，2010 年达到了 1.5 亿元。

其实让人惊讶的不是销售额，而是在这短短的一年时间内，七格格如何产生这么大的变化。经研究发现，七格格走的是反方向设计之路，让粉丝决定店铺的潮流趋势。

七格格的所有产品都是百分百的原创作品，拥有一支“15 位年强设计师+1 位专职搭配师”的团队，每月最少推出了 100～150 个新款，上架产品不得少于 500 款。同时它拥有上万名的忠实粉丝，并有多个 QQ 群。如图 6-10 所示。

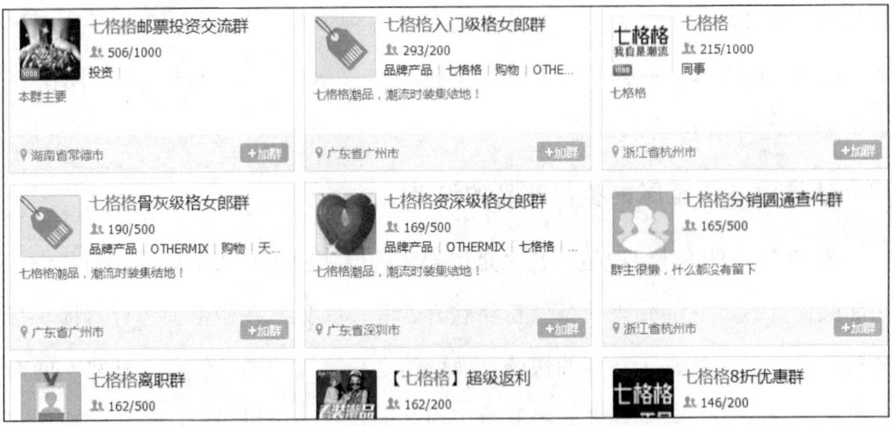

图6-10　七格格QQ群

每次要推出新品时，七格格会先将设计图上传到网店。比如本月准备上 120 款新款，就会先设计出 300 多款设计图，让粉丝们进行投票评选，并在 QQ 群上讨论，由粉丝选出最终的 120 款新款，并进行修改。反复几个回合后，最后才开始上架、生产。

这完全颠覆了时装界设计师引领时尚潮流，决定款式的传统模式。传统上是设计师关起门来，通过自身对时尚的了解和灵感来决定下一个季度的款式设计。因此就出现了很多款式，不被市场所接受，被粉丝黑评，以至于滞销的情况。七格格的模式则是完全相反，由粉丝决定服装的潮流趋势。

满足粉丝“在场介入”的心理需求

粉丝的“在场介入”心理需求，其实就是参与产品设计的心理需求。粉丝对于自己喜爱的产品肯定有很多的研究和体验，有些粉丝对产品专业知识的了解并不比设计师少，“发烧友”就是这种类型的粉丝。像这种类型的粉丝经常会聚在一起讨论产品的功能，对于如何改善产品的弊端也有自己独到的见解。他们非常渴望能介入到产品的设计当中，如果企业给予他们参与的机会，“发烧友”就能成为最好的产品设计者及支持者。

湖南卫视曾经有一档自制电视剧《爱的妇产科》就充分满足了粉丝们的“在场介入”心理，其大结局不是拍好的成片，而是现场直播，并让粉丝投票决定最终的解决走向。很多人在看电视剧时经常会有结局不是我想要的感觉出现，而《爱的妇产科》让观众充分掌握了主动权，是大团圆还是大悲剧，全看粉丝怎么想。

让粉丝从头至尾的参与产品的设计

无论产品怎样升级改造，甚至是下架，都要让粉丝从头至尾地参与其中。比如微信红包，它的到来让微信粉丝欣喜若狂，疯狂地在微信上进行传播，很多粉丝都在其中找到了参与的快感。而微信之后推出的微信钱包、转账、面对面收款、刷卡等一列类功能，粉丝给了很多的建议。可以说粉丝是看着微信支付一步一步强大起来的，它的每一步发展都离不开粉丝的支持。如图 6-11 所示。

图6-11　微信钱包

通过活动来强化参与感

为粉丝提供互动的渠道，是产生参与感最好的办法。企业可以建立论坛、微博或是发起一些线下交流活动让粉丝有机会和企业进行互动。小米除了建立论坛、微信、微博给米粉提供参与的渠道之外，还经常举办一些活动来强化米粉们的参与感。如在小米社区举办的“智勇大冲关”，它的活动形式是比谁更了解小米手机，了解最多的人就能得到最后的胜利。这次活动吸引了 1 800 万人。

宣扬极致，给粉丝超越预期的体验

互联网时代的核心是粉丝，想要赢得粉丝的心，就要把产品做到极致、把产品做到最佳、最好，让产品的体验超出他们的预期。一款产品很优秀，但是却推动不了销量，那就代表这款产品还不够极致。要想产品极致，首先就要设计者具备极致的思维，因为只有极致思维的人才能设计出超出粉丝预期的极致产品。

案例　搜狗：关注粉丝体验是关键

2010 年 8 月，搜狗从搜狐拆分出来，由王小川全权负责。一年后，搜狗的 Q3 财报显示：搜狗第三季度实现营收 1 840 万元，比去年增长了 244%。单季突破 1 亿元人民币，是继百度之后第二个盈利的中国搜索引擎公司。值得注意的是，它只用了 1 年的时间 。如图 6-12 所示。

让搜狗快速成长的秘诀就是其所有的产品设计都是从粉丝体验角度出发。王小川对粉丝体验有着自己的理解。他认为，完善粉丝体验可分为三个方面：第一对粉丝需求的总体把握，这是产品生死存亡的关键点；第二是对粉丝使用习惯的引导，这关系到粉丝对产品的信任程度；第三是为粉丝建立起美学上的享受。这三个方面息息相关，且是叠加的效应，只有做了第一个才能做好第二个、第三个。

图6-12　搜狗旗下各大软件

搜狗输入法刚推出时，王小川是抱着不断犯错的心理的。其中有一个按键就是从不断犯错中产生的。刚开始时采用正斜线作为顿号的按键，但是推出后搜狗每天都会收到几十封粉丝邮件说找不到顿号，因此搜狗又将之改到反斜线上。却没想到反馈的邮件从几十封达到了上百封，于是搜狗开创性地将正反斜线的两个按键都没作为顿号按键。现在，搜狗每天都会通过微博、邮件、论坛等地方获取粉丝反馈，并以此为据完善产品功能。如图 6-13 所示。

正是凭借着对粉丝体验的高度关注，搜狗输入法推出后，就迅速超出了微软、紫光、智能 ABC 等输入法，迅速占据了中文输入法的榜首位置。

同样的事情还体现在搜狗的其他产品上，例如搜狗高速浏览器。搜狗浏览器是国内最早的浏览器之一，采用了网速保护、完美防假死、下载管理器、真双核引擎和全国五级加速等技术，充分保证粉丝对高速、稳定以及兼容性的需求，现在已稳居国内浏览器市场三甲。

图6-13 搜狗输入法

在完善搜狗搜索的粉丝体验上，搜狗更是不遗余力。每推出一项功能，都不断地征求粉丝的建议，并不断地改进。其独创性的识图搜索和路书识图就是这样生产出来的。

面对关注粉丝体验所带来的斐然业绩及高度赞誉，王小川还是不断地强调着一句话：“目前的成绩，只能说明搜狗把握住了粉丝需求，让他们对我们有了信任。但这只是开始，搜狗还要在粉丝体验的工作上不断加强。”

以极致的产品为基础

想要给粉丝超出预期的体验，首先产品就要够极致，这是给粉丝超出预期体验的基础。没有极致的产品，其他的一切免谈。只有产品极致了，才能吸引粉丝，才能引发粉丝情不自禁的口碑宣传。

苹果手机就是一款极致的产品，在中国，苹果产品几乎不做任何营销活动，但仍然稳居中国手机市场的第一名，最大的原因就是因为它用极致的产品给了粉丝超出预期的体验，使粉丝情不自禁地为其进行口碑宣传。如苹果 APP 上的一款翻译软件，不仅能进行准确的中英文互译，从中文翻译成英文，再翻译成西班牙文，也能准确无误。无论你翻译的是网络流行语，还是谚语、成语。这强大的功能根本无须苹果自己做宣传，粉丝自己会情不自禁地为其进行口碑传播。

以极致的服务为后盾

既然极致的产品给粉丝超出预期体验的基础，那么极致的服务就是其后盾。很多企业虽然推出的产品够极致，但是服务却不够，因此一直发展不起来。

例如，中国推出的电动汽车，本身这款产品的功能与普通产品相比是非常强大的，既环保还能享受补贴政策。但最后依然发展不起来，就是因为在中国，它没有极致的售后服务做后盾。它无法像加油站一样，在全国各地，各个公路旁设置加油站。电动汽车的充电服务无法得到满足，自然就发展不起来。如图 6-14 所示。

图6-14　之诺电动汽车

以极致的营销为手段

一款产品如果想通过给粉丝超出预期的体验而形成病毒性的蔓延，除了提供极致的产品和服务之外，还需要极致的营销手段。极致产品+极致服务+极致的营销才能让产品形成病毒性的蔓延。

海尔电器就是一家宣传极致，能给粉丝超出预期体验的企业。海尔的产品和售后服务的极致无须多说，产品质量从其经营了几十年还一直走在电器行业的前列就可知晓，极致的售后服务从其得到的全国售后服务十佳企业也可明白。而极致的营销就是它在互联网企业的冲击下依然能屹立不倒，并且不断地发展壮大的最有效手段。海尔电器的微博、商城经常会举办一些活动。在 5 月 21 日，海尔洗衣机就在微博上发起了“521 定制爱，单身狗看过来”的活动，粉丝只要转发就有机会获得海尔送出的奖品。如图 6-15 所示。

图6-15　海尔洗衣机微博活动

以小博大，抓住产品最核心的功能

很多企业在一开始就想把所有的方面都做到极致，这是不可能的。你不是现在的马化腾，你的企业也不是现在的腾讯，能以一对五。而腾讯之所以现在能做到各方面都涉及，与各个行业的领头企业对战，也是由核心项目 QQ 发展而来的。因此，企业在刚开始时抓住最核心的一点并将之发挥到极致即可。先将核心项目做到最好，然后围绕核心项目再慢慢发展。设计产品也一样，比如设计手机，不要奢望既要索尼的像素、苹果的功能、三星的显示屏、魅族的文化，又要小米的低价。一款产品不可能面面俱到，苹果功能再强大，它的显示屏也是一摔就碎、一压就弯。因此，只要抓住产品中最核心的功能将之发挥到极致，粉丝自然会为你埋单。

案例 棒约翰：用核心项目以小博大

棒约翰是国外一家快餐店，与必胜客的模式有点相似，主要的经营项目是比萨。最让人惊讶的是，这家名不见经传的小快餐店居然战胜了必胜客，为人们上演了一场“以小博大，并取得胜利”的商业秀。如图 6-16 所示。

图6-16　棒约翰官网

棒约翰现在的管理者是约翰·施纳德，是个名人，他是必胜客的创立者之一。在他刚接手时，棒约翰的规模很小，就像一个杂货店，什么都有，什么都卖。比萨、干酪、牛排、三明治、薯条、鸡翅、鸡腿、冰淇淋，各种饮料都有。但这么多产品却没有一样是可以让粉丝记住，并大力赞扬的，就连棒约翰自己也不知道自己的核心项目是哪个。

为了改变棒约翰，施纳德找到了定位理论的首创始人杰克特劳特，想通过他来为自己找到店铺的经营重点。特劳特在分析调查之后，告诉施耐德可以将其他项目剪掉，将比萨作为主要的经营项目即可。特劳特对此的解释是，必胜客能火是因为产品多样性，它的多样性能成功是因为有庞大后盾的支持；达美乐则是速度；Little Caesar 则是因为价格，它们没有强大的后盾来支持，因此只能走小而美的路线，用核心项目打开市场。棒约翰也要走这条路线，将自己的核心项目做到行业顶尖，自然就能获得粉丝们的支持。至于为什么要将比萨作为核心项目，是因为特劳特经过调查发现，所有项目中比萨是最受欢迎的，虽然并不明显，但仍有其优势所在。

根据特劳特的建议，施纳德做出了一个经营规划，将重点推出“最高级比萨”，并以龙头企业必胜客作为竞争对手，向粉丝强调：“更好的原料，更好的比萨”这一点，暗示粉丝自己的比萨比必胜客的要好过几倍。这种专心发展核心项目的经营方法，以及配上有效的营销手段，棒约翰一下子就打开了知名度，并在短时间内打败了对手必胜客。

经营项目要精不要多

能赚钱的项目一个就够，多了反而是累赘。分散企业的投入，也分散粉丝的关注度。贪心的结果往往是得不偿失。因此，对于企业来说，特别是中小微企业，只要专注经营好自己的核心项目即可。将这个项目做到行业顶尖，比经营了多种项目却在粉丝心中没有留下任何标签要好上许多。

格力是一家传统制造企业，20 年来一直专注做核心项目中央空调。

也就是因为它的专注，格力中央空调成为国内第一大空调企业。近几年互联网风暴来临，许多传统企业都在互联网的冲击下纷纷转型，而格力依然屹立不倒。这就是因为它将自己的核心项目做到了行业顶尖，做到了无人可取代，而人们只要想到空调，就一定会先想到格力。如图 6-17 所示。

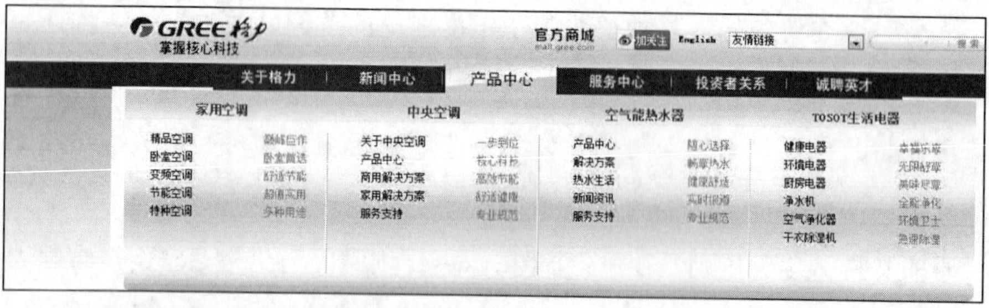

图6-17　格力空调官网

将一个点发挥到极致

无论是经营企业，还是设计产品，只要将一个点发挥到极致，自然就能赢得粉丝的青睐。一项产品有极致的功能，就拥有无可取代的优势。比如 VIVOL 手机，从整体上来说，它和苹果、小米、华为根本无法比较，但它仍有一大批忠实的粉丝在追随。单是音乐在 2 000 元手机线上，任何一个品牌的手机都无法做到 VIVOL 的音乐质感。

快速迭代更新，让你的产品跟得上粉丝的步伐

粉丝的需要时时刻刻都在发生着变化，今天，粉丝也许对该款产品的某个功能有需要，明天也许他们就觉得这款功能过时了，不合适了。除了粉丝需求的变化多端，粉丝对产品功能的要求也越来越多，产品的基本功能已经不能满足于他们，他们需要更多、更好玩、更个性的功能。因此，企业如果想要抓住粉丝，就要让自己的产品跟上他们的步伐，而跟上他们的步伐的唯一办法就是不断地对产品进行迭代更新。

案例　微信：不断更新，不断进步

微信能在短短几年时间内赢得几亿粉丝的秘籍很简单，就是不断更新，不断进步，每一次更新的点都是根据粉丝的需要，因此每一次的进步都得到了粉丝们的认同。微信是腾讯公司于 2011 年 1 月 21 日才正式推出的，2012 年 9 月 17 日，微信的注册粉丝就超过了 2 亿人。

微信团队推出微信，它并没有一步到位，将产品打造完美了再推出市场，而是一步一步地增加功能，通过微创新来改变自身的缺点，它的每个创新都能给粉丝带来新鲜感。

微信 1.0 版本只有基础的聊天功能，1.1 版本则加强了文字信息的发送，1.2 版本添加了图片分享功能，1.3 版本可设置个性化头像，之后的版本慢慢增加了微信私信互动、好友备注、群聊、公司邮箱找人、黑名单、支持插件表情、好友搜索、邀请好友、对讲机、导入通讯录、看谁在用等一系列的更新。这些小设置虽然不起眼，但是能起到很大的作用，为使用者减少很多的麻烦。

如微信二维码功能，粉丝只要对准二维码扫描一下就能读取到对方的信息，并且加为好友。刚开始，二维码的扫描功能还非常粗糙，粉丝对此很不满意。于是微信还做了一个取景框和一条移动的扫描线，简单明了，无论是谁都能快速上手。与此同时，微信还添加了扫描商品代码的功能，只要用微信二维码扫一扫商品代码，商品代码信息就能立刻显现出来。充分满足了粉丝在购物时对于如何辨别商品真假，如何确定价格的需要。如图 6-18 所示。

微信的每一个小功能都是根据粉丝的需要一步一步地更新出来的。微信从 2011 年推出后，平均每半个月就会进行一次迭代更新，从微信 1.0 已经更新迭代到了 6.1.0，可见微信多么想跟上粉丝的步伐，抓住他们。

图6-18　微信扫一扫功能

时时都有新改变，但不能改变大方向

如今，多数的互联网产品为了迎合粉丝的需要，每周甚至每天都会对产品进行更新。但企业在更新迭代时要记住一点，迭代更新是为了满足粉丝的需要，修改前一版本的缺憾，而不是改变产品的整个发展方向。

例如，唯品会、聚美优品、乐蜂网这些电商企业，他们每天都会下架或是上一些新产品，每隔一段时间都会推出一个新的板块。聚美优品从化妆品慢慢延伸更新到服装等领域。但是无论怎么改变、怎么更新，他们的发展大方向始终没有改变。聚美优品一直坚持做化妆品。从以前邀请各大化妆品企业进驻，到现在做化妆品海外代购，都是围绕化妆品这个主题。如图 6-19 所示。

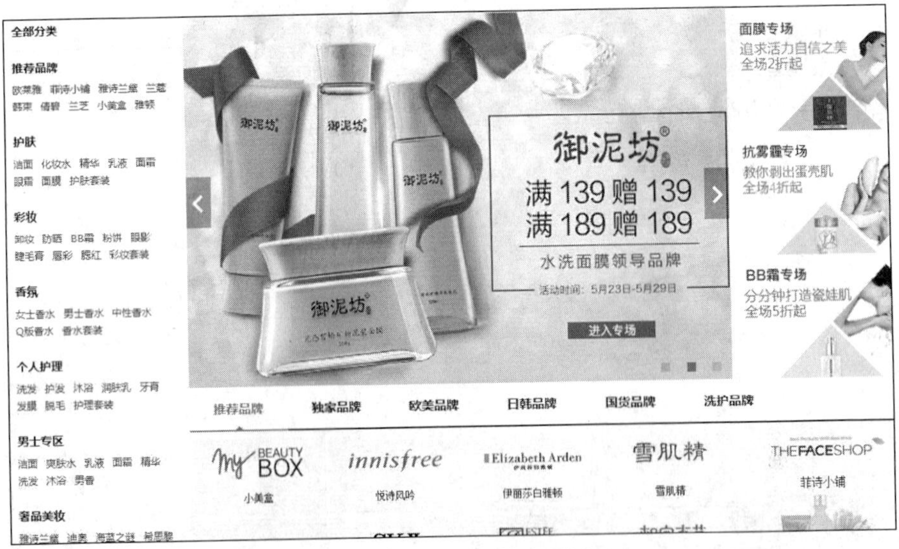

图6-19　聚美优品核心项目

唯快不破，快速对粉丝的需求做出反应

那些成功的新兴企业之所以能成功，就是因为它能够及时地对粉丝的评价、建议、需求做出快速的反应。因此，企业想要获取粉丝的心，就需要“快速”。企业可以通过微信、微博、官网、论坛等平台对粉丝的反馈信息进行收集和分析，以便做出更快地反应和应对。

北京木屋烧烤店非常受粉丝的欢迎，不但价格便宜，还非常好吃。为了能吸引更多的粉丝并巩固住已有粉丝，木屋烧烤专门成立了网站测评员，负责查看收集各大网站的粉丝评价，并且对此进行整理，然后根据粉丝的建议修改菜品。如图 6-20 所示。

掌握先机，有新版“产品”就要及时推出

如今的互联网时代，行业变化日新月异，非常讲究速度。谁能抢先一步推出新版产品，谁就能掌握先机。因此，企业如果有新版“产品”就要及时推出，千万不能讲究“十年磨一剑”的原则。产品有缺点不要紧，有缺点可以在下一个版本中弥补，最重要的是要掌握先机。粉丝或多或少都会有先入为主的观念，哪家企业的产品先进入粉丝的眼里，粉丝就会选择谁，并觉得第一款产品是最好的。

图6-20　北京朝阳路店木屋烧烤大众点评网评价

敢于颠覆，让粉丝觉得过瘾

新事物、新产品总能给人带来一种震撼力和冲击力。苹果颠覆了诺基亚，创造了智能手机的新时代；微信颠覆了通信领域，给粉丝全新的通信享受；支付宝颠覆了金融行业，对传统银行造成了巨大冲击。一桩桩、一件件的现实案例，让我们感受到了颠覆的巨大力量。颠覆是无处不在的，也许只是一个微小的创新，也许只是企业一个微小的变化，都能引发让粉丝觉得异常过瘾的大爆炸。

案例　酒仙网：走出传统沼泽

从 2007 年开始，中国几乎所有的连锁酒行都在亏损，大规模酒行一年的亏损金额达到了五六千万元，中等规模的酒行亏损数额最少也达到了两三千万元，传统酒行陷入一片低迷。后来者如果进入酒行业更是难上加上，无论是店门资金，人工费用都是一个十分庞大的支出。在众人都苦无对策之时，酒仙网创办人郝鸿峰发现“电子商务不交房租，单点即可覆盖全国，在网上卖酒是个不错的主意。”不过，此前很少有人在网上卖白酒，即使有也不成功。不过，郝鸿峰认为这非常可行，传统的酒业经营模式已经落伍，如果想要在低迷的酒市场获得成功，就要敢于走出传统道路，颠覆自己、颠覆行业，创造出新的东西。经过一番市场考察后，郝鸿峰创立了酒仙网，并建立了独特的商业模式来完成“建仓”。现在我们就来看看，酒仙网是如何走出传统道路的。

第一步，将原有的批发业务彻底放弃，转攻网络零售。集合全国百家酒厂品牌建立电子商务 B2C 平台酒仙网。电子商务模式能打破购买白酒的区域限制。如图 6-21 所示。

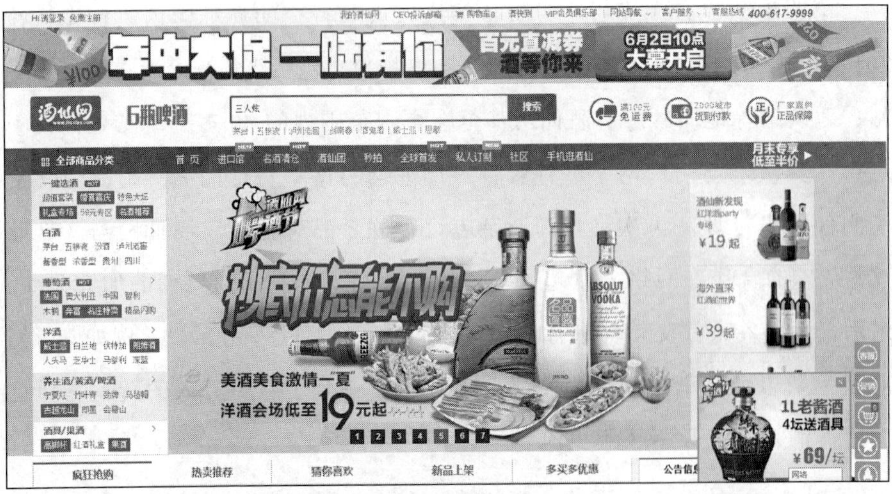

图6-21　酒仙网

第二步，截流供应链上游资源。只是建立一个网站肯定无法实现自己在酒类电商行业的影响力以及定价能力。因此，要先通过理顺线上线下的价格体系搞定上游。在定价策略上，酒仙网区别于传统酒商，分出了“主销产品、专销产品、库存产品”，每个板块价格都不一样，在通过和线下经销商价格的调和，线上线下的价格矛盾得以化解。

酒仙网的价格策略为：主销产品负责做形象，帮助各大酒企稳定住市场的主导价；专销产品则负责盈利，由酒仙网自己定价；库存产品则负责做促销，吸引粉丝，满足市场对于低价的需求。通过这种定价策略酒仙网成功地平衡住了酒厂、酒仙网和粉丝三者之间的利益。

第三步，做下游的分渠道疏散。上游成功截流后，需要下游的分渠道疏散。因此，酒仙网打破了电商和电商之前不可能合作的传统局限，将下游渠道锁定在了各大电商平台上。2011 年，酒仙网进驻天猫网，并参加了“双 11”的大促销，1 039 万元的单天销售额触动了酒行业人的神经。之后，酒仙网又进驻了当当网平台，并充分发挥自身优势，成为当当网酒类频道的独家运营。为了展开充分竞争，酒仙网又与京东、苏宁易购、1 号店进行了合作。

第四步，建仓完成后，突破传统进入天马行空的疯狂营销。首先，在 2012 年到 2013 年期间进行大面积的硬广投放，包括飞机场、火车站、公交站、地铁站等地面硬广。酒仙网甚至在全国范围内的 40 多列动车上铺设了广告。其次，与门户网站进行合作，例如网易就将自己的酒频道完全交给了酒仙网来打理。再次，与商业杂志进行联合品牌包装。酒仙网与《创业家》杂志的合作在网络上掀起了一场“酒仙风”，得到了粉丝们的加大关注。最后，运用各大社交软件进行营销。酒仙网在微博上举办活动，例如与《创业家》杂志合作举办活动，在微博上发布后得到了数十万人的转发，通过微博，酒仙网又吸引了不少流量。

如今，酒仙网稳居酒类电商的第一名，为酒行业低迷的现状注入了新的活力。酒仙网的成功与其创办人郝鸿峰敢于颠覆、敢于走出传统道路的举动分不开。

颠覆，从跨界开始

颠覆，要从跨界开始。现在已不流行固守本土领域、默默耕耘这一套方法。跨界才能激发出新火花，给粉丝带来新鲜感。在中国，有不少人把跨界当作救命稻草，先从科技业、再到金融业、然后到房地产业，几乎每个行业都有人在跨界。确实，只要掌握好方法，跨界跨得好，企业将获得前所未有的成功。

腾讯，无疑是跨界的好手，它的每一次跨界都能给粉丝带来新鲜感。为了与阿里巴巴争夺支付入口，腾讯跨界到了打车行业，给乘客和司机都带来了巨大优惠；看到电商企业混得风生水起，腾讯又跨界到电商行业，建立了拍拍网；为了发展门户网站（如图 6-22 所示），腾讯又跨界到了娱乐圈，腾讯娱乐，无论是明星八卦的挖掘上，还是自制娱乐节目的火爆程度上，或者是 QQ 音乐的权威性上。腾讯的这次跨界都搅得娱乐圈、门户网站、音乐圈、视频网站天翻地覆。总之，腾讯对其他行业的颠覆，就是从跨界开始。

图6-22　腾讯网

颠覆，从改变自己开始

想要颠覆成功，就要从改变自己开始，从自身的产业结构进行改变和颠覆。一个企业的产业结构决定了发展方向，如果不做出改变，墨守成规，还如何颠覆他人。

万达本身只是一个单纯的购物广场，后来为了让自身得到更好的发展，开始进军电影行业，除了在万达广场设立电影院，还开始投资电影、开发电影订票软件。全新的 MAX 电影播放模式，对传统电影院造成了强烈的冲击。现在，万达的电影成为各大电影的主要播放地。万达的成功就是因为它肯从改变自身开始，用自身的改变去适应市场，并且去颠覆市场。如图 6-23 所示。

图6-23　万达电影手机软件

颠覆，就是要打破传统

颠覆，就是要打破传统，把人们认为理所应当的东西给打破，赋予粉丝一种新的思想。在传统商业时代，免费模式对他们来说就是“送人钱的傻子模式”，但互联网时代的来临，互联网企业利用免费模式大笔捞金的现实，颠覆了他们这种传统的思想。

7

第7章

品牌有“粉量”才会有分量

如今，一个企业品牌的价值不是用发展了多少年的历史及拥有多少资产来衡量的，而是看粉丝的数量，粉丝越多企业的分量就越大。因此，无论是大品牌还是刚兴起的小品牌，都卯足了劲儿去拉拢粉丝，去赢得粉丝的好感，去将粉丝变成别人无法动摇的价值。

这是一个品牌属于粉丝的时代

企业的产品、客服、物流、营销，所有的一切都是为了粉丝而存在，一个企业最有价值的也不是资产、设备，而是粉丝。纵观那些成功的企业，无一不是拥有庞大的粉丝基础。粉丝的力量是庞大的，就如苹果的果粉会为了一部新出的手机在商店门口排上几天的队，小米的米粉家里几乎都拥有全套的小米产品。可见，粉丝对于企业的支持力度有多大。简单来说，企业要获得成功就要讨好粉丝，粉丝越多，企业的品牌影响力就越大。这是一个品牌属于粉丝的时代。

案例 Roseonly：用粉丝铸就的“专爱”花品牌

在粉丝经济大行其道的今天，Roseonly 绝对是一匹“黑马”。它的经营理念是“专爱”，在 Roseonly 买花，买花人就会和收花人身份绑定，也就是说，这辈子只要在 Roseonly 买花就只能送给一个人。

Roseonly 的成功不只是因为其独特的经营方式，最主要的还是因为粉丝的支持。可以这么说，是粉丝成就了 Roseonly 的“专爱”。Roseonly 的粉丝团营销做得非常好，在这个人人衔接的互联网时代，想要让品牌口口相传，就必须懂得粉丝营销的技巧。

首先，内容的附着力。简单来说，就是给品牌加上故事，用故事吸引粉丝。花是一种情感附加值很高的产品，每一种花都有一个故事，一个花语，但这些花语和故事所有花店都知道也都在使用。因此，Roseonly 必须创造出一个不一样的故事，给粉丝一个来自己店内消费的理由（如图 7-1 所示）。创始人蒲易把 Roseonly 的品牌故事与爱情对应起来，将爱情中的恋人对对方的占有性、唯独性、排他性结合起来。因此他要求粉丝这辈子只要在 Roseonly 买花就只能送给一个人。这样的品牌故事，对女性粉丝来说是非常具有杀伤力的。因此，女性粉丝成为了 Roseonly 主要的口碑传播者，她们在网上看到 Roseonly 的鲜花礼盒就会@给男朋友或者老公，暗示对方要买 Roseonly 的花。口碑就这样在无形中传播开来。除了设置独特的品牌故事，比如让帅哥开 MINI 车给女粉丝送花，让旁观的人兴奋尖叫。同时，Roseonly 的玫瑰都是从厄瓜多尔空运而来，加上礼盒的设计，看上去非常高端，充分满足人的虚荣心理。

图7-1　Roseonly给每个礼盒都加上了故事

其次，充分运用主要人的原则。在粉丝营销中主要分为三种人，结合员、行家、推销员，这三种粉丝类型对于口碑传播起到了最重要的作用，对于 roseonly 这种创业公司，创始人浦易是行家，也是第一推销员。因此在刚上线时，蒲易采用了“杀熟”的手段，先将身边的人发展成粉丝。浦易在朋友圈里预售 99 盒情人节玫瑰，搜狗的王小川、新企望刘畅、世纪佳缘龚海燕等知名企业人都进行了转发，结果销售一空。这第一批的粉丝非常重要,他们都是属于“高大上”的人群，因此也给企业打上了高端的烙印。

在微博上，明星的号召力是非常惊人的，他们具有强大的粉丝团。明星可以算是人中的结合员，在粉丝营销中起到了中介的作用。因此，蒲易在情人节当天请了李小璐做微博营销，效果十分惊人，当天就给 Reseonly 带来了 10 万粉丝，上千的订单。之后，又请了张飞父子、林志颖、杨幂、李晨、吴亦凡等（如图 7-2 所示）。这些是热点营销的促销手法，要想持续获得粉丝，最终还是要依附品牌的粉丝团。Roseonly 的第一批忠实粉丝是最佳的推销员，他们在拿到花后肯定会在微信、微博上刷一下存在感。

图7-2　杨幂为Roseonly做微博宣传

Roseonly 在这三种人群的推动下，粉丝团的雪球就会越滚越大，越来越寻求品性和个性化。当普通的鲜花店已经满足不了他们时，Roseonly 就成了他们的最佳选择，这样他们也自然而然地成为 Roseonly 的忠实粉丝。

不做定位，只做自己

相信每个做市场、做品牌的人都学过定位理论，一个品牌想要成功就一定要占领某个细分领域的第一名。其实这是从粉丝出发的一种理论，它要求企业首先研究粉丝的需求，找到粉丝的空白点，然后抢先补充好这个空白点。不过，先找定位在做品牌时很容易受到控制，最好的方法是不做定位，只做自己。成功的个人品牌就是如此，比如罗永浩的锤子手机、钻石小鸟等。他们不是去迎合粉丝的需求，而是自己去创造粉丝的一种新需求。他们不寻找差异化，因为他们本身就是一种差异化。当他们以独一无二的人格出现时，他们的定位也就出现了。而这一点对现在越来越追求个性的粉丝们来说无疑具有致命的吸引力，当他们被吸引后，自然就成为品牌的最强助力。

杜蕾斯就是一个走自己的路，并不被市场所影响的。它将敏感的事物穿上外衣，形成自己一种独特的营销模式，没有跟随市场的大流，将广告隐蔽化、含蓄化，而是给其披上一层文艺、幽默的外衣，反而赢得了大批粉丝的支持。

粉丝买的不只是实用性，还是自我表达

很多人说罗永浩卖的不是手机，而是情怀。其实这关键点不是他在卖什么，而是他的粉丝在买什么，他们支持锤子手机的原因就是因为它身上有他们需要的情怀。马斯洛说认清需求分为 5 个层，拿衣服来举例，在露天市场卖的服装，对于生活窘迫的人来说，他们只是御寒和避体的功能。在百货市场卖的衣服，对于粉丝就是好看和舒服或是面子。再上一层，就是奢侈品，而买奢侈品的粉丝是因为自我表达，表达他们对于某个风格、某种生活方式的认可，这自我表达超出了衣服的实用性。当然，自我表达式消费的前提是实用性。

因此，企业要拉拢粉丝，不但要让自己的产品具备了实用性的特质，还需要具备让粉丝“自我表达”的情怀。

百雀羚为什么能死而复生，并重新拥有大批的粉丝。这不仅是因为“支持国货”的思想潮流，还因为百雀羚在实用性的基础上，加深了对情怀的表达。相信 70、80、90 年代的人小时候都使用过百雀羚，那是没有各种外国化妆品的充斥，只有百雀羚这样的国产产品。可以说百雀羚是一代人的记忆。人们支持百雀羚就像在支持自己的童年，这是对回忆的一种表达。况且，百雀羚改造之后，产品的使用性和种类也大大地增强，完全可以满足粉丝们对保养的需求。如图 7-3 所示。

立场鲜明，拒绝中庸

什么是成功的品牌？它最明显的表现就是一群人很喜欢，另一群人很讨厌。这品牌被讨厌它们的人骂得体无完肤时，支持他们的粉丝就会被激起斗志，团结起来捍卫自己的品牌。而这种斗争的最终受益者还是企业，因为争议越大，影响的范围也就越大。

图7-3　百雀羚

这一点在明星身上表现得尤为明显，如线下当红小花旦郑爽，沉浸多年后，2015 年迅速窜起，这就是因为支持者和不支持之间的斗争。微博话题上几乎每天都有她的名字，或是支持的话题，或是对她不利的话题。一旦对她不利的话题一出现，支持她的粉丝就会展开论战，或是重新发一话题，为偶像澄清，为偶像推广作品。就是在这样的冲击之下，郑爽这个没有开微博的人却成为了微博热搜第一人。

涨粉丝就是涨品牌价值

在移动互联网时代，企业的价值不是体现在产品上，也不是体现在设备上，而是体现在粉丝上。企业有多少粉丝就有多少价值，粉丝越多的企业品牌价值就越高。因此，各大企业出尽奇招就是为了吸引粉丝的关注，他们明白涨粉就是涨品牌价值。

案例　TFBOYS：粉丝多了就是一线

2014 年，一个青少年组合迅速爆红，视频点击量、歌曲下载量、节目收视率、各大颁奖典礼人气王、各路明星的支持率都高得让人瞠目结舌。很多人都不理解这三个还在上初中的小孩，唱功不怎么样、舞跳得不怎么样，也没有什么影视作品，怎么就这么红，且迅速窜到了一线的位置。待遇、人气高得让那些苦熬多年的明星羡慕不已。如图 7-4 所示。

图7-4　TFBOYS相关微博

说到底，明星红不红，能不能成为一线明星，除了演技、唱功、知名度之外，靠的就是粉丝。况且许多一线明星还不如他们，有些一线明星身价虽高，但是有价无市，并不能创造多少粉丝经济。但是 TFBOYS 不同，无论是专辑、演唱会、代言等，他们的粉丝绝对是支持到底。可以说，他们在专业人士眼中，也许不是一线，但对经纪公司和各大企业、电视台们来说，胜似一线。他们的成功，归根结底，还是因为粉丝，粉丝多了就是一线。

TFBOYS 的经纪公司很擅长玩粉丝经济，而且把粉丝经济的核心元素参与感把握得非常好。他们深知，不论他们的作品如何，只要粉丝多了就自然有好市场，有好作品来找他们，有粉丝就是有品牌。现在就来看看，TFBOYS 的经纪公司是如何用粉丝培养品牌的。

首先，所有的大众流行一开始都是小众。TFBOYS 先是在小众粉丝圈里出名的，比如日饭韩饭圈、弹幕视频 B 站。他们会定期在这些网站上发布一些训练视频，例如跳舞的视频、唱歌的视频，吸引粉丝观看并评论。

其次，最大的痛点不是包装，而是真实。TFBOYS 的 MV 和视频节目制作都非常的简单，甚至有专业人士评论简陋、粗糙无比。他们录制的谈话节目的背景就只有沙发、茶几、小碎花墙纸，游戏就是简单的背景和话筒。他们用重金打造华丽的视觉、编造精美的舞曲、没有国外优质团队支持，甚至连推广渠道都没有，但依然吸引了众多粉丝。这就是粉丝喜欢偶像真实、接地气的心理。

最后，通过养成模式制作粉丝的参与感。TFBOYS 说他们的理念就是养成模式。养成的意思就是让粉丝们看着偶像长大。所以他们的包装和视频都采取简单化处理。这样可以让粉丝看见他们的缺点，当粉丝指出缺点后，再接着改进，这样一个共同进步的过程会让粉丝有强烈的参与感。

TFBOYS 的粉丝就是通过这样的形式，一步一步增涨起来的，现在 TFBOYS 的人气已经非常旺，非常受各大企业、电视节目、颁奖典礼的欢迎。按照目前的趋势来看，TFBOYS 的粉丝持续增多，随着粉丝越涨越多，TFBOYS 的这个品牌价值也会越来越高。

营销够震撼，粉丝的心才会被撼动

一个好的营销方案定然要能打动粉丝，还要给予粉丝一种心灵上的震动。只有这样，你的营销，你的广告才会被粉丝所认同和接受，然后粉丝们会主动为企业进行传播。在这个信息爆炸的互联网时代，如果你的广告不够震撼，粉丝是不可能从万千广告信息中一下子记住你的。所以，震撼是一个非常重要的涨粉法则。

我们从电视上或是网络上或多或少地都听到过聚美优品的广告，其中陈欧的一句："我为自己代言"震撼了无数人，只是陈欧简单的一句话，却胜过任何大牌明星的代言。这一句话无论是对聚美优品，还是对那些追求理想、喜欢聚美的人，都能够从心灵上产生一种震撼的力量。如图 7-5 所示。

图7-5　聚美优品广告——我是陈欧，我为自己代言!

营销够感性，粉丝的心才会被触动

企业做营销吸引粉丝时，除了要突出产品的特色理性的一方面，还要有感性的一方面。在各大企业吸粉手段越来越多元化的今天，感性的吸粉广告越来越受到粉丝们的欢迎。

携程网做的一个广告就非常的成功，它走的就是感性路线。它的一句广告词："携程在手，说走就走"，它向粉丝宣传了一种不要被工作所羁绊，享受自由生活的理念，这无疑是每天被工作压的喘不过气的人产生了极大的感触。如图 7-6 所示。

图7-6 携程网广告

营销够温情，粉丝的心才会被感动

温情、煽情永远是不过时的手段，温情法则在很大程度上能打动粉丝的内心，让粉丝发自肺腑地喜欢上产品，并且与之产生情感共鸣。就像我们经常在电视节目中看到的温情、煽情片段一样。

百事可乐曾推出了一系列关于“回家过年”的广告，众多明星扮演普通市民在回家过年期间发生的一系列的温馨故事，彻底击中了人们在过年期间对家的思念，最后的那句：“把乐带回家”更是直击粉丝的心底。如图 7-7 所示。

图7-7 百事可乐“把乐带回家”系列广告

先做忠诚度再做知名度

一般情况下，传统企业的品牌途径是先打开知名度，然后再做美誉度，最后维持忠诚度。但互联网时代不同，企业要先做忠诚度和美誉度，最后再做知名度。小米的品牌成功途径是一开始就专注做忠诚度，然后通过美誉度的传播不断强化这一过程，在培养了一定量的粉丝忠诚度后，然后才花时间精力去打开知名度。

案例　爱慕：玩转会员，打造粉丝

爱慕就是先通过会员培养粉丝的，先做会员的忠诚度，将之变成粉丝，然后再以忠诚粉丝的影响力吸引新的粉丝，最后扩大企业的知名度。那么下面就看看如何将玩转 200 万会员，打造粉丝经济吧！

首先，玩转会员营销，培养粉丝基础。第一步，爱慕将粉丝营销和会员营销分开。（如图 7-8 所示）。

类别	成员	个人认同	资源	活动
粉丝营销	流动开放	情感、主动	品牌、产品较强、多渠道推广	多种多样
会员营销	交易封闭	理智、一般	积极参与渠道营销、较少推广	促销为主

图7-8　爱慕粉丝营销方法

粉丝营销比会员营销更加开放、渠道更广、互动性更强。因此，对于企业来说，想要上升到粉丝营销，就要先做好会员营销，也就是说先培养会员的忠诚度。爱慕对此抓的不仅仅是单个店铺，而是将所有店铺的会员融合起来。配合店铺大促销、上新，然后一致向会员发信息，并制定切实可行的全年会员营销计划，配合产品做营销。爱慕针对会员推出的活动不是简单地写在页面上，而是直接送到会员的手中。

爱慕线上的会员量达到了 200 万人，但是之前与会员沟通的经费却很少。如果按平常的短信额度来说，一个会员一年只有 2 次的沟通机会。因此，爱慕为此增设了微博、微信等新的沟通渠道，增加了企业和会员之间的互动。爱慕对会员体验方面非常看重，除了及时回复会员的反馈，还做了以下几种努力：针对产品，建立专门的人工研究学院，根据中国人的身体特征开发出适合中国人群的内衣。针对客户群，爱慕的员工根据不同的体型分类，组成试穿小组。先帮客户体验内衣的好坏。针对运用团队，商品价格严格把控，不断优化商品详情页。 为了拉动粉丝效应，提高品牌的黏性。爱慕联合天猫在北京服装学院举办了“爱慕内衣秀”，参与的嘉宾全部都是爱慕的会员。

注重初期粉丝的纯粹度

初期粉丝的纯粹度是非常重要的，如果粉丝不纯，没有潜力发展成忠实的粉丝，那么对于后期的一些推广就会产生很大的影响，甚至影响企业对整个市场的布局。因此，企业在培养初期粉丝时一定要注意粉丝的纯粹性。

小米早期培养粉丝都是选择“发烧友”来培养，因为“发烧友”的专业和对产品的狂热可保持早期粉丝的绝对纯粹性。当企业发展还不稳定时，如果一般的小粉丝过早大量涌入，MIUI 初期的核心群体口碑积攒能力就会大大地受到影响。

先专注做少量粉丝的忠诚度

企业在发展初期有很多的事情要做，资金、精力都非常有限。所以无法一下子做大量粉丝的维护工作，最好的方法就是做少量粉丝的忠诚度。粉丝在精不在多，忠实粉丝的战斗力可以以一敌百。就像各个国家训练的特种部队一样，他们的作战能力比起普通士兵，是强大无数倍。因此，企业应先专注做“粉丝特种兵”，然后再利用这些“粉丝特种兵”的战斗力夸大品牌的知名度。

MIUI 最初的粉丝培养数量就只有 100 名，将这些粉丝培养成忠实粉丝后，再让他们发挥影响力，比如口碑传播，不断扩散知名度。现在 MIUI 的粉丝已经超过了 600 万人。

提供参与感维护粉丝的忠诚度

粉丝的忠诚度也是需要维护的，维护粉丝忠诚度最好的办法就是提供参与感，让粉丝参与到企业中来，让他们融入其中。当企业和粉丝融为一体，粉丝把企业当做自己的一部分时，粉丝的忠诚度自然就会坚固如石。

小米一直以来都非常认真地维系粉丝的忠诚度，其维系的方法就是提供参与感。我们可以看见，小米在微信、微博、论坛上发起的活动，还有“爆米花奖”、“米粉节”等，米粉都非常积极的参与，如图 7-9 所示。

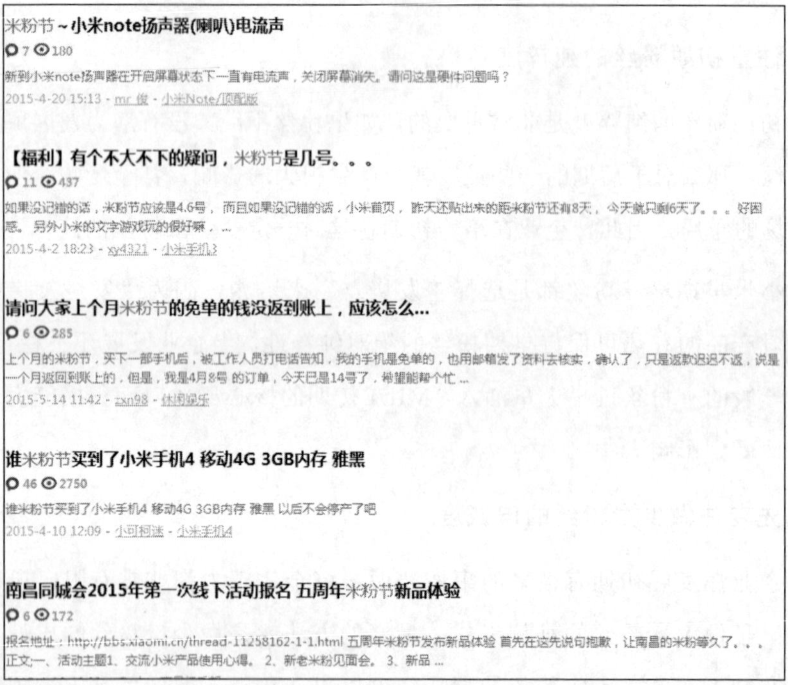
米粉节～小米note扬声器(喇叭)电流声
7 180
新到小米note扬声器在开启屏幕状态下一直有电流声，关闭屏幕消失。请问这是硬件问题吗？
2015-4-20 15:13 - mr 俊 - 小米Note/顶配版

【福利】有个不大不下的疑问，米粉节是几号。。。
11 437
如果没记错的话，米粉节应该是4.6号， 而且如果没记错的话，小米首页， 昨天还贴出来的距米粉节还有8天， 今天就只剩6天了。。。好困惑。 另外小米的文字游戏玩的很好嘛，...
2015-4-2 18:23 - xy4321 - 小米手机3

请问大家上个月米粉节的免单的钱没返到账上，应该怎么...
6 285
上个月的米粉节，买下一部手机后，被工作人员打电话告知，我的手机是免单的，也用邮箱发了资料去核实，确认了，只是返款迟迟不返，说是一个月返回到账上的，但是，我是4月8号 的订单，今天已是14号了，希望能帮个忙 ...
2015-5-14 11:42 - zxn98 - 休闲娱乐

谁米粉节买到了小米手机4 移动4G 3GB内存 雅黑
46 2750
谁米粉节买到了小米手机4 移动4G 3GB内存 雅黑 以后不会停产了吧
2015-4-10 12:09 - 小可柯迷 - 小米手机4

南昌同城会2015年第一次线下活动报名 五周年米粉节新品体验
6 172
报名地址：http://bbs.xiaomi.cn/thread-11258162-1-1.html 五周年米粉节发布新品体验 首先在这先说句抱歉，让南昌的米粉等久了。。。正文:一、活动主题1、交流小米产品使用心得。 2、新老米粉见面会。 3、新品 ...

图7-9　MIUI论坛关于“米粉节”的帖子

当粉丝不是用户

粉丝越多企业的价值越大，这一句话被如今的企业奉如圭臬。事实上确实是如此，不过粉丝成为企业价值的前提是他们是企业的粉丝，能购买企业的产品，能为企业的产品做宣传，能创造出真正的利益。如同现在的好多企业的微博粉丝数量动辄百万、千万，但是每当企业有行动时，只有几百甚至是几十的评论，能购买企业产品的粉丝更是少之又少。像这一类的粉丝就不是企业的用户，他们不但无法创造价值，有时还会蒙蔽企业的眼睛，影响到企业的未来规划。

案例　锤子手机：“怒刷存在感”不是王道

2014 年 3 月 27 日，罗永浩终于把他刷了许久“存在感”的锤子手机亮了出来，这离 2012 年 4 月 8 日宣布做手机已经隔了两年。各大媒体一直都把焦点放在 Smartisan OS 系统的优劣上，是否如罗永浩所说的那样好。在锤子手机亮相之前，罗永浩“吹尽了牛皮”，“刷尽了存在感”。这位英语教师对于自身产品的信心十足，凭借其过人的口才在言语上击败了对手无数次。

在公布了操作系统的发布会日期之后，罗永浩的存在感更强了，他的微博三句话不离手机，每天都向他的粉丝推送关于锤子手机的广告信息，对此，粉丝们还满怀期待，并乐在其中。之后，罗永浩推出的 2 000 张发布会门票也在淘宝上被抢购一空。

打开罗永浩的微博，几乎都是关于锤子手机的信息，而且都是正面的夸赞。对于这种“王婆卖瓜”式的自捧行为是罗永浩的“高调、张扬、彪悍”等标签的一种表达方式，也是他在自媒体上的风格。在临近发布会的前几日，罗永浩更是加强了刷存在感的行为，每天都在微博上发布一张“平面稿”，配上一段文案，就豪言壮语地宣布锤子手机要击败一切安卓定制系统。粉丝对他的这种行为很是追捧，仅是一张“明天见”的微博就获得了 1 万次的转发。

如今罗永浩的微博粉丝关注量达到了 1 147 万次，不过这些粉丝并不是真正的粉丝，虽然他们在微博上活跃，但却没有为罗永浩创造了实际利益。罗永浩的人文情怀，还是抵抗不住市场的无情。让粉丝苦等了两年的锤子手机推出市场后，销量并没有如罗永浩想象的那样好，而且一步一步地在往下滑。迫于无奈，宣称从不走低价路线的锤子手机在 2014 年 10 月 27 日上午宣布从 2014 年 10 月 30 日上午 10:00 起，Smartisan T1 手机 3G 版 16G 内存价格降至 1 980 元、3G 版 32GB 内在价格降为 2 080 元，4G 版 32GB 内存价格降至 2 480 元（如图 7-10 所示），其降价幅度高达 30%。

图7-10　Smartisan T1 4G版价格

上市没多久锤子手机就遭到了滑铁卢，先不说手机的质量问题，但不可否认的是，罗永浩在锤子手机上市前怒刷存在感的高调言行，对其明星效应所可能带来的粉丝营销，还是太过于自信。事实证明，当粉丝不是用户时，“怒刷存在感”不是王道。

粉丝营销的明星效应转化，需要一定的领域匹配性

如果企业想获得能为企业创造利润的粉丝时，在使用粉丝营销的方法上就要遵循客观规律。例如通过明星效应转化的粉丝，就要看其是否具有领域匹配性。苹果为什么能成功，因为乔布斯一直是全球互联网领域的创新领军人物，对于互联网以及科技业有着很大的影响。因此他在推出 iPod 和 iPhone 系统时，是具有很强的领域匹配性的。意思就是说，乔布斯的粉丝对于乔布斯在互联网和科技业的地位是非常认同，且信心十足的。而罗永浩则是相反。他也是明星人物，不过是致命的英文培训讲师，口才一流，但是他的粉丝和科技行业领域是不匹配的，因为他的粉丝是通过他的口才吸引来的，而不是他在互联网和科技领域的专业。

余额宝为什么在迅速火爆之后，又迅速退却，就是因为其粉丝领域的不匹配性。虽然余额宝有支付宝的粉丝作为支撑，但是余额宝是金融理财领域，而支付宝是在线支付，两者还是有一定的差别。相对于银行的专业，余额宝还是差上许多。因此，余额宝还是无法撼动传统银行的地位。如图 7-11 所示。

图7-11 余额宝官网

实现粉丝经济，需要创新能力的支持

无论是苹果公司，还是小米公司，其创办人的专业素养、公司实力，都是很多中小型企业所不能相比的。这并不是说，不是专业人士创办的小规模公司，就无法获得成功。粉丝营销只是新兴品牌迅速崛起的必要条件，它只能快速吸引人们的关注度，如果想获得粉丝的长久支持，并成为产品的长期使用者，还是需要持续的技术创新能力做支撑。

例如韩都衣舍，虽然它的成功很大程度上是粉丝营销得当，但其根本原因还是因为它的创新能力受到了粉丝的肯定。它不但能敏锐地抓住服装的潮流趋势，还能利用自己的创新能力引领潮流。这一点才是粉丝肯为其埋单的根本原因。如图 7-12 所示。

彪悍不等于强大，产品本身优秀才是真理

很多企业在粉丝营销方面非常的彪悍，就像罗永浩一样，逮着机会就发布一些豪言壮语，确实配合他的好口才吸引了无数粉丝，而这些粉丝本可以为他创造利润，但败就败在他的产品质量抵不过它的营销手段的彪悍。因此，这是他的粉丝对锤子手机不买账的原因。

图7-12　韩都衣舍官网

不靠广告，靠自媒体

在传统商业时代，小企业想要打开知名度是非常困难的，因为它们无法像大企业一样在电视硬广上投入大资金打广告，比如伊利花 5 亿元冠名《爸爸去哪儿》第三季一样。但在移动互联网时代，并不是只有电视硬广一种方式而言。小企业可以通过自媒体打开一条生路，像微信、微博这样的社会化媒体，信息传播的速度非常快，而且无须企业花费任何费用，只要运用的好，打开知名度并不困难。

案例　《疯狂猜图》：朋友圈的病毒式分享

随着微信的强大，微信朋友圈的功能也越来越强大。因此，朋友圈成为众多企业的新营销阵地。朋友圈的功能很强大，它拥有天然的 SNS，在朋友圈发完信息之后，即可直接通过微信与朋友沟通，无须切换任何工具。同时，朋友圈还是个传播性非常强的地方，会玩朋友圈的都喜欢分享，比如你在旅游时拍张照片，分享到朋友圈，朋友就会点赞评论并且分享给下一个朋友，那么你将某款产品分享到朋友圈时也一样。这在无形之中，帮企业做了一次免费广告。如图 7-13 所示。

图7-13　疯狂猜图

很多企业都利用朋友圈的强大功能做了广告，并获得了成功，如《疯狂猜图》。“求助，谁知道这是啥？”2014 年，很多人的朋友圈都收到这样一条信息，在为某一张图片代表的名人、电影或是品牌而求助。似乎一夜之间，微信朋友圈的内容都被它占据了。刷屏似的“求解求助”等图文搭配的信息让微信粉丝应接不暇，轻松就做到了 APP Store 免费应用第一。

《疯狂猜图》的每一关都会设置一张图片，玩家通过官方提供的备选字，进行选择，选择正确即可继续通过。图片设计得非常有趣，有电影、电视、人物角色、国家城市、企业品牌、游戏、球队、名人明星等各样的幽默搞笑的图片。粉丝只要把 APP 上的游戏状态分享到微信上，微信上的好友点开链接即可在网页端上继续玩。通过朋友圈的不断无限分享，该游戏被微信粉丝迅速下载。从 5 月 13 日上线，5 月 29 日开始粉丝量迅速攀升，仅是 6 月 7 日一天的新增粉丝数就达到了 30 万个，每日活跃粉丝超过了 50 万个。

《疯狂猜图》之所以能像“病毒”般迅速地蔓延开来，关键就是它依托了微信朋友圈这个强大的熟人分享功能。

专业的文章更容易让朋友分享

想要通过自媒体做营销，为企业、产品吸引粉丝，首要的条件就是自己足够专业，要表现出自己是这个行业的专家。微信朋友圈最常见的就是卖化妆品、卖面膜，他们通常会把自己伪装成一个护肤专家，然后在朋友圈发表护肤心得，慢慢地就会有很多粉丝去关注他们。如图 7-14 所示。

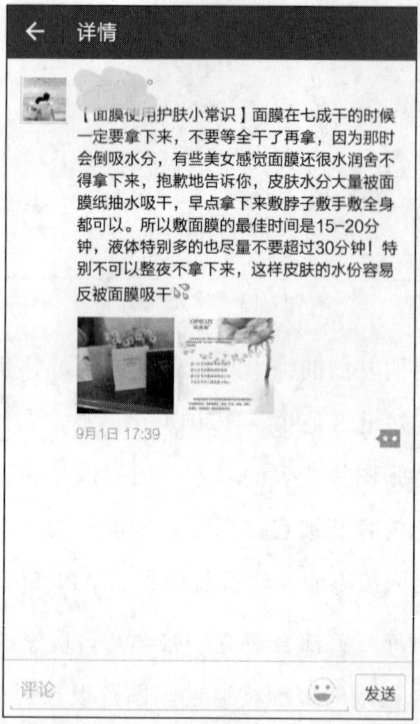

图7-14　微信朋友圈分享面膜知识

分享的内容要具有趣味性

在自媒体营销中，趣味性很重要。只有好玩的东西粉丝才有可能一直玩下去，并分享介绍给自己的朋友。趣味性是一切的基础，是产生分享和转发这种链条式传播反应的前提。

例如 2013 年可口可乐推出的昵称瓶，“白富美、天然呆、高富帅、邻家女孩、大咖、纯爷们、萝莉、御姐”等被印在可口可乐的包装上，这种充满趣味性的新包装方式，受到了很多粉丝的欢迎，更自在。媒体上得到了广泛的传播。通过自媒体的传播之后，有更多的粉丝参与到昵称瓶的定制活动中来。如图 7-15 所示。

图7-15　可口可乐昵称瓶

有价值才有分享

在通过专业的内容吸引粉丝的关注，利用趣味性的内容得到粉丝的转发和分享后，就要通过价值让粉丝保持关注的热情。手机拍照类的 APP 之所以能够迅速流行，并被长期使用，就是因为它为粉丝提供了价值。百度相机为粉丝提供了修图、美颜的功能就是其首要的价值所在，再加上可以的分享功能，使女性爱美、想受到关注的心理得到了极大的满足。

动用社会化媒体为粉丝宣传铺路

有时候企业不缺少粉丝，但是这些粉丝却没有起到应有的作用，例如宣传产品，扩大企业品牌的影响力等。但这并不是粉丝不想为企业出力，他们也想在企业推出新产品的时候帮助宣传，扩大影响力。而是因为他们找不到渠道，没有出力的方法而已。因此，如果企业想粉丝发挥出他们的影响力，就要为他们铺好路，而动用社会化媒体无疑是最好的方式之一。

案例　韩束：冠名《非诚勿扰》名声大噪

2013 年年末，互联网上谈论最多的无非就是“土豪”两个字，2014 年，国内知名化妆品品牌韩束更是以“土豪金”的形象出现在了粉丝的视野当中。韩束以 2.4 亿元独家冠名 2014 年江苏卫视王牌节目《非诚勿扰》，以 5 500 万元冠名 2014 年天津求职类节目《非你莫属》。如此大手笔，让业界再次咋舌。

其实韩束近些年来一直在做品牌推广工作，先后斥重金聘请林志玲和艾菲为品牌代言人。并在安徽、深圳、江苏、四川、江西等卫视大手笔投入硬广，2014 年韩束的广告预算总额在 3.5 亿～3.7 亿元之间，可以说，韩束成为了 2014 年本土化妆品企业中的最大“土豪”。而到了 2015 年，韩束直接以 5 亿元天价直接冠名江苏卫视的《非诚勿扰》与《爸爸去哪儿第三季》创造了中国电视广告史上的最高投放。如图 7-16 所示。

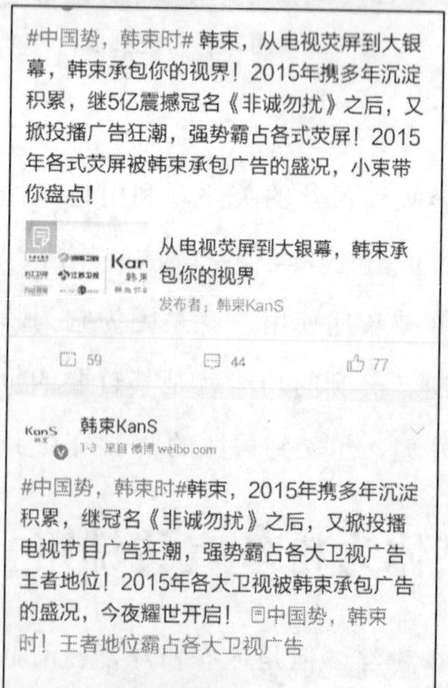

图7-16　韩束冠名《非诚勿扰》

一时间，粉丝间的不同声音也火爆网络，网上“5 个亿能干什么”的话题迅速铺开。很多粉丝都在讨论花 5 亿元做一档节目的冠名是否值得，正反两方争辩不断。而韩束的粉丝则利用此次机会，不断地转发、评论、回复，扩大此次事件的影响力。

关于韩束花这么大手笔的冠名，其副总裁是这么解释的。

首先，电视平台是最好的销售平台，也是最受粉丝关注的平台。综艺节目的口碑越好，冠名的品牌也就越受人关注。电视节目内容能带来口碑传播，即使随着网络发展的改变，比起纯网络推广的方式，电视节目的影响力还是大上许多。否则，各大电视台就不会想破脑袋的争收视率了。韩束冠名《非诚勿扰》、《非你莫属》非常的成功，如现在大家只要谈起这两大节目就会想起韩束。

其次，节目与品牌高度契合。韩束和《非诚勿扰》的品牌契合度主要表现在三个方面。第一，该节目主题虽然是相亲，但是节目从生活细节着手，让观众发现各方面的魅力，特别是关于自然和生活的美。这种正能量的内容，正式韩束所倡导的。第二，节目把话语权交给了女性，而女性是韩束的目标粉丝。第三，《非常勿扰》作为一线卫视的一线原创栏目，其所表达的思想与韩束要做中国化妆品民族品牌 NO1 的目标是高度契合的。

最后，渗透式发展与平台共荣共生。随着节目的热播在社会化媒体上所引起的广泛讨论，例如出现在微博热门话题榜上，节目上了话题榜，那么韩束这个冠名商也就跟着上了，这也就代表着受到了更多的人关注。而粉丝在此时就有了用武之地，他们可以通过不断转发、留好评、点赞等方式为企业做推广宣传，扩大企业品牌的知名度。

在社会化媒体上营销要保持连贯性

研究发现，在社会化媒体上，成功营销的品牌每周发帖都会 10 次左右，大多数品牌在工作日发帖数量较多。发帖的时间也比较稳定。在确定发帖时间后，坚持在这个时间点发帖，保持连贯性。保持连贯性的好处就是可以保持粉丝参与的积极性和习惯性，时间久了之后，粉丝就会习惯性地在这个时间点到社交媒体上关注该帖子或是话题，并参与讨论。这样企业就能保证自己每周甚至每天都有媒体搜索、粉丝关注热度。

利用社会化媒体进行品牌营销应以短制胜

在社会化媒体营销中简短的内容更容易吸引粉丝，因为大部分的粉丝没有时间和耐心去阅读内容、接收信息。如果是在论坛、微博、微信上发文，最好就是 100 字左右，并配上图片。如果是在电视上做品牌营销，因为时效性的原因，广告词和内容一定要易懂、易记，让粉丝一看就能记住。

例如，炫迈在冠名 2013 年的《快乐男声》时，其简短逗趣的内容让粉丝看了感到非常开心，而那句“根本停不下来”更是成为粉丝口中常用的词，一时间什么根本停不下来火遍网络，各种改编汹涌而出。炫迈的销量更是因此上升 30%。如图 7-17 所示。

图7-17　炫迈冠名2013《快乐男声》

适当地建立渠道让粉丝有地可“论”

建立渠道，让粉丝有讨论、有可推广的地方，这样粉丝才能发挥他们的影响力。例如在微博上主动建立话题让粉丝参与讨论，利用粉丝的好评影响其他人。或是建立论坛、发布帖子让粉丝参与，收集粉丝们的反馈，改善产品的缺点。

小米对于粉丝的重视在业界是出了名的，它除了为粉丝建立论坛、微信公众平台、微博各个官网，甚至还建立了小米粉丝后援会。小米粉丝微博后援会除了是提供粉丝互动的平台，也是米粉之间相互讨论，发表对小米产品建议的地方。小米对其的重视和论坛一样，都会时时关注和跟进。如图 7-18 所示。

图7-18　小米粉丝后援会微博

8

第8章

营销，让你的粉丝做就行了

随着互联网的发展，信息的传播更加快速便捷。粉丝对企业的看法不像过去那样，只能在自己的朋友圈里传播。现在只要一发微博、一分享朋友圈，信息就能迅速传播出去，影响的范围从自己的朋友圈到全国，甚至全球。因此，互联网的特质决定了粉丝口碑对于企业产品销量的重要性，好与坏，全都由粉丝来把控。只要粉丝对产品有好口碑，那么产品的销量就不用发愁了。那些成功的企业都是懂得把握粉丝，懂得如何让粉丝变成自己的编外营销员。

话题营销——有话题才会有人气

如今，话题营销早已成为了企业、名人屡试不爽的营销手段。虽然话题营销被运用得有些过度，但大多数的企业都得到了他们想要的效果，因此话题营销才会如此火爆。话题营销主要是运用媒体的力量以及粉丝的口碑，让企业的产品或是服务成为粉丝们谈论的话题，通过话题的影响度达到营销的效果。

话题营销在互联网上有两种表现形式，一是经过蓄意策划的话题，二是由潜在粉丝或利益相关者自动发起的话题。前者是企业事先构思好话题内容，然后再让各大社交媒体网上进行话题的传播。这种话题营销企业掌握主动权，因此企业可以选择精准话题并通过缜密的策划和引导，发挥出话题营销的最大效果。后者则是因为企业的产品和服务有了非常突出的表现，使粉丝情不自禁地产生良好的口碑，在众多粉丝的凝聚之下，继而形成褒奖式的话题。也有一种是利益相关者自动发起话题来让其他粉丝评价企业的产品和服务。

案例　新浪：#我想和韩寒谈谈#

2014 年 8 月，韩寒的电影《后会无期》正在热映，在取得不小的票房之际，也引起了网友的广泛关注。许多企业也绞尽脑汁地想利用韩寒和他的这部处女作电影进行营销，微博上涌现的一大批与#韩寒#、#后会无期#等相关的话题。不过其中做得最成功的当属由新浪客户端发起的#我想和韩寒谈谈#的话题。如图 8-1 所示。

这个营销话题的活动，是新浪新闻客户端发起的一个新浪新闻全国观影团的活动，网友只要参与话题并评论，就有机会获得韩寒在新浪采访直播中回复的机会，并且还有机会获得《后会无期》的电影票。该话题一推出，立刻引起了粉丝们的关注和参与。为此，新浪客户端还在首页上设置了一个专题方便粉丝参与。通过新浪客户端、新浪网、新浪桌面的推送等强资源的支持，该话题上线 24 小时的阅读量就超过了 1 000 万次，并升到微博话题榜前 10 名。通过此次的话题营销，无论是新浪还是韩寒都得到了实质性的利益。

图8-1　微博话题#后会无期#

此次话题成功的主要因素有三点。第一，话题的设置比较巧妙，利用热点做话题做营销，而且关键点配合的非常好，韩寒是文艺青年的偶像，《后会无期》更是文艺范十足的一部电影，营销的话题设置和韩寒粉丝的气质相吻合。而此次活动的话题是选自韩寒《1988 想和这个世界谈谈》本书，这样有文艺腔调的话题，自然很容易引发韩寒粉丝的共鸣，吸引他们的关注。第二，适当的物质激励。为了激发粉丝们的参与热情，新浪微博网友准备了 1 500 张的电影票，粉丝们参与话题后获奖的概率非常大。每个人都有想获得优惠的心理，适当的物质激励有助于激发粉丝的参与热情。第三，过硬的推广渠道。这次话题营销成功的最主要的因素，是来自新浪的强力之处。在 24、25、26、27 日连续四天的活动时间里，新浪客户端开机画面、桌面推送上投入了大量推广资源，PC 端更是专门安排了资源位——专题板块。手机客户端也参与了此次的营销活动，互联网上首个手机电影官方网站在新浪移动门户网站领域成功落地，配合该话题的抢票活动。

选好主话题，设计话题辅料

单一的话题是很容易“熄火”的， 因此企业应选好主话题，也要设计好话题的辅料。也就是，企业在设计话题时不仅要主话题，还要有分话题，这样才能不断地给粉丝带来新鲜感，粉丝的谈资也才能延续不断。同时，还要懂得分阶段开展，前期需要什么资源，要影响哪一部分的人，后期要让哪一部分的人介入，要达到什么效果，企业都要有充分把握。

例如刘强东为了给京东发起的价格战造势，在微博上率先挑起了事端，宣布“京东所有的大家电在未来三年内保持零毛利，并保证比国美、苏宁便宜 10%以上”，之后又宣称将招收 5 000 名国美、苏宁价格情报员，每家店都将派驻 2 名。接着又上传了价格情报员以及“攻打”苏宁指挥部的图片，一步一步地将话题炒热。

善用意见领袖的力量

意见领袖经常在各大社交媒体上为他人提供信息，同时对他人施加影响。他们在话题营销的过程中起着重要的中介作用。有了他们的帮助，话题的热度会上升得更快。不过企业在引用意见领袖时，需要考虑他们影响的粉丝群体与自身的品牌定位是否相符，然后再制作相应的合作计划和激励举措。

百度卫士在微博发起了#百万求合体#的话题活动，为了增加话题热度，百度旗下的产品纷纷加入其中，百度翻译、百度外卖、百度未来商店、百度视频都加入了话题讨论。除了动用自家的力量，百度卫视还邀请了一些微博达人来促进话题热度。如一个名为“大哥王振华”的知名博主，他也加入了该话题的讨论。这些意见领袖的力量非常大，不到一天的时间转发量就达到了 553 条、评论 444 条、点赞数 387 个。如图 8-2 所示。

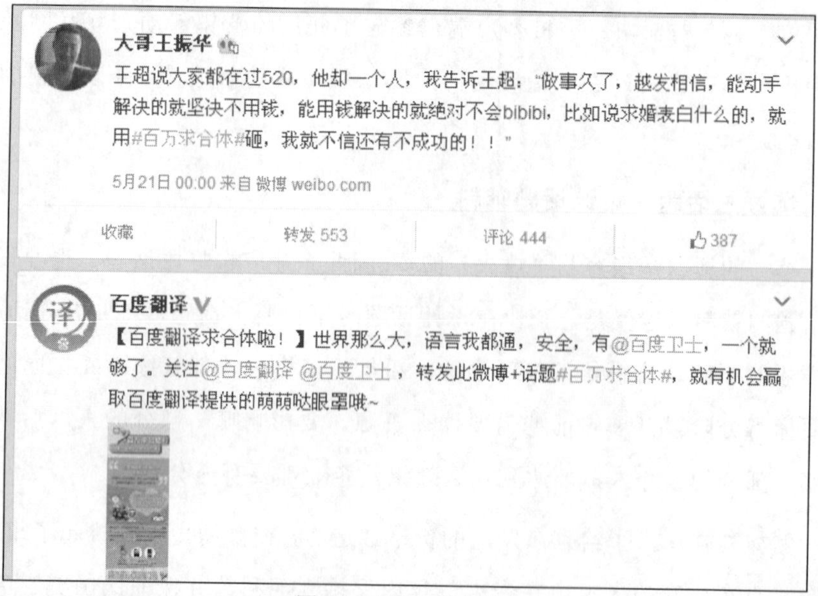

图8-2　#百万求合体#

话题营销不是简单的新闻炒作

话题营销不是简单的新闻炒作，运用的好是可以起到四两拨千斤的作用，但是如果运用不好，则会被粉丝视为恶性炒作，营销企业的品牌形象。

例如 2006 年某网站在视频上发起的一个"雅阁女"话题营销视频，该视频中宣扬了拜金思想。该女子还声称："月薪少于三千的都是下等人。自己是开着雅阁汽车的高级白领，还曾因一辆 QQ 车蹭到自己将其砸烂。"该视频发出后，引发了百万网友的讨伐，"雅阁女"成为了人民公敌。但没多久，网友就发现这是某视频网站的炒作视频，网民对"雅阁女"的不满瞬间转移到了该视频网站上，称该网站是视频网站，纷纷要求卸载该网站的应用。该视频网站虽然通过这次的话题营销博得了关注度，但是却损害了自己的形象，得不偿失。

互动营销——贴近并关注粉丝

互联网时代企业经营的核心是什么？是粉丝。那么拉拢粉丝的最有效手段是什么？是互动。与粉丝进行互动，粉丝才能感觉到你是可接近的，感觉到自己是被需要和尊重的。企业如果想吸引更多的粉丝或是增加粉丝黏性，就必须加强与粉丝之间的互动沟通。通过互动了解他们的需求，通过互动营销自己并改造自己。纵观那些成功的企业，没有一家是不与粉丝进行互动的。要相信，与粉丝互动，是企业在迈向成功的一个重要基点。

案例　家有购物："口口箱传"互动营销

从可口可乐推出昵称瓶、歌词瓶，京东在 618 推出 ATM 机互动游戏之后，家有购物这个被誉为电视购物行业模范生也开始推出了"口口箱传"的互动营销箱子。家有购物把会员分享的购物体验印成原文贴纸，发货时再将其贴到一部分包装箱上，让这些分享从线上走到线下，也使原本乏味的、不受重视的包装变成一种可与粉丝互动的社交工具。

类似于"家有购物的去污膏、特别适合处女座"、"电视购物速度好快，昨晚上买的今天就到了，就是客服耳朵不好使，把我的名字写错了@家有购物"这样的分享全都是来自家有购物的会员在微博或微信上的留言，或者是电话订购时向客服所反馈的体验。这些分享粉丝原本只能从互联网上看到，而现在从包装箱上即可看到其他粉丝对该款产品的评价，有时粉丝还可以从包装箱上看到自己的留言。

因为互联网的便捷性，粉丝的分享很快就会被淹没在整个信息流里，而互动箱子则能够被更多的人接收到，而且不用担心时效性。同时接收到信息的这群人都和分享信息的人一样，都有过电视购物的体验，也许还买过同一款产品，甚至看过同一期节目，也有可能在电话订购时一起抢过线。因此，当他们看到箱子上的分享时更能感同身受，也更能理解分享中的内容。

家有购物“口口箱传”的互动活动启动后，不到两个月的时间，就已经累计发出了超过 60 万个箱子，至少有 60 条线上分享通过箱子进行了线下传播，平均每条的传播频率高达 1 万次。有粉丝收到货的同时收到了自己在网上的分享，也有粉丝感慨：“为什么我的分享没有在箱子上出现。”除了在线下发动“口口箱传”的活动，家有购物也在微博上发起同步活动（如图 8-3 所示），该活动吸引了 15 万粉丝的参与，数万人收到货后拍下箱子再次分享到微博上。可以说，家有购物创造出从线上到线下，再从线下到线上的互动传播链条。

图8-3　家有购物#口口箱传#微博话题

为了配合此次的活动，家有购物对包装箱的款式做了更改，从原本的单色改成多种颜色的配合。这次的更改也是因为从与粉丝的互动中得知的，因为粉丝反映，每个箱子都是土砖色，太单调了。

家有购物的“口口箱传”让原本乏味的包装箱成为了与粉丝们互动分享的工具，让粉丝的购物体验成为真实的、移动的广告，引发了全方位的互动热潮。由此可见，家有购物这次举办的互动活动非常成功。

适当转发粉丝微博并做出评论

微博现在是与粉丝交流互动最好的渠道，大部分的粉丝都喜欢在企业的官方微博中发表自己的感想。因此，企业一定要多注意粉丝的心情，不要只希望粉丝关注自己，给自己留言评论，也应该在适当地时候评论一下粉丝的微博，做出回应。这样可以给粉丝一种被重视的感觉。这种做法，除了能给粉丝带来惊喜，也能为自身带来不少好处。

例如，金马影帝刘烨的抢粉丝“沙发”事件。在此之前，从来没有一个大明星会放下自己的身段去抢粉丝的“沙发”，因此，刘烨在抢完粉丝“沙发”之后，粉丝感到特别的惊喜并将之发布到网络上，并造成了一股明星抢粉丝“沙发”的风潮。粉丝至此之后对刘烨的好感度暴增，刘烨因此获得不小的赞誉。如图 8-4 所示。

图8-4　刘烨抢沙发引起网友讨论

多关注粉丝才能更好地@粉丝

无论是在微博还是论坛上，企业应该多关注粉丝的动态，只有了解粉丝的动态，才能更好地@粉丝，将@的内容说到粉丝的心坎上，使回复的效果更加明显。最好的做法就是将其分类，根据每个类别中粉丝的动态做出回复。

北京电视台的歌唱竞技类节目《最美和声》，每一季它都会把粉丝分成五大类，分类的标准是以四位导师的粉丝来分，除了四位导师的粉丝，其他的归为一类，这样在回复时就可更加有针对性。如图 8-5 所示。

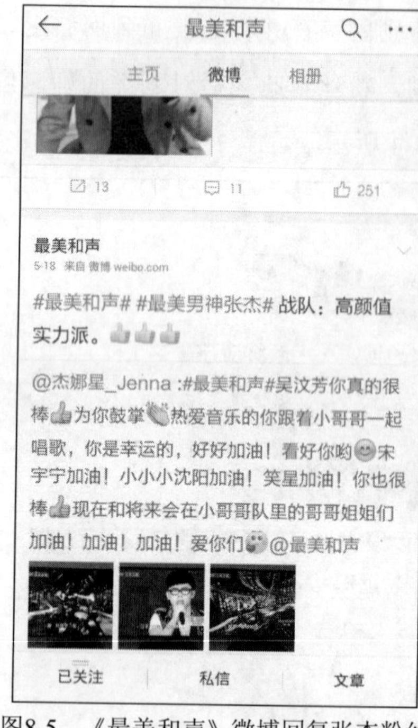

图8-5 《最美和声》微博回复张杰粉丝

定期举办活动增加粉丝互动积极性

多举办一些互动类的活动，可以让粉丝对企业保持关注，也可增加其的活跃性。如《最美和声》，因为节目每周只播放一次，在这 7 天的断层中，粉丝很容易消耗热情，这就像我们追看一周一更的美剧一样，时间久了往往就没有了上周追看时的热情。为了保持粉丝的关注度，《最美和声》经常会在微博上发起一些活动，让粉丝参与进来。例如，2015 年 5 月 20 日，这一天被誉为表白日，导演组借势在微博上发起了 520 用手写情书向导师表白。粉丝们的参与热情很高，纷纷在 5 月 20 日这一天在官方微博下晒出自己的手写情书。节目组还会时不时地回复一些粉丝的表白。如图 8-6 所示。

图8-6 《最美和声》发起520表白活动

事件营销——吸引粉丝关注

如今，想要吸引粉丝的注意力变得越来越困难，因为他们的注意力被各种各样的事物给严重分散。企业们为了吸引粉丝的关注也是花招百出，因此想要从中突围而出，就一定要使用恰到好处的招数。而为自己制造事件，营造话题热点，无疑是有效的方式之一。如今，人们对于信息的获取越来越便捷，所以事件传播的速度也越来越快。很多产品、名人一夜爆红，都是通过事件话题营造得当，从而引发了全网讨论。而事件的热度和范围就会随着网民们的讨论变得越来越高、越来越大。

案例　五粮液：北大汉服酒礼事件

2007 年 4 月 17 日下午，一群身穿古装的青年男女在北京紫竹院公园中手持装满酒浆的古色古香的陶碗举杯共饮，分宾主就座，通过一系列的仪式将古代酒礼一步一步演来。这种古风雅韵让路过的游客纷纷驻足并拍下照片上传到博客上，引发了网友的广泛讨论。

制造此次新闻事件的就是五粮液，而且非常成功。整个事件的策划思路非常清晰。当时“汉服”热风靡全国，除了有许多大学生身穿汉服拍照，还有很多人连婚礼都改成了汉式。五粮液借助当下这一股热潮与北大服饰文化交流协会联手举办了此次的“汉服秀行酒礼”的活动。

“北大学子”、“汉服文化”、“酒文化”、“效古省今”等话题的切入点，让这个事件具备了极强的看点，将这些看点放在网络上，就形成了极强的传播力。整个事件中最重要的道具植入就是五粮液，此次事件的策划不但体现出了五粮液酒的文化内涵，还向粉丝们宣传了五粮液酒历史悠久的概念。

此次五粮液酒的“穿汉服行酒礼”事件在新浪博客中发出后，迅速被新浪官方以及粉丝推上了新浪博客首页以及新浪首页。之后，五粮液酒还安排了专业的“网络推手”进一步推动此次事件的影响范围。在博客上开展正反讨论，并拉入一些名博参与，让这个事件的影响力扩展到最大。如图 8-7 所示。

由于事件本身的话题性和短时间形成的巨大影响力，让这个时间成了“自然催化剂”在各大媒体和网络上形成了共振效应。各大媒体都报道了此次事件，凤凰卫视的热门谈话节目还针对此次事件做了一期专题节目《铿锵三人行》。就连知名作家余秋雨也在《秋雨时分》中发表了对此事件的看法。

通过此次新闻事件的传播，五粮液品牌不仅得到了高曝光度和高关注度，也形成了粉丝们对“中国白酒文化典范”的口碑。

我们为您搜索到9条博客结果

北大美女这是做秀还是弘扬传统文化？（组图）

但是当我们自己都还没做好的时候，怎么去弘扬别人？所以，所以我觉得这次“穿汉服行酒礼”说是弘扬传统文化，不如说是一场cosplay秀：既娱乐了大众，又锻炼了身体。毕 ...

2007-05-18 14:22:09 博主：北豆腐 标签：休闲 文化 谈天说地

21综合·博客 汉服，被“奥运”敲醒的文化符号

但是当我们自己都还没做好的时候，怎么去影响别人？?所以，所以我觉得这次“穿汉服行酒礼”说是弘扬传统文化，不如说是一场cosplay秀：既娱乐了大众，又锻炼了身体 ...

2007-05-10 13:44:22 博主：情感星期四

这是做秀还是弘扬传统文化？（组图）

但是当我们自己都还没做好的时候，怎么去弘扬别人？所以，所以我觉得这次“穿汉服行酒礼”说是弘扬传统文化，不如说是一场cosplay秀：既娱乐了大众，又锻炼了身体。毕 ...

2007-05-07 14:39:47 博主：雅YaA

北大美女穿汉服 是弘扬传统还是做秀？

但是当我们自己都还没做好的时候，怎么去弘扬别人？(图24)所以，所以我觉得这次“穿汉服行酒礼”说是弘扬传统文化，不如说是一场cosplay秀：既娱乐了大众，又锻炼了身体 ...

2007-05-03 07:51:15 博主：潇洒舞者

北大美女这是做秀？还是在弘扬传统文化（图）

但是当我们自己都还没做好的时候，怎么去弘扬别人？所以，所以我觉得这次“穿汉服行酒礼”说是弘扬传统文化，不如说是一场cosplay秀：既娱乐了大众，又锻炼了身体。毕 ...

图8-7 “穿汉服行酒礼”在新浪博客上引起热议

通过捕捉社会热点事件借势营销

要在短时间内赢得粉丝的关注度，与一些社会热点事件相结合无疑是最好的方式。有些事件既然能成为社会热点，就代表着这个事件是大部分人所关注的，有很多粉丝在时刻关注它的发展以及一些相关的周边信息。

2006 年，受到全国人民关注的青藏铁路开通了，双喜世纪婚礼借此次事件举办了“缘定天路、喜传天下”欢喜世纪婚礼。借助青藏铁路的影响，双喜也受到了全国人民的关注。此次活动不仅满足了参与者进入西藏心愿，还能为西藏贫困儿童送去爱心和帮助。通过这种正面的、积极的借势活动，双喜世纪婚礼在粉丝心中留下了很好的印象，成功地打开了品牌知名度。

主动制造热点事件进行造势营销

借势营销虽然也是一种好的宣传方法，但很多热点事件与企业的品牌形象并不相符。因此，企业如果想通过事件营销宣传品牌，可以主动制造热点事件。自己制造主动权都在自己身上，可以根据企业的需要定制热点事件的内容。

植物大战僵尸全明星版是植物大战僵尸的最新版本，为了给新版造势，官方在不但在微博上发起了#植物大战僵尸：全明星版#的话题，还邀请了萧敬腾演唱主题曲及拍摄 MV。以期能通过在微博上制造热点话题，以及借助萧敬腾的明星力量为新版游戏造势，扩大知名度和影响力，吸引更多的粉丝前来下载。如图 8-8 所示。

图8-8　微博话题#植物大战僵尸：全明星版#

事件营销是手段而不是目的

许多企业对于事件营销的“高性价比”非常看重，也正是因为事件营销的这种特质，使得企业们对它趋之如鹜，把事件营销视为打开或是提升品牌知名度的营销利器。但是，很多企业却因为对事件营销太过看重，让自己在这股大潮中迷失了方向，在实际运用中盲目地模仿其他企业，最终导致营销方式错乱、目标市场模糊、品牌定位不清晰。每个企业都有自己独特的营销方式，其他企业合适的，自己不一定就合适。不要以为别人成功了，自己模仿一下也能成功。

例如最近乐视推出的超级手机，它的营销方式就在模仿小米。但是看现在乐视手机的销量就可得知，效果不怎么样。乐视本是以视频网站起家，对于手机业还是很陌生，如此盲目地跨界及模仿他人的营销手段肯定是无法获得成功的。如图 8-9 所示。

图8-9 乐视超级手机

饥饿营销——刺激粉丝购买欲望

饥饿营销是许多知名企业惯用的销售手段。饥饿营销的这种方式其实就是为了给粉丝传达“物以稀为贵”的信息，同时也避免了过多的人拥有同一款产品。而且越是供不应求，就越能显现其价值，吸引更多的潜在粉丝。处于“饥饿”状态的货品，才能够在最大限度上激发出粉丝的购买欲望。

因为“饿”会吊足粉丝的胃口，经过等待会进一步地提高粉丝购买的欲望。这样企业一旦开仓放“粮”，消费者就会迅速疯抢，销售业绩想不好都难。而且，饥饿营销还会带给粉丝更大的满足感，在这其间，产品或者服务的价值也会被放大。因为苦苦等待而得到的东西总是格外美好。

小米：永远在饥饿，永远在营销

在中国，做饥饿营销做得最成功的非小米莫属。街头巷尾的人都在议论如何能抢到小米手机。这种热议让小米出尽了风头，更是让它的销售异常火爆，甚至许多人为了小米当起了“黄牛”。

小米的火热程度是有目共睹的，下面用一个事例来证明一下小米的稀缺。据称，7 万台电脑竟抢不到一部小米手机。

之前，一个同学想买一部小米旗下的红米手机，799 元，4 核双卡双待，价格相当实惠，在官网上预约完成之后，同学收到了“预约成功”的通知。正式开抢那天，他为了能抢到这款限量发放手机，可谓是费尽心思，他找了六个同学在当天的 11：30 就开始守在电脑前，此其间他们一直绷紧着神经，紧盯着电脑。12 点一到，7 台电脑上不停地刷新，然后迅速点击鼠标，然而 10 分钟过去后，却没有成功，小米公司当天发售的手机已经全部售完。

雷军通过让小米手机保持“饥饿”状态，为小米这个品牌赋予了神奇的力量。打开了品牌知名度、提升了品牌影响力后，我们发现小米不只卖手机，还卖起了盒子、电视、路由器等。而且，小米每推出一类产品，都很快被抢购一空，场面火爆到了极点。如图 8-10 所示。

事实证明，小米的营销方式是成功的，因为只要它永远在饥饿，永远缺货，那么它就会永远受追捧，一直走下去。当然了，饥饿营销成功的前提是要有足够的粉丝，否则，结果是相反的。在拥有足够粉丝的前提下，饥饿营销可以这样玩。

图8-10　小米电视 2

加大宣传，引发客户购买欲望

激发欲望与引导是“饥饿营销”的主线。只有宣传足够才能引起顾客的购买欲望，且愿意等待，这样“饥饿营销”才能继续。虽然说宣传造势对于发布新品的企业来说已经成了家常便饭，但是却必不可少。在你将要推出一款新品时，前期的电视广告、电台、报纸、杂志的重点培养；明星代言的光环营销；销售渠道的口径统一；微博、微信的广为宣传等，众多策略和方法都是各式各样的。各家企业要根据自己的特点，做到选择有法，选择得法。

在苹果手机上市之前，曾经大规模地铺张渲染、加大宣传，让消费者对苹果手机充满了期待。俗话说“物以稀为贵”，中国这句俗语被苹果公司用在了销售上。他们在产品供应上采取了紧缺的方式，让苹果产品保持了价格的稳定性和产品升级的绝对控制权。自 2010 年以来，从 iPhone4 开始到 iPad2 再到 iPhone4s，苹果产品在全球上市呈现出了独有的路线。发布会后，公布上市日期，接着等待，然后出现各种上市新闻报道，消费者通宵排队，接着正式售卖，但是却全线缺货，黄牛也借机涨价。据此，业内人士普遍认为，苹果前期的浩大声势为它的饥饿营销提供了好的铺垫。而苹果公司前任营销经理也曾经发文章指出，苹果一直在执行一项名为“可控泄露”的营销策略，即有计划、有目的地放出未发布新产品的信息。

超越预期，做出让粉丝尖叫的产品

企业要想进行饥饿营销，就必须要保证自己限量出售的商品是一流的，有超越同类产品的特性。在饥饿营销中，人们之所以追逐限量商品，归根结底是由于该类产品有出色的品质，与其他同类产品相比，有独特的功能，或者有较高的服务水准。比如法拉利能推出速度最快、造型最为动感的跑车；LV 能推出款式最时尚、制作最精良的手提包等。他们强大的品牌影响力已经获得了市场的认可。在消费者心中，想到这个品牌，就会将它与高品质联系在一起。

超越预期这件事不是一般企业能轻易做到的，但是小米就擅长把产品性价比做到极致，让粉丝大声尖叫。比如，当你按照正常的思维推算一款产品价格值 2 000 元的时候，小米只卖 1 499 元，于是你就发现它们的价格很“极致”，所以一部分人肯定会被这个高性价比吸引，然后传给其他人。最后当你发现周围的人都在打听“谁能买到小米”的时候，你就会发现小米真是将性价比、价格和口碑都做到了极致。

就拿小米路由器来说，早期一大帮人传闻它售价需要 99 元，后来被另一群人质疑，然后传言说这款路由器要 799 元。但是按照小米一贯的风格，这款路由器如果是 799 元，那它肯定各方面性能都特别好。这样一来，这款路由器无论卖多少钱，人们都会觉得它特有所值，也会去抢购。如图 8-11 所示。

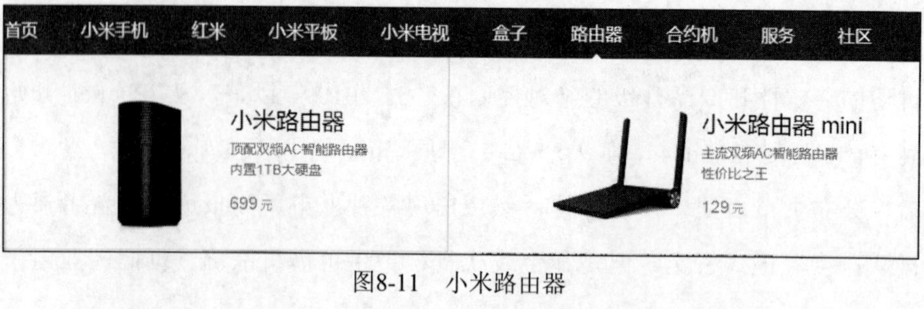

图8-11　小米路由器

拿捏时间，把握好产品“稀缺”的度

饥饿营销能否实施成功，还在于产品供应量的控制。因为产品若大量供应，就失去了稀缺的属性。但是若供应量太少的话，绝大多数人不能买到产品，就无法了解产品的性能，这样会让消费者觉得企业故弄玄虚，对于品牌的传播不力。因此，最好能把握好一个度，保证让一部分人获得产品，同时又能保证产品获得良好口碑。

同时，还要考虑到如何让那部分没有买到产品的顾客不会心生抱怨，反而会加深对产品的心理期盼，或者是采取别的办法，这需要企业根据自己的特点来做出判断。比如，小米手机会在抢小米结束后，让其他的粉丝在网站上以略高的价格买到手机。

病毒营销——让粉丝口口相传

病毒营销是互联网时代最常见的一种营销手法，就是让粉丝口口相传，像病毒一样迅速蔓延出去。病毒式营销是所有营销方法中最高效地传播方式，是一种粉丝自发的行为，所以病毒营销无须任何推广费用。简单来说，就是企业给粉丝提供了超值的产品和服务后，让“粉丝来告诉粉丝”，通过广大的粉丝为企业做免费宣传。这就像我们经常在微博上看到的一些热门搜索，引发了粉丝们的强烈讨论，这就是病毒营销的最明显特征。

案例　冰桶挑战：全世界都中毒了！

近些年最为成功的病毒营销案例，当属 2014 年的“冰桶挑战”。它在极短的时间内，使得全世界名人都为之疯狂，从国外到国内，从科技界到体育节再到艺能界，已经蔓延到世界的每一个角落。

“ALS 冰桶挑战”要求参与者在网络上发布自己被冰水淋遍全身的视频内容，然后@三个好友，在 24 小时内接受挑战，如果拒绝就为对抗“肌肉萎缩性侧索硬化症”捐出 100 美元。这个活动的目的是为了让更多的人了解到渐冻人这个罕见疾病，并为他们贡献自己的一份心意。如图 8-12 所示。

图8-12　ALS冰桶挑战的热度一直在持续

冰桶挑战病毒性传播的成功关键是在于设定好了规则。在这规则里有三个特殊的要诀，一简单快捷可操作，二网络发布，三冰水浇身。一个事件之所以能迅速得到人们的关注，最有效的策略就是关注点要高，这个项目就做到了这一点，它甚至吸引了比尔盖茨来参与这个项目。同时，如果规则太过复杂，需要耗费大量的时间，那么这些名人肯定没有时间参加的，所以冰桶挑战的快速简单正好符合了这全群名人的要求。而一旦这些备受瞩目的名人参加了该活动，自然会引起粉丝们的注意。冰和水也很容易找到，操作时只要往头上一倒，不需要一分钟的时间即可完成。

其次是网络发布。网络有两大的作用，一是，容易构成从众效应。无论是大人物还是普通人，都有从众心理。二是，构成营销传播。互联网的无边界是构成病毒营销的必备条件，而且威力巨大。单是从吴镇宇在《爸爸去哪儿》节目中露出一条红色内裤，就让网友疯狂点击，并多次上了娱乐版头条即可明了。冰水浇身让这些世界名人、企业大腕、当红明星狼狈不堪，好玩有趣又搞笑，彻底满足了大众群体的围观心理。

再次是参与者向三个朋友发起挑战。为什么是三个人，因为人多了，传播的目的性就会过于明显，而且降低趣味性。如果一个人，这个游戏就很难开展，因为他有可能选择捐款而不参与挑战。所以设置三个人，其中只要有一个人接受了挑战，这个游戏就能继续传播下去。

最后是时间上的限制。24 小时内接受挑战或是捐款 100 美元，它有效保证了“冰桶挑战”的时效热点。病毒营销最讲究的就是时效。

让产品和广告设计融为一体

要形成病毒性营销效果，就要让产品和广告融为一体，让粉丝在不自觉中接受了企业的广告，为企业做了宣传，但又看不到广告的痕迹。最好的方法就是在广告中加入故事，让广告成为情节中不可缺少的一部分。

例如益达广告，它的广告形式就是以微电影的方式来拍摄，而且将广告词完美地融入其中，其中“一次两粒更好”的广告词，更是风靡网络。如图 8-13 所示。

图8-13　益达口香糖广告

有创意才有营销新意

企业在为产品进行宣传时，对于广告内容的创造要以生动有趣、个性创意为原则。如“不要 8888，要不要 888，只要 88 的八心八箭”的恶俗广告绝对是不可行的。创意是病毒营销的基本条件，没有创意就没有新意，现在的粉丝看过太多广告，一般的广告是很难吸引他们的注意力。

之前德芙巧克力拍过一次广告，请的是当红明星金秀贤和邓紫棋，结果因为广告创意太过失败，明星气质和企业品牌的不相符，导致骂声一片。最后只红了一句“听说，下雨天音乐和巧克力更配哦！”。如图 8-14 所示。

图8-14　德芙巧克力广告

鼓励粉丝晒出自己的体验

企业要注重粉丝的体验，让粉丝充分发挥自己的权利，留下出自己的体验，写出自己使用产品或是参与活动时的感想，就是粉丝的权利。粉丝的这种权利被充分运用后，就能为企业带来口碑营销，因此企业要设置一个渠道让粉丝的体验有地可留。在微博上制造话题，让粉丝在话题下留体验，无疑是一种即简单又快速的方法。

统一绿茶近日就在微博上建立了一个话题，让粉丝留体验。#亲近自然发现新鲜事#，粉丝参与话题说出自己的日常生活，例如爬山、旅游、和家人之间的互动等都可以。这样粉丝就有机会获得由统一绿茶提供的 10 万元旅游基金。建立话题几天时间就吸引了 7 197 万个粉丝的阅读，讨论量达到了 18.7 万条。如图 8-15 所示。

图8-15　微博话题#亲自自然发现新鲜事#

口碑营销——粉丝说好才是真的好

粉丝是最好的营销利器，只要获得粉丝的口碑，那么就能获得更多人的口碑。因为粉丝是一群拥有超强战斗力的自媒体传播。他们的传播力量比任何的广告推广都有效。在移动互联网时代，粉丝的地位从被动变成了主动，拥有了更大更自由的发言权。粉丝之间会相互传授经验，分享彼此的使用感受，而且更愿意在社交媒体上分享给他人。他们的言论常常会影响正在观望的潜在粉丝，如果粉丝的评价是正面的，那么这些正在观望的潜在粉丝就会受到影响，且做下购买的决定。

粉丝彰显的巨大口碑力量让各大企业惊呼："在如今这个以粉丝为核心的时代，企业可以不需要做广告，但必须要获得粉丝的口碑；企业可以不会追求理论，但一定要获得粉丝的支持。”互联网的口碑思维就是满足粉丝的需求，让他们情不自禁地在社交媒体上讨论企业的产品和服务，在粉丝的正面宣传之下，口碑营销的强大效应自然而然得以形成。

案例　Flying Pie：靠口碑撑起生意

2009 年，美国出现了一个特殊的线上行销案例，这个案例让不少人为之惊叹。这个安利的缔造者是位于爱德华州的一家名为“Flying Pie”的比萨店。它并不是网络时代的新式比萨店，它的官方网站破破烂烂，塞满让人眼花缭乱的咨询以及大大小小花色的字体，让人完全不知道该如何使用。不过这确是一家有十年历史的一间小比萨店的官方网站。

但是看着这么烂，资源这么少，完全不符合互联网简洁思维的比萨网店却获得了粉丝长久以来的好口碑，可以说它就是依靠口碑撑起了长达十几年的好生意。而 Flying Pie 之所以能获得粉丝的好口碑，是因为它推出了一个非常有趣的线上行销方案，而且还推行了很多年，整个爱德华州的人都在长时间的行销中知道了有这么一家披萨网站。让 Flying Pie 获得高口碑的线上行销方案叫做 it's your day。它并没有做太多的行销内容，但却利用网络，达到了传播的效应。

每天喊出一个“名字”。Flying Pie 的想法是这样的，每天官网上都会喊出一个“名字”，例如昨天是“Jack，今天是“Joe”，明天则是“Eval”，他们每天都会邀请五个同名的人作为幸运粉丝，让他们在当天下午 14:00～16:00 点或是 8:00～10:00 点这两个时间段，来店内的厨房，亲手制作属于他们自己的免费 10 寸比萨，并且拍一张照片，上传到网站上。如图 8-16 所示。

Flying Pie 每周都会公布新一周幸运者的名字，并请一些店内的忠实粉丝经常去看看这个列表，如果发现其中有认识的人与之同名，则通知他们过来享受这项服务。曾有一名叫“Kendra”的粉丝，刚开始时她并不是 Flying Pie 的顾客，也没听说过。那么她是如何知道自己的名字出现在 Flying Pie 的网站上呢？kendra 告诉媒体说：“她的老板每天都会逛一次网站，是他发现了”Kendra 日，并通知她去参加。

图8-16 Flying Pie将粉丝自己制作比萨的视频上传到网站上

Flying Pie 新一周的幸运名字并不是由自己选的，而是请每个参加过的人来提供名字，并且进行投票，以投票最高的前七位当作下一周的幸运名字。这样的做法是希望这些参加者想想他们还有哪些朋友会过来，以粉丝来吸引粉丝。甚至让参加者回报当初通知他的那个人。

Flying Pie 玩是“两段式”的口碑营销，第一段是一个同事或是朋友告诉你，你的名字出现在了官网上，然后你过来了， 并知道了这家比萨店的存在，这是第一段营销。然后你再告诉比萨店你朋友的名字，然后让他们也知道你会去官网看看有没有这个朋友的名字，并告知这个朋友，这样一来，这个球就会继续向外链接。不断地循环下去，这些新粉丝之间就会串在一起，一个连成一个。

杜绝炒作，只做正面营销广告

企业如果想要获得口碑，通过口碑而获得更多的粉丝，更大的销量，就一定要杜绝恶意炒作。负面炒作的行为不但会对企业品牌造成巨大的影响，还会使粉丝大量流失。

近期湖南卫视的一档王牌节目《花儿与少年》就是因为炒作明星之间的绯闻，在剪辑中夸大明星的矛盾，招致粉丝的一片骂声，许多粉丝都表明不想再看该档节目。最终收视率从第一期的近 1.7%降到最新一期的 1.0%。这就是炒作带来的负面效果。因此，企业需谨慎使用。

让粉丝自己决定产品

每个人都有独立的思想，特别是现代的年轻人，他们不会因为你说产品好，他们就会认为产品好。产品好不好他们自己会体验，因此，企业在产品宣传上让粉丝自己做主，只有粉丝认为好了，他们才会帮你做口碑宣传。

就如今年爆红的 TFBOYS 组合，他们的成功与否就是让粉丝做主，由粉丝决定的。该经纪公司在 TFBOYS 出道之前，就挑选了多名年轻男孩，制造一些他们唱歌、跳舞的视频上传到网络上，吸引粉丝关注。最后选出粉丝关注度最高的三名男孩组成组合。在组合的过程中，该公司给了粉丝充分的权利，粉丝可以决定他们的服装、表演的歌曲、甚至是经纪公司的运营模式。TFBOYS 的爆红是粉丝决定的，对于自己宣传来的偶像，他们的粉丝自然会支持到底，为他们拼尽全力地做口碑宣传。如图 8-17 所示。

图8-17　TFBOYS 出道前视频

产品好，粉丝才会真的说好

产品好，胜过一切。只要你的产品质量过关，能给粉丝带来超预期的

惊喜，粉丝自然会从心底里赞扬。因此，企业也无须在宣传上做出一些“老王卖瓜，自卖自夸”的行为。只要产品好，

聚美优品的成功，除了归功于陈欧的营销做得好之外，其过硬的产品质量也是原因之一。聚美优品网的化妆品都是女性至爱的品牌，而且可保证是正品。除了产品好，聚美优品还为粉丝提供了一些化妆品的专业解答。聚美优品的微信中，有一个专属“美丽攻略”的板块，在这里粉丝可以看到很多专业的化妆品知识，以及如何护肤、展现美丽等。如图 8-18 所示。

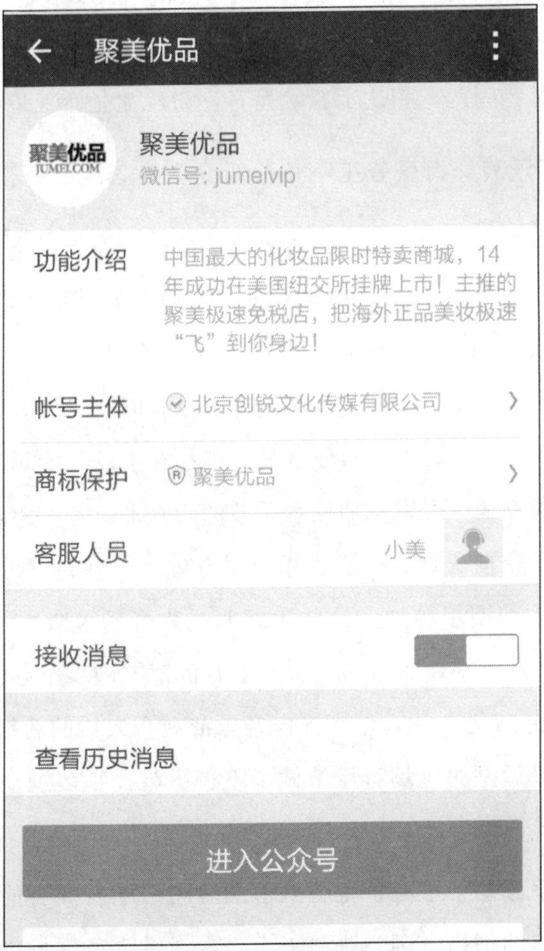

图8-18　聚美优品公众号

粉丝营销——粉丝就是最好的消费者

粉丝和普通的粉丝有什么区别呢？粉丝最大的一个特点就是无度性，他们的过度不仅体现在情感上，更体现在消费的过度上。粉丝将自己这种过度的情感带入到日常生活当中，在一举一动中都带着对“偶像”的影响。粉丝不仅会对“偶像”进行极大的精神投入，还会在这种精神行为中发生一系列的消费行为，并扩展到各个领域，形成一个巨大的粉丝产业。而普通的粉丝他们是理智并有节制的，是出于自身需要的情况下才会购买并使用某种产品，对于企业或是产品的感情只在于这个功能好、质量好这种较为功利性的情感。因此，相比于粉丝而言，粉丝才是企业最好的消费者。

案例　草莓音乐节：有张曼玉不怕没听众

“草莓音乐节”是国内音乐厂牌摩登天空继“摩登天空音乐节”之后，创立的另一个音乐节品牌，于2009年创立。通常来说，音乐节的受众非常有限，参加音乐节的嘉宾玩的都是一些小众音乐，也有一些三四线的歌手参加。很多嘉宾的名字，观众大概都没有听过。因此对于大部分听众而言，音乐节的吸引力非常小。所以即使全国每年都有十场二十场的音乐节举办，除非是请到大牌嘉宾，否则参加该音乐节的听众非常小。不过2014年举办的草莓音乐节却空前火爆，此次音乐节主办方一改往日只请小众乐队的做法，请了不少大牌明星参加，这些大牌明星为音乐节吸引了不少人流。5月1日到3日，在北京通州运河公园及上海世博园同步举办的草莓音乐节，三天共吸引人流25万人次，创下国内音乐节观众人数的新纪录。在众多明星中，张曼玉可谓是为这场音乐节做了不少贡献，很多观众都是冲着张曼玉的名号去的。

张曼玉先是参加了上海草莓音乐节的演唱，她所拥有的巨大号召力一度出现观众限流的举措。因为张曼玉不是专业歌手，现场出现了走调的情况，虽有报道称有观众离席。但这纯属媒体的夸大之词。张曼玉的演唱让现场热血沸腾，观众充分感受到张曼对于音乐的喜爱。无论走不走调，都无法影响这位演了无数经典电影的天后人物吸引观众的魅力。其实不论张曼玉是否因走调而让观众离席，仅是她自身拥有的粉丝就足以撑起整个上海草莓音乐节。这绝非夸大之词，张曼玉的号召力在 5 月 3 日的北京草莓音乐节又一次得到了验证。

张曼玉是在 5 月 3 日出席北京的草莓音乐节，这是该音乐节的最后梯田，一般情况下，经过前两天的热闹，到了第三天，人流量就会减少许多。但张曼玉的出场却打破了以往的定律，5 月 3 号这一天，北京通州运河公园的观众比前两天更多。张曼玉的表现虽然因当晚的 8 级大风而中断，但她的人气都在这两场草莓音乐节中得到了验证。如图 8-19 所示。

图8-19　各大媒体对张曼玉参加"草莓音乐节"的视频报道

用新鲜感刺激粉丝消费

一成不变的东西即使再喜爱，也会有厌烦的一天。因此，为自己添加一些新的元素，给自己带来改变的同时，也给粉丝带来一些新鲜感，这是企业保持人气的必备手段。

湖南卫视的综艺王牌节目《快乐大本营》可以说是电视行业的一个奇迹，在中国还没有一个综艺节目能像它一样 18 年来屹立不倒，而且还经常拿收视冠军。18 年的平均收视率保持在 2.0%。它的常青秘诀就是能不断地给观众带来新鲜感，从 1997 年开播到现在，每一期的节目都能给观众带来不同的感觉。同时，节目组会定期更改游戏板块，让观众感受到新的东西。如图 8-20 所示。

图8-20 《快乐大本营》

用惊喜刺激粉丝消费

每个人都喜欢惊喜，粉丝也需要。企业可以通过制造惊喜、噱头来活跃粉丝。不过企业不能忘记，给粉丝制造惊喜的目的是为了销售。因此，一定要结合企业的产品、服务来做，不能偏离营销主题，喧宾夺主。

京东 2014 年的 618 活动，为了给粉丝们一些惊喜，请了很多明星担任送货员。在 6 月 1 日到 6 月 20 日期间，京东每天都会从指定品牌的订单中抽取幸运粉丝，然后由与品牌对应的明星将礼物送到这名幸运粉丝的家中（如图 8-21 所示）。在粉丝的眼中，折扣、送优惠券都没有了吸引力，上京东买东西，就有可能让自己喜欢的偶像给自己送礼，对他们来说这才是最大的惊喜。因此，很多粉丝为了见偶像一面，在这 20 天中上京东狂买东西，而在这 20 天中，京东指定的品牌销售暴增。可以说，京东的这次活动既回馈了粉丝，又增加了销量，同时也获得了不少的话题。

图8-21　京东#618明星送惊喜#

用互动刺激粉丝消费

与粉丝互动是保持人气的基本因素，但是很多企业却很少注意到这一点，认为只要做好产品就足够了，产品好粉丝就会喜爱，但这样往往有了口而碑去失了人气。这一点在一些电影上尤为明显。例如近期上映的《闯入者》、《十二公民》、《念念》都是口碑超好但是票房超低的电影，为何会形成这种局面，就是因为这些电影的宣传方认为好电影大家都知道，所以不需要宣传，更不需要为了票房而去讨好粉丝。而反之《何以笙箫默》、《左耳》虽然口碑不怎么样，但是仍得到了大批粉丝的支持，这就是因为像《左耳》导演苏有朋，都放下所谓的导演、知名演员的身段，不断地在各大影院、微博、电视节目上与粉丝进行互动。

免费营销——免费只是为了更好地收费

“天下没有免费的午餐”，所有企业所推行的免费服务都是为了以后能更好地收费。免费只是一种拉拢粉丝的先行手段，互联网时代，粉丝们早已习惯了享用免费服务，如果你实行收费肯定是无法得到粉丝的欢心。不过企业要盈利，收费是必须的。但是这种收费并不是指把本来免费的服务改成收费的，而是通过其他的方式。例如增值服务。除了增值服务之外，企业通过免费服务，能聚拢大批粉丝，得到大量的与粉丝相关的信息。而这些信息是企业推行其他产品或是增加粉丝黏性的关键。

案例　苏宁电器：免费贴膜只是前战

2014 年，苏宁电器宣布可为粉丝提供免费贴膜服务。从 2014 年 5 月 19 日开始，34 个城市的苏宁门店开始正式执行为粉丝提供免费贴膜服务。这个服务的推出，为粉丝省下了 15～30 元不等的贴膜费用。大部分粉丝在购机后的第一时间就会对手机进行贴膜，想想现在中国的庞大手机粉丝，就可以明白粉丝对手机贴膜的需求有多大。因此，这次苏宁真的是抓住了粉丝的痛点。那么，苏宁真的是为大家带了“免费的午餐”吗？其实还是一句话，免费是为了更好地收费。如图 8-22 所示。

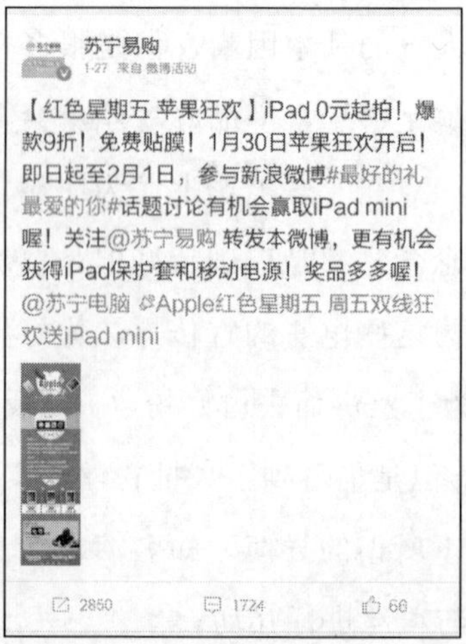

图8-22　苏宁免费贴膜

有条件的免费贴膜，要想在苏宁享受免费服务，要符合三点要求，第一是苏宁会员，第二是现在下载苏宁易购客户端并注册，第三是已经退出市场的手机型号不能够享受此次活动。而在贴膜的过程中，除了下载客户端并注册，还需要在纸质表上填写自己的姓名、机型及手机号码等信息。

这些要求可以为苏宁留下大量的粉丝信息，对其数据分析工作有很大的帮助。同时成为会员也有利于增强粉丝的黏性。

苏宁为粉丝提供了统一的贴膜，这样就可以根据不同手机的屏幕大小进行裁剪，这样可满足不同粉丝的需求。

苏宁的贴膜过程，也设置得非常人性化。前面的粉丝手机贴膜还没有完成，工作人员就会对下一位粉丝的手机屏幕进行清洗，其采用的都是专业的清洗剂和清洁布，对手机不会造成任何的伤害。清洗手机屏幕不但能方便贴膜师傅完成下一步的贴膜工作，还能减少粉丝等待的时间，可谓是贴心至极。

除此之外，苏宁还推出了曲屏贴膜的服务。曲屏贴膜比起其他屏幕的贴膜在技术上要难上许多，一般小的贴膜点都不具备这样的技术，因此对使用该种手机的粉丝造成不小的困扰。类似于 LG GFlex 手机采用的就是曲面屏幕，还有红米 Note 和苹果 5S 都是采用这种屏幕。很多贴膜的地方因为技术手段以及机身设计的原因，手机膜不能覆盖整个手机屏幕，在屏幕顶端和低端裸露的部分非常多，显得不太美观。但苏宁找了最专业的贴膜师傅以及采用了剪裁的贴膜纸，因此避免了这种情况。

苏宁的免费手机贴膜服务实行一周后，粉丝们就开始在各大社交网站上晒粉丝体验，为苏宁创造了不少的好口碑。仅是传播的角度上来看，苏宁的这场策划已是非常的成功，不仅是粉丝，各大媒体入口都在讨论这件事。

搭建一个免费平台吸引粉丝

互联网的时代，如果想要吸引粉丝，就必须要使用免费模式。通过搭建一个免费平台这个低门槛将他们吸引过来，让他们把这个平台当成秀场，展现自己。当他们习惯在这个免费平台秀出自己时，就成为你忠实的粉丝了。

例如唱吧，所有粉丝都可以在上面展现自己的唱功，无论你唱得多差，无论你平日里有多么不起眼，在唱吧上都会成为主角，都会有人给你点赞。如果唱功了得，你就能成为唱吧里的人气王，获得无数唱吧粉丝的追随，而这一成功，无须粉丝付出任何金钱的代价，只需要唱几首歌。这种免费且有意思的活动平台很吸引人，唱吧仅上线一年，粉丝数量已突破了一亿次。还受到许多明星的关注。例如谢娜、李晨等。

免费需要有噱头，才能获得粉丝的注意

市场上免费的产品比比皆是，如何才能让自己的产品赢得粉丝的注意呢？这个道理其实和明星成名一样，一个明星长得漂亮、歌唱得好、演技也好，但是就是红不起来。其中有一个原因就是不懂得炒作，不懂得为自己制造噱头。产品也一样，想要出名，就要懂得炒作，懂得制造噱头。

通过增值服务盈利

在免费模式大行其道的今天，想要通过直接收费来盈利，已经不太可能。但是经营企业的目的就是为了盈利，不收费又该如何盈利呢？因此多数企业就在收费与不收费之间摇摆不定。收费必死，不收费慢慢死！那么该如何化解这一场危机呢？增值服务就是化解这场危机的“天使”。在免费的基础上实行增值服务，就是说一款产品基础部分免费，在特殊的方面收费。

例如 QQ，它的基础部分聊天功能、QQ 邮箱、视频、传送文件这些都让粉丝免费使用，但是如果要装扮空间，使用魔法表情，获得 QQ 游戏的特权就需要购买增值服务，如蓝钻、绿钻、红钻、黄钻等。一种钻，每月需缴纳 10 元，而这 10 元就是腾讯盈利的基础。增值服务模式的推出，帮助腾讯避开了当时横在腾讯脖子上的那把财政“大刀”。如图 8-23 所示。

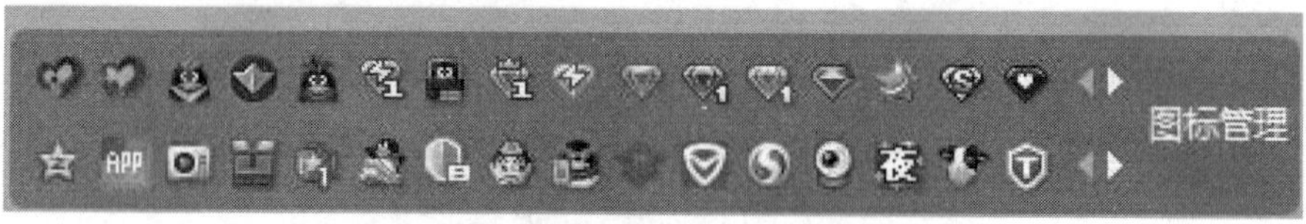

图8-23　QQ提供的各种增值服务

9

第9章

售后就是家，粉丝在哪儿就做到哪儿

产品销售分为售前和售后，但大多数企业只做好了前一项而忽略了后一项。因此，经常会出现这样一种状况，粉丝对某款产品非常喜欢，但是却因为产品售后服务的不完善而选择放弃购买这款产品。售后对粉丝来说一直是一个“大坑”，对于新兴起的互联网品牌售后出现问题的概率更多，因为他们的产品销售往往走在健全售后网络之前，因此经常出现维修网点找不到，维修周期过长等问题。而且，售后不仅仅是提供维修、咨询、投诉的渠道，也是拉拢粉丝、增加销量的一种重要方式，企业应当重视。

粉丝比制度更重要

很多人都认为一个企业制度是最重要的，正所谓无规矩不成方圆，如果想企业有好的发展，就要严格执行企业定下的制度，把制度放在最前面。其实在互联网时代，有一种东西比制度重要得多，就是粉丝。没有粉丝，就没有销量，没有销量，企业就没有盈利，没有盈利，企业制度执行得再好又有什么用。所以，企业一定要通过各个方面服务好粉丝，特别是售后。做好售后服务，才能让此次交易有个完美的落幕，然后再掀起一个好的交易开场。

案例　美团网：过期即可包退

从 2009 年开始，团购网站迅速地圈走大量粉丝，其低价、新鲜的模式极大地改变了人们的消费方式。不过面对团购如火如荼的大趋势，其问题也跟随着热潮而来。许多问题一直得不到解决，让先前圈住的粉丝又快速地流失，团购热潮也因此渐渐有所消退。团购成功但没消费，团购款作废是团购最大的问题之一。原本想着省钱，现在却变成了浪费更多的钱，粉丝得不偿失，自然会对团购网站产生不满。因此，美团网根据这种情况，推出了“过期包退”计划，这个计划一推出，美团网之前流走的粉丝又回来了。如图 9-1 所示。

图9-1　美团网“过期退、随时退”计划

2011 年 3 月 4 日，美团网在“美团网一周年暨行业一周年庆生”新闻发布会上宣布实行“过期包退”计划，今后粉丝只要在美团网团购产品，过期未消费将获得退款服务。在发布会当日，美团网就将 1 000 多万元未消费的团购款返还给粉丝。这一举措在全球尚属首次，1 000 万元巨款返还更是史无前例。美团网让其粉丝享受到了其他团购网站，甚至其他行业的企业的粉丝所没有的售后保障服务。

作为国内第一家团购网站，美团网一直走在创新服务模式的前列，在保证粉丝权益的同时，也在不遗余力地提高服务质量。之前，美团网也推出过 7+计划，即是在“7 天内未消费无条件退款”条款的基础上，新增了“消费不满意先行赔付”的计划，为粉丝提供了更加完善的售后利益的保护。这一计划在“DQ 现金券无效”的事件中起到了重要的作用，在 DQ 宣布与美团网合作无效之后，为了不对粉丝的利益造成损害，美团网启动了“先行赔付”计划，向 12 003 位粉丝赔款了 60 多万余元。这个举动，赢得了粉丝与业内的一致赞誉。

由于团购本身具有的优惠幅度大、限时抢购的特点，很容易让人产生消费冲动。下了订单之后，又发现自己根本就不需要，或者没有时间去使用，例如订下了一些餐厅或是 KTV 的团购券，那么粉丝的这些钱也就被浪费掉了，不过这些被浪费掉的钱却成了团购网站的额外福利。据称，此前团购网站订单过期作废不退款已经成为了行业的规则，国内外都是如此。而美团网此次推出的“过期包退”计划，打破了行业的硬性规则，给了粉丝利益最大保障的同时，也赢得了消费者的好口碑。

制度要执行，但要以粉丝的利益为前提

制度对企业来说，当然很重要，没有制度，企业肯定无法正常的运转。不过当制度碰上粉丝的利益时，那么就要将粉丝的利益放在企业制度的前面，以粉丝的利益为企业运营的第一标准。只有将粉丝的利益放在制度前面的企业，才能真正地服务好粉丝，并赢得粉丝的真心支持。

例如百度导航，在 2014 年宣布所有的粉丝都能免费使用百度导航，并将之前所收的全部费用，退还给粉丝。这一“割肉行动”，在业界引起了广泛的关注，不少同行痛骂百度搅乱导航市场，但百度地图的粉丝却为此欣喜不已，连连称赞百度。如图 9-2 所示。

图9-2　百度导航免费安装

之前，国内的导航 APP 全都是要收费的，如高德地图，粉丝如果要使用该软件需缴纳 50 元的使用费，高德导航的大部分盈利也是来自于此。百度导航刚开始也是随着市场制度走，实行收费制度，但发现在这个“免费为王，粉丝至上”的时代，唯有把粉丝的利益放在企业、市场制度的前面才能赢得他们的真心。结果证明，百度导航的选择是正确的，现在百度导航这个后起之秀已能与业界前辈高德导航双分天下。

制度是死的，粉丝是活的，企业要随机而变

制度是死的，粉丝是活的，坚守死制度，而失去活粉丝，企业只会失去更多。当粉丝和制度发生冲突时，如没有特殊的情况，企业要为粉丝改变自身的制度，以降低粉丝的不满情绪。如果企业抱着：“企业的制度就是这样，谁也不能破例，一旦破了例，企业的制度就没有权威性了”这种想法，那么肯定会造成极大的损失。在这个信息随时都能被光速传播的时代，一旦企业与粉丝发生矛盾，被传播出去，就会对企业的制度造成极大的负

面影响，粉丝会因为这个负面影响迅速流失。因此，企业要懂得随机而变，在某种情况下改变一下企业的制度来降低粉丝的不满，百利而无一害。

如茵曼在天猫设置的旗舰店，天猫旗舰店的负责人在这一方面就处理得非常好。一次，一位老买家在过了七天退换货之后要求退货，而且还剪掉了吊牌，并穿了一会儿。按淘宝官方的规定，这种情况，茵曼是可以不用接受这位买家的要求。但是买家反映说："衣服穿过一次就破了，同时线头都没处理好。"考虑买家如果将之反映到宝贝评价中所造成的影响，同时也想留住这一位买家，茵曼虽然没有接受退货的请求，但可以让买家换货，并全程包邮费。在给买家重新发货时，还额外赠送了一个腰带。买家收到货后，惊喜不已，不但给了茵曼好评，还大大地用文字表扬了一番，同时也成为了茵曼的忠实粉丝。如图 9-3 所示。

图9-3　茵曼天猫旗舰店

制度让位于粉丝，也要注意尺度

我们强调要求企业把粉丝放在制度的前面，并不是说要盲目地，不顾一切的，而是要根据实际情况而定，要注意尺度。尺度不够大，达不到效果，但尺度太过了，制度乱了，企业又没方法管理。所以如何把握这个尺度是非常重要的。企业一定要根据实际情况做出正确的判断。比如一些电商如果碰到一些恶意敲诈的买家，那么就要坚持这个制度，按照制度来处理退货、换货、差评的情况。

例如韩都女装入驻淘宝这么多年，经常会碰见一些在售后恶意敲诈的买家，即使他们威胁要给差评，或是将此事放在微博上给韩都女装造成负面影响，它都坚持按制度走，并不因此威胁而妥协。

售后做得好，企业有信条

现在企业的竞争与其说是产品的竞争，不如说是服务的竞争，特别是在售后服务这一方面。如今的消费者在购买产品时，不但要看产品好不好，售后服务如何也是他们考虑的因素之一。小米虽然颇受欢迎，但是其售后服务的不完善，也是很多消费者弃用它的原因。因此，售后服务，在市场竞争中，在加强粉丝黏性中占据了很重要的位置。只有好的售后服务，才能让消费者放心地购买并使用。而多数企业口碑的积累，也是通过为消费者提供完善的售后服务而来。

案例　海尔：售后服务有口皆碑

不久之前，海尔在第六届全国售后服务评价活动中从近 300 个提名企业中脱颖而出，以“精致服务打造精品工程”的服务态度，荣获“全国售后服务十佳单位”。此次活动是由中国商业联合会、中国保护消费者基金会主办，由全国商品售后服务评价委员会负责评价，具有非常高的行业权威性。可以说此次获奖，对于海尔售后服务是一个非常大的肯定，而这个荣誉也是因为海尔在互联网时代形成有口皆碑的品牌形象，真正地为粉丝打造了一个“开放式的社会化服务平台”而得来的。如图 9-4 所示。

海尔空调创造了业内第一个系统顾客服务标准——“五段全程标准服务”，为粉丝提供了“采购、设计、安装、监理、维保”五项服务于一体的一条龙服务，彻底地为粉丝解决了空调产品售后服务不佳的忧虑。在此之前，海尔中央空调还为粉丝推出了“五个零精品工程”标准，“零拖期”、“零事故”、“零停机”、“零投诉”、“零差错”。这个五零标准彻底解决了中国空调因产品安装要求高、设计承建周期长的而产生系统难题。

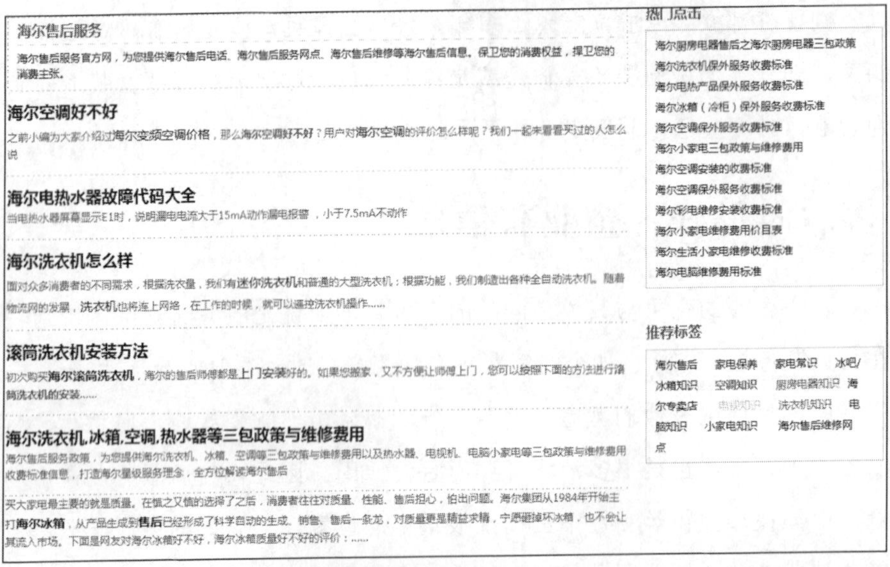

图9-4 海尔售后服务官方网

海尔今日的成功，除了因研发水平的不断提升，最重要的还是售后服务的不断完善，让海尔的品质和服务都得到了粉丝的信赖。海尔针对粉丝反映说中央空调清洁难度大，成本高的问题，投入了不少资金研发出了机器人智能清洗服务，帮助粉丝解决中央空调因使用时间长而产生的大量污垢的问题。此外，针对粉丝普遍对清洗意识认识不强的问题，海尔中央空调还发起了公益清洗活动，免费为粉丝检测建筑物空气质量，帮助粉丝解决空气不佳带来的健康隐患。

除了这些，还有粉丝专门列出了海尔售后服务几大优势：一，完善的空调安装、维修服务团队，对当地的生活和工作环境都十分熟悉，能为粉丝提供最合适的选择。二、服务范围全面。安装、维修、移机、加氟、清洗、回收一应俱全，海尔都可帮粉丝搞定。三，庞大的资深技术工程师团队，掌握中国乃至世界最先进的加氟、清洗知识和技能。四，贴心热情的服务态度。

明确售后服务的重要意义

不是说把一个产品卖出了，这次交易就算结束了。售后服务是一次营销的最后一个环节，也是二次营销的开始，同时它还是一个不断循环的、永无止境的过程。因此，企业要树立这样一个观念，一件产品销售出去后，如果所做出的服务承诺没有完成，那么就要把其当成这次的销售没有完成。一旦售后服务很好地完成，这也就是意味着下一次销售的开始。

售后服务的过程不止是能树立口碑，促成二次销售，同时也能够进一步了解粉丝和竞争对手更多的信息。在售后服务的过程中，企业可以得知粉丝需要的是什么，其他企业在这一方能为粉丝提供什么。通过这些信息，企业就可以不断改进自己的售后服务中的缺点和不足。

苹果手机之所以能受到世界各地粉丝的欢迎，完善的售后服务是关键的原因之一。除了三包服务之后，苹果手机还推出了一项至今国产手机都没有做到的一点："只要不是人为的破坏，手机如果出现任何问题，一年内都可无条件更换。"更为重要的是，它将这些售后服务执行到底，粉丝只要拿到购买的店去要求换手机，店家就会立即执行。绝不会出现其他手机品牌拖拖拉拉，频繁找借口的情况。就是这一项售后服务，让许多粉丝都放心大胆的购买苹果手机，从而进一步成为忠实的"果粉"。

售后服务能为产品增值

现在的产品，特别是电子、家电类的产品都有保修期，保修期过了之后，一般就需要收取服务费，而这一部分就成为多数企业的增值利润。但是一旦企业不保修之后，粉丝就不一定将这一部分交给谁来做。有些企业的维修费用收得特别高，粉丝就会选择其他费用较低的企业来做。除了这一点，过高的维修费也会给粉丝造成一种不好的感觉，他们可能会想："保修期那么短，维修费还那么高，这不是坑人嘛！"这样会对企业的信誉造成很大的负面影响。

格力空调在这一点上就做得非常好，这也是许多粉丝持续购买隔离空调的原因。过了保修期之后，虽然也收取一定的维修费用，但是相对市场价却也低上了许多。就拿其中的一项，加氟来说。市场上 1.5 匹机的空调加氟需要 80 元，但是格力只需要 50 元，而且越大匹费用越低。如图 9-5 所示。

维修收费标准

维修项目	1匹	1.5匹	2匹柜机	3匹柜机	5匹柜机	10匹柜机	备注说明
基本维修费	30	40	50	80	130	150	服务基本费用
换件工时费	换件工时费						修2处及以下故障不累计
加氟R22液(进口)/压	50	50	60	80	130	225	包括维修费及工时费
加氟R410液(进口)压	60	70	80	100	150	245	包括维修费及工时费
清洗内+外机	80	80	130	160	220	360	包括维修费及工时费
抽真空	90	120	160	220	280	380	包括维修费及工时费
更换风向叶片	10	10	20	20	30	40	
更换导风电机	10	10	20	20	30	40	
更换室内风机电容	20	20	30	30	40	50	修2处及以下故障不累计
更换室内贯流风叶	30	30	20	20	40	50	
更换室内风扇电机	40	40	30	30	40	50	修复电机加收20%
更换蒸发器	60	60	70	80	90	100	补焊维修加收20%
更换微电脑控制板	80	80	90	100	140	180	修复电脑板加收20%
更换遥控接收器	50	50	70	80	100	120	改动线路加收30%
更换温度传感器	50	50	60	70	100	120	改动线路加收30%
更换拨动开关	20	30	40	50	60	80	改动线路加收30%
更换室内排水管	50	50	20	30	40	50	
更换室外排水管	10	10	10	10	10	10	
更换室内连接纳子	50	60	60	70	80	100	修2处以上加收50%

图9-5　北京地区格力空调维修价格表

售后服务也是一种广告

售后服务是一种最好的广告，是为企业赢得口碑的关键环节。比如我们经常会听别人说："这个牌子的产品虽然贵了一点，但是服务非常好，那个牌子的虽然便宜，但服务态度实在让人讨厌。"市场上出现的种种现象已经说明，要为企业创造口碑就要先做好售后服务。

聚美优品的 CEO 陈欧就将售后服务做成了一种广告，在淘宝网还停留在不拆封 7 天包退的阶段时，聚美优品早早就推出了拆分 30 天无理由包退的售后服务。这项售后服务对粉丝来说是绝对的有利，因此他们也更放心地购买聚美优品的产品。同时其忠实粉丝在向其他人推荐聚美优品的产品时，将这一项服务作为了说服的理由。如图 9-6 所示。

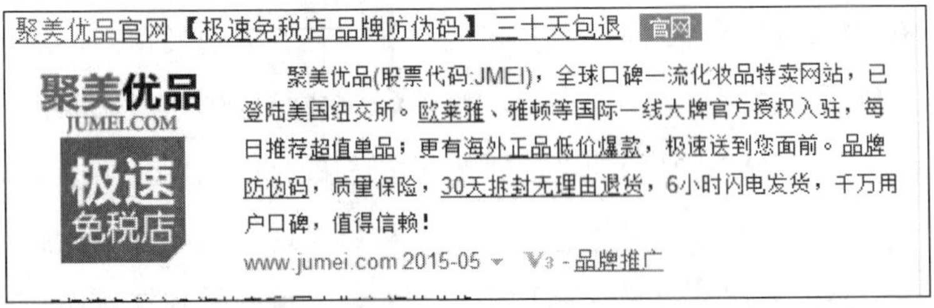

图9-6　聚美优品承诺“30天拆分无理由退货”

快是做好售后的根本

互联网的时代就是追求一“快”字，追产品要快，占据市场要快，售后服务也要快。而且快是最好售后的根本，没有快，其他的售后服务标准也就不存在了。那么售后服务的快指的是什么呢？其实就是极速响应、极速完成，用最快的速度来完成所提供的售后服务。

案例　斯柯达：线上预约保养，线下快速服务

随着人们生活节奏的不断加快，如何才能享受到服务的便利性成为了现今车主们的关注焦点。但是车主们的这一需求往往受限于经销商的经营条件，以及其他一些因素所造成的在一定程度上的不便。例如，受经销商营业时间的限制，客户很难在经销商的非营业时间进行预约，这样客户就会浪费了很多时间，例如经销商在晚上 17:00 下班，第二天 10:00 才上班，那么客户就要等待上这么长的一段时间。还有在经销商的营业高峰期，往往需要排队等待维修保养，客户就需要在 4S 店等上很长的时间。诸如此类的缓慢服务都是影响到客户的服务体验。

因此，为了让广大车主享受到更好的售后服务，上海大众斯柯达品牌在 2013 年推出了“斯柯达夏季服务节”，期间会在全国经销商的网站上推

出“线上预约、线下服务”的新型售后服务模式，在保证服务质量的前提下提升服务效率，为粉丝提供极速的售后服务来减少他们等待的时间。

客户可在斯柯达在线商城与斯柯达天猫旗舰店等电商平台上，可 24 小时在线预订所需的售后服务，同时还可制定自己喜欢的经销商。经销商在接到客户预订信息的当天就会与客户联系，完成预约工作。完成预约后，客户即可享受到斯柯达品牌的“预约保养快速服务”。斯柯达为了提高售后服务速度做了以下几方面的工作：一，斯柯达通过选拔高素质、高专业的人员负责专职保养服务以及保养技术，高专业人员的配备有效提高了保养服务的速度。二，在客户进店之间，经销商会先按预约信息安排好车间工位以及技师，并提前准备好所需配件和单据，这样客户就无须再花时间等待经销商做好准备工作。三，不断优化服务流程环节，从简化预测项目到走动式过程检查，再到最后的同步车辆清洗……在种种细微中，斯柯达都做了优化，以期让客户进店之后，能花最少的时间享受到最好的售后服务。四，斯柯达还设置了一套“双人操刀法”，由两名技师组成小组，共同完成车辆的保养工作，这样对于车辆可能存在的问题能做到更加细致且全面的检查。如图 9-7 所示。

图9-7　上海大众柯斯达天猫店

线上保养、线下服务，这一服务的推出一方面使得经销商的工作效率与售后产能都能得到提升，另一方面也能减少客户的等待时间，经过计算，如果以 5 000 公里为间隔常规保养，客户每次所花的时间就能由原来的 45 分钟减至 25 分钟。这一项极速服务的推出，体现出了斯柯达对于售后服务的重视，对于快服务，以及对于为粉丝提供贴心、快捷的服务体验的看重。

把握时间不要让粉丝等待

要想提高售后服务的效率，就一定要把握好时间。当粉丝有售后服务的要求时，能为多快的速度为他解决，就用多快的速度，不要拖拖拉拉，要尽快为其解决。

小米的售后是最让人诟病的，售后服务点非常少，如果手机出现了问题，还需要粉丝找到少之又少的售后服务点先检测是否是人为问题才出现的机身问题，如果是那么就拒绝免费维修，如果不是也要等待相当长的一段时间，粉丝才能拿回维修好的手机。

干脆利索，去繁就简

很多企业在设置售后服务方面是非常的麻烦，只是一件简单的事情，可以设置出几十套程序来，比如现在微博上被热搜的“证明自己是活的”、“证明你妈是你妈”这样多余的让人哭笑不得的程序一样。所以售后服务一定要简单，让粉丝很快就享受到企业所给予的完善的售后服务。

淘宝在之前的退货服务真的让很多买家都为之愤怒不已，当买家收到宝贝之后发现了损坏，要求退货时，卖家还要先让买家拍照确认是自己的原因，如果已经拆封则不接受退货、换货、超过七天的时间也不接受退货，同时有些卖家还要与买家讨论邮费的问题。这些在售后上的种种诟病，让淘宝的服务一直备受买家的批评。不过现在出现了新规定之后，已改善许多。如图 9-8 所示。

图9-8　淘宝“新规”

保证速度的前提是保质

售后服务虽然要讲究速度，但是讲究速度的前提是保证质量。如果不能给粉丝提供有质量的售后服务，再快又能怎么样。如同我们平常去修电器，只用了几分钟，维修人员就告诉我们问题已经处理好了。当我们还在满意他处理问题的速度时，没过多久就发现出现了同样的一个问题。这个时候我们就会对维修人员产生质疑到底有没有给我们修好，或是对该产品产生质疑，是不是这个质量太差了，所以才一直出现问题。因此，在处理售后服务时，除了讲究快之外，也要确保自己能为粉丝一次性解决问题。

别让之前的努力败在“售后”上

很多传统企业，产品是真的很“牛”，可以说是行业的佼佼者，让很多粉丝都交口称赞，而它们也依靠这些“牛气”的产品为自身打下了坚实的基础。这一点是很多互联网企业可望而不可即的。但现在人们的需求越来越多，已经不能仅满足于过硬的产品质量，而对于服务有着更多的个性需求。当这些拥有好产品但不能为消费者提供好服务时，那么企业之前所有的努力就白费了，看现在许多被互联网企业冲击得狼狈不堪的传统制造业就可得知。完善的售后服务一直是互联网企业的杀手锏，因此即使有些核心技术不能与传统企业相媲美，但是完善的售后服务却可以弥补这一点，再加上其他的因素的配合，所以传统企业的地位才会岌岌可危。

案例　五菱汽车：别让服务伤了元气

五菱荣光汽车一直颇受消费者们的欢迎，特别是在农村地区，因为其容量大，可以装载更多的货物，所以其销量可以说一直都是很不错的。不过近几年的销量却明显在下降，其很大一部分原因就是售后服务不佳，导致之前积累的口碑受到了质疑，从而影响了销量。

五菱荣光钢圈不平，车主需付费买 4 个钢圈：有车主反映，他刚买的五菱荣光只开了一个星期，当将车速加到 50～60 码的时候汽车抖动得特别厉害，到服务站检车之后才发现是两个后轮钢圈变形的原因。因为是新买的车，服务站同意免费更换新的钢圈。不过车主等待了两个月服务站才将此事完成，但更换后抖动的问题仍然存在，只不过稍微缓解了一点。这也表明了更换钢圈只是治标不治本。车主向服务站要求彻底解决该问题，但是服务站却要求车主自己花钱再买 4 个钢圈。于是车主对将该问题直接反映到了汽车投诉网，而该网站则将其转给了上汽通用五菱汽车来处理。该公司很快就联系了车主，并进行了解释和处理。上汽通用五菱汽车的服务可以说是比较迅速的，处理也非常及时。但是，更换两个前轮钢圈的结果还是没有改变。对此，服务人员告诉车主，如果要想彻底解决，只能把钢圈换成铝合金圈，不过需要车主自己付钱。对此，车主并不能接受，质问工作人员后，对方给出的答案是：这车本身就是狄培明，配的就是钢圈，而铝合金圈成本高，不是出厂配制，只能换钢圈。而且，厂家已经换过 4 个钢圈，已是最大的限度。车主对这样的回答显得更加愤怒，生气地说："我要的是解决问题，而不是敷衍我。不能解决问题，更换几百个钢圈也没用。"对此，服务站的工作人员却表示："这是厂家的规定，我没有办法。"车主最后将此事反映给了汽车投诉网，同时对此事进行了大肆宣扬，一时之间，有许多车主纷纷响应说都出现这种类似的售后服务不佳的问题，五菱汽车的声誉因此大受影响。如图 9-9 所示。

图9-9　五菱汽车钢圈

经过此次事件，五菱汽车的销量和声誉都受到了很大的影响，即使现在已渐渐改善售后服务的弊端，但想一时之间挽回声誉却并不容易。五菱汽车的案例告诉我们，企业要想有所发展就千万别让服务伤了元气。

不要只看眼前利益

多数企业得不到大发展，是因为企业主们太注重于眼前利益，没有高瞻远瞩的眼光。其实将眼前的一点效益去换日后的大发展是非常值得的，例如在售后服务时，企业放弃一点利益去换取粉丝们的好口碑就是一件非常值得做的事。

淘宝中的一些淘宝店主，为了给自己塑造好的口碑或是减少差评，都会主动送一些小赠品给买家，或是在买家无理由要求换货时，主动承担起来往的邮费。很有可能一件宝贝的利润都不及来回的邮费，但是买家在宝贝下的好评却能直接促进销量。

重视粉丝的投诉

粉丝的投诉一定要重视，一旦发现就要及时处理，在处理过程中千万不能抱着敷衍的态度。即使不能彻底解决问题，也要让粉丝看到我们处理问题的诚意，一定要让对方感到企业是重视他们的。其实有时候，粉丝投诉并不一定说是要想得到什么，而是通过投诉缓解他们的怒气。如果处理得当，很多事情都可以大事化小，小事化无。所以，无论问题最后能不能解决，都要保持诚恳认真的态度，让粉丝感受到自己的诚意。

“中国移动”对于粉丝的投诉处理得非常好，其企业内一个庞大的客服部就是专门负责粉丝咨询、粉丝投诉的。中国移动的客服人员都是经过专业的培训，遇到粉丝投诉后，会第一时间表示歉意，然后再询问具体原因。有一次，有粉丝因流量的问题投诉中国移动，一上来就非常不客气地破口大骂，客服人员并没有打断对方，而是在粉丝发泄完之后再询问对方生气的原因。了解到因流量多扣了十几元，客服查询过后，了解到因为流量包重复订购才导致的扣费，之后便向粉丝解释扣费原因并帮助粉丝取消多余的流量包。如图 9-10 所示。

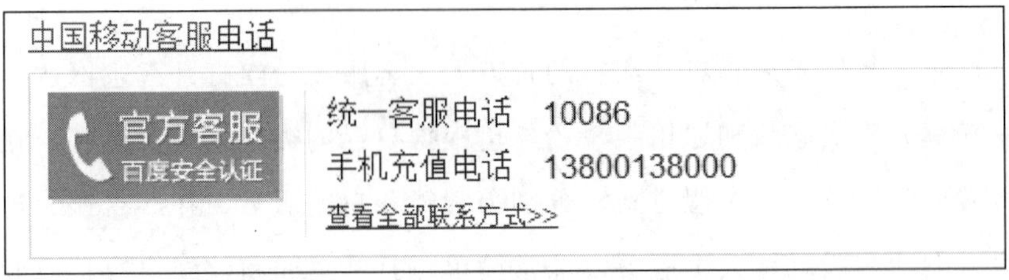

图9-10 中国移动客服电话“10086”

设立简单快速的售后服务通道

很多企业根本就没有设置售后服务，有也是过于烦琐或是过于简单。有些企业的售后服务要通过层层通道，有时候粉丝还没有享受到售后服务，就已经被烦琐的程序给烦的直接放弃了，又或是售后服务设置得过于简单，粉丝根本得不到任何实际性的帮助。例如只是简单的设置了一个售后服务热线，而且还是系统的，粉丝所提的问题永远都是那种千篇一律的回答，根本解决不了问题。

人工客服让粉丝觉得更温暖

大部分企业设置的客服都是系统客服，每当粉丝因某些原因做咨询时，得到的回应都是充满制式且别扭的声音，而且因为技术有限，无论粉丝询问哪些问题，得到的都是千篇一律的答案，粉丝根本无法从系统客服处得到任何实质性的帮助，从而导致了粉丝对产品体验、对企业品牌的印象下降。现在，很多企业都会设置人工客服，因为真人能提供的服务非常广阔，可以满足粉丝不同的需要。同时，人工客服能给粉丝带来一种温暖的感觉，不会像系统客服那样冰冷。

案例　淘宝：人工客服务实周到

淘宝的成功绝对不是依靠一时的运气，它的成功有很大一部分原因来自于对细节处的把握。都说“细节决定成败”，这句话用在淘宝身上一点也不为过。其在细节处给粉丝带来的惊喜多如繁星，数都数不过来，而设置人工客服绝对是让粉丝大为赞叹的细节服务之一。

首先，我们先来看看，淘宝的官方人工客服。粉丝打开淘宝网服务中心，其有分为卖家版和通用版，粉丝可根据自己的需要来进行选择。在联系客服页面，有三种客服方式，分别为智能和自助服务、在线客服、电话客服。电话客服就是人工服务，非常简单，打开页面粉丝即可直接看到。淘宝将电话客服分为多种，其页面上能看到的就有淘宝网消费者服务热线、淘宝网商家服务热线、天猫服务热线、支付宝服务热线。将人工服务分门别类，可以让不同需求的粉丝直接找到相对应的点，而且分类的人工客服会更加专业。除此之外，因为淘宝网的业务量庞大，所以有时不能第一时间接到粉丝的求助电话，为了能节省时间，为此还提供了快速预约服务，这样粉丝就可以在预约好的时间拨打该电话，减少等待的时间。如图 9-11 所示。

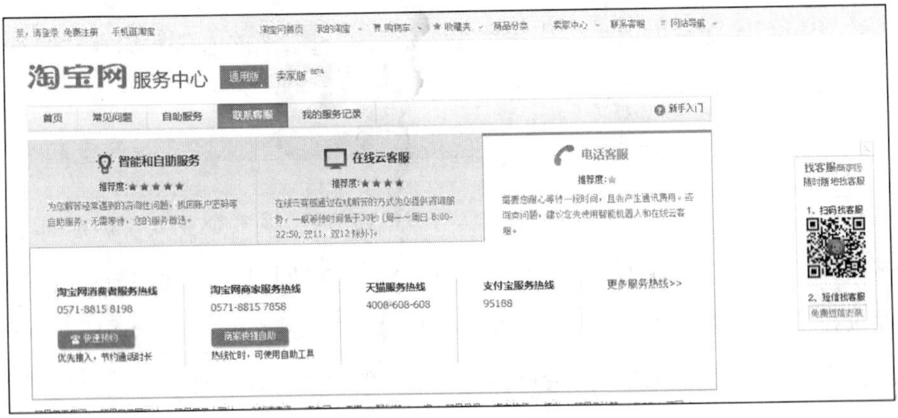

图9-11　淘宝设置的多种客服

除了淘宝网的官方客服设置得非常人性化之外，淘宝网各大卖家的人工客服更是设置得让人倍感贴心。例如木木家的人工客服，就设置了售前和售后客服各 6 个客服。售前客服是专门接受买家的咨询服务，并引导卖家购买；售后服务则是为买家处理一些售后问题，例如快递咨询、退换货服务等（如图 9-12 所示）。这样的设置可以让买家根据自己的需要来进行选择，简单快速。除此之外，淘宝的人工服务已经打破了以往只能文字交流的方式，买家可通过语音或是视频交流（如图 9-13 所示）。语音视频功能的推出，除了免去打字的麻烦，也可增加买家的真实体验感。有时候买家很难从文字中体现出的情绪，这一功能完全可以实现。同时，语音视频的面对面服务比文字服务更容易增加卖家和买家之间的感情。

图9-12　木木家客服

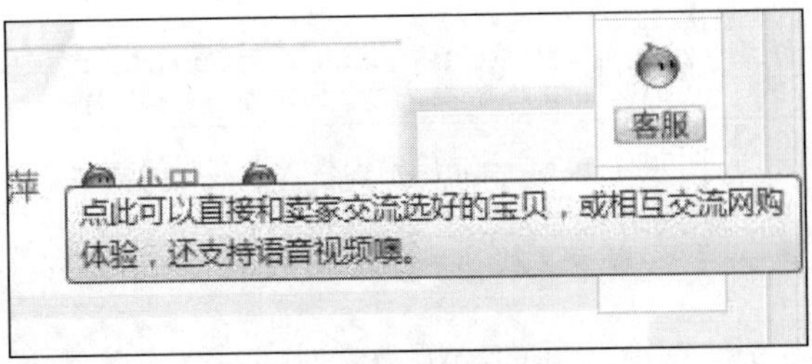

图9-13　木木家语音视频

无论是淘宝官方的人工服务客服，还是淘宝卖家的人工客服设置，都能使用者感到非常的舒服、温暖、贴心。

简化人工客服过程提高粉丝体验感

其实，现在多数的企业都设有人工客服。不过很多企业人工客服都非常麻烦，而且经常断线。例如现在的银行。粉丝拨打银行的服务热线，要经过很多烦琐的程序。有些甚至找不到相对应的服务。例如提示的不明确，很多人想咨询信用卡的粉丝会打到银行去，然后被告知要再打另一个电话。即使接通了，想查询相关信息，还要输入密码、身份证号码、卡号或是回答一堆客服所问的问题，虽然这是为了粉丝的财产安全着想，但是这个过程太烦琐了，让很多粉丝都感到不耐烦。而且一些老年人还会因为不熟悉电子产品，或是文化程度不够，无法享受到该服务。人工服务的出现是为了能更好地服务粉丝，如果粉丝无法从中得到比系统服务更好地体验感，那么要不要设置人工客服其结果都是一样了。

广发银行的人工客服就是如此。除了服务热线提示不明确，让粉丝经常打错热线电话之外，还需要经常面临电话打不通，等待时间过长的问题。最重要的是，打电话之前需要输入密码、身份证号码、卡号，打通之后，又要面对客服提出的很多问题。如图 9-14 所示。

图9-14 粉丝反映广发银行人工客服问题

多设置几条人工客服热线，让粉丝不用等

想必，很多粉丝都有相同的经历，有时拨打人工客服热线时经常打不

通，需要重复拨打多次，或是等上好几分钟的时间。这种等待的时间让人感到非常焦躁，有时候在长时间打不通的情况下，粉丝经常会选择直接放弃。这样的行为让粉丝的问题得不到解决，积累的问题越多给粉丝造成的损失也就越多，而粉丝的损失也是企业信誉的损失。要解决这种情况，企业就要多设置几条人工客服热线，一条、两条是绝对不够的。

中国电信在这一方面就做得非常好，无论粉丝什么时候拨打电话，对方都能在第一时间接通，无须任何的等待时间。中国电信的粉丝多达几亿，电信平均每天都要接到几千万个电话的咨询，虽然每个城市都有不同的通信点，但是其设置的客服热线非常多，而且与其他 不同，客服部是中国电信最重视的部门之一。如图 9-15 所示。

图9-15 中国电信客服电话“10000”

专业的人工客服才能有最专业的服务

企业设置人工客服的目的就是为了能更好地帮助粉丝解决问题，因此，这就要求人工客服需要足够的专业。包括专业的素养、专业的知识等。有了专业的素养才能在面临一些突出事件时，保持冷静的态度，不会与粉丝发生争执。有了专业的知识才能真正地帮助粉丝解决问题。

朵朵云母婴店是一家高评价、高销量的淘宝网店，它的成功很大一部分原因就是因为它培养了一个专业的客服团队。团队中的每一个客服都是大家公认的金牌客服，除了帮助店铺提升销量之外，其专业的素养和专业的知识为店铺减少了不少的差评，而且还能在买家咨询和投诉过程中让其成为忠实的粉丝。

从“售后”上挖掘出粉丝痛点

多数企业认为，售后就是为粉丝提供一些服务或是增进企业和粉丝之间的感情。其实，售后服务的作用远不止这么简单，它还能为企业挖掘粉丝痛点。企业在售前无法发现的问题，在售后就能显示出来。例如一款手机，企业在制作和销售的过程中，肯定无法全面地了解到这款手机会出现的问题，例如系统是否稳定、会不会经常出现死机等。除了发现问题，解决问题，一款产品的售后市场，还隐藏着巨大的商机。例如一款皮具卖出去后，需要做定期的保养，一辆汽车卖出后也需要做定期的保养、维修，一款手机卖出去后，需要对其进行保护或是装饰……这些都是售后市场的商机。因此，企业除了靠销售产品盈利，还可通过挖掘售后服务商，粉丝的痛点来制造商机。

案例　小狗电器：直击行业“痛点”

对于小家电而言，售后维修一直是一个让消费者和企业都为之头疼的问题。小家电普遍单价都不高，因此一旦出现问题，多数消费者都是选择丢掉而不是维修。显然，这不是个正常的现象，造成这种现象的原因有三个方面，一是企业，二是消费者，三是大环境。但如何才能解决这个问题呢？小家电对于消费者的痛点在哪里，如何才能直接行业的“痛点”。

小狗电器在 2014 年推出了一种名为“中央维修”的全新售后模式，粉丝可以在保修期内享受到无条件完全免费的服务，这大大改善了消费者的售后体验。而小狗电器之所以推出这种免费维修模式并获得巨大成功，是因为它抓住了粉丝的痛点，能直击行业的痛点。如图 9-16 所示。

[售后服务] 退换货流程
[售后服务] 退款说明
[售后服务] 退换货政策
[售后服务] 其他平台申请中央维修
[配送方式] 查看物流
[配送方式] 配送说明

[售后服务] 中央维修服务
[售后服务] 如何申请中央维修
[售后服务] 本商城申请中央维修
[售后服务] 申请中央维修
[配送方式] 验收/签收

图9-16　小狗售后服务

粉丝并不是不想修：近些年小家电的市场不断增加，且从未来趋势看，仍有巨大的发展空间。而在小家电市场如此蓬勃发展的情况下，售后服务却出现了一种令行业深感忧虑的畸形状态。很多消费者都抱着“买得起修不起”的一种思想误区，其实，一旦产品出现问题，维修还是消费的首选。

小家电行业的痛点主要是维修网点布局以及结构的不合理，维修网点规模相对比较小，经营能力弱，维修人员技能不足，维修设备手段落后、维修价格不透明等。而这些行业痛点直接导致了消费者对小家电产品的体验感下降，并且成为恶性循环。同时，小家电售后对于消费者的痛点还有“嫌麻烦”、“嫌时间长”、“费用高”等问题。而小狗电器的中央维修模式就是基于这些问题而生产出来的。

那么小狗家电推出这种免费维修模式都有哪些好处呢？首先就是让生产成本降下来。原本的中央维修是以中央仓库为维修中心，以第三方快递为网络，实现待修产品从粉丝到中央维修中心送修，然后再送给粉丝的逆向物流过程。在这个物流过程中，小狗家电承诺消费者所购买的产品还在保修时间内，不论是产品本身的问题还是人为造成的问题，厂家都全部给予免费保修，无论是人工维修、零件更换费用还是往来的物流费用，都不需要消费者花一分钱。

据了解，所谓中央维修就是以中央仓库为维修中心，以第三方快递为网络，实现待修产品从粉丝到中央维修中心送修、再二次快递到粉丝的逆向物流过程。而在这整个流程中，小狗家电承诺粉丝所购买的小狗产品只要在国家规定的三包期范围内，不论因为产品本身质量问题，还是粉丝人为造成的故障，厂家全部给予免费保修，包括人工维修费用、零件更换费用以及中途物流费用等，不用粉丝自己出一分钱。

之前，因为小家电价格低，但是维修费用高且维修过程麻烦，所以都选择了重新购买，因此免费对于消费者来说无疑是一个天大的好消息，而且这种模式可以加强产品品质、提升产品销量，反而是让成本降下来的全新模式。中央维修的另一种好处就是，不需要在全国各地设立维修网点，这样可省去售后实体店的费用。省去了中央环节，而中央维修部门的工作人员仅 20 人左右，大大降低了人力成本。

通过大数据发掘售后痛点

粉丝的售后痛点，我们在日常生活中很难发现，即使发现了也很难准确把握，因此日常的数据收集工作就非常重要。当然，仅仅是收集数据肯定是不够的，还要懂得分析数据，将数据分类，把重要的点都提出来，看哪一类的问题是粉丝反映最多的。找出最多的那个问题就是粉丝的售后痛点。

面对面交流发现售后痛点

与粉丝面对面交流，除了能增进企业和粉丝之间的感情，也能让企业直接了解粉丝所反映的售后痛点。企业可以多举办一些同城交流会，让粉丝参与进来。很多企业都会组建 QQ 群，而通过 QQ 群发起同城交流会是最简单、快速、有效的，就像我们日常的 QQ 群聚会一样。

国美电器就拥有不少 QQ 群，有企业自己组建的，也有资深粉丝组建的。粉丝们除了会在 QQ 群互相交流，也会在线下举办同城交流会。粉丝们除了聚在一起吃饭、聊天，增进与企业的感情，也会向国美电器的负责人说明一些问题。因此，企业常常可以通过这种面对面交流直接了解到产品的售后痛点。如图 9-17 所示。

图9-17　国美电器各地区售后群

把员工当作粉丝，通过员工体验发现售后痛点

员工也是使用者，他在日常生活中也会用到企业生产的产品。因此，企业可以把员工当作粉丝，通过员工的反映的问题来发现售后痛点。相比于一般粉丝而言，自家员工对产品的了解更深刻，所反映的问题也更加专业，这可以让企业大量收集数据、分析数据的工作。

乐视盒子在推出市场之前，会让企业的员工使用。员工使用后，除了要向企业报告自己对产品的体验，提出产品可修改的地方，还需要汇报乐视超级电视都需要哪些售后服务。乐视电视在对员工的售后建议筛选分析后，再加入对粉丝的售后保证协议中。如图 9-18 所示。

售后服务 — 售后服务公示

一、乐视盒子服务价格表

No.	产品组件	单位	零售价格(RMB)
产品附件			
序号	配件名称	数量	单价
1	HDMI线（1.3米）	根	99.00
2	3.5mmAV线（1.5米）	根	18.00
3	电源（适配器） （C1S/NEW C1S通用）	个	60.00
4	9键 遥控器	个	49.00
5	16键 遥控器	个	49.00
维修类型			
序号	项目	维修内容	维修价格
1	大修	PCB板、FLASH、后面板、PC面片、WIFI模块（含天线）	160.00
2	中修	电源IC、逻辑IC、网络变压器、模拟开关、USB HUB、红外接收头、网卡接口、HDMI插座、芯片散热器	120.00
3	小修	硅胶垫、机械螺丝，刷新软件、前面板、端子表槽	80.00

图9-18　乐视盒子售后服务表

售后不是挡箭牌，售后就是营销

很多企业对于销售一直有这样一个误解，认为粉丝购买完产品就算完成了此次的销售行为。其实不然，有时，售后的盈利点往往大于销售的过程。同时，售后也是发展忠实粉丝，形成二次销售的最好渠道。所以，企业要充分重视售后服务，不要把售后服务当作解决问题的挡箭牌，而是要

当作营销的渠道之一。

案例　电动自行车：售后比销售更“赚钱”

近些年，价格低廉、能耗小、操作方便、速度快、省时省力的电动车成为了热门新一代的代步工具，因此电动车生产、销售也在迅速猛增。如图 9-19 所示。

图9-19　国内知名的电动车品牌

虽然电动车的需求在不断上涨，但是市场竞争一样激烈，雅迪、小鸟、都市风的更是经常展开激烈的竞争，由此更是大打价格战。因此电动车的利润也跟着不断下降。不过从事电动车行业的人也并不靠卖车来赚钱，而是靠售后，售后其实比销售更赚钱。那这是为什么呢？

为了吸引粉丝，经销商往往大打售后服务牌：“整车保修半年、电机保修 3 年、电池 1 年内保修、6 个月内包换。”这些都是粉丝在购买电动车经常听到的，但是对于电池衰竭到什么样的程度才能更换，商家却没有一个明确的承诺。而且，国家对于电动车的“三包”并没有明确规定，哪些属于“三包”由各个厂家说了算，因此粉丝在售后服务方面得不到什么确实的保障。同时，电动车的维修费用并不高，所以大多数的消费者都不会因为一点小钱而与经销商多做纠葛，一般都会选择去电动车维修点修。下面我们就来看看，电动车的售后服务都是如何赚钱的。

电动车的四大关键配置为“电池、电机、车架、塑件。许多电动车厂家为了增加市场份额，采用了降低配置、改换车型的方法来降低成本，让自己的产品售价更具吸引力。比如，名牌电池与杂牌电池就有 100 元的差价，品牌电机与杂牌电机差了 50 元，正规塑件与仿冒塑件差了 100 元，车架、制动之间也有 50 元的差价。因此，厂家即使给消费者降了 200 元，但还是能多赚 100 元。除了赚取差价之外，其低配置也很容易出现问题。而这些问题，就是售后维修的利润了。现在超威电池换一个 800 元，以旧换新也要再加 200～400 元。还有电动车的轮胎也非常容易磨损，每过一段时间都会进行维修。

提供售后衍生产品增加体验感

一款产品，除了其本身能带来的利润外，还能产生连带的利润。例如产品售后衍生的产品，如手机的手机绳、手机壳等。这都是庞大的售后利润市场。不过很多企业并没有看中这一块，基本上只是销售产品。其实如果能将产品与售后衍生的产品做成一个系列，粉丝不用再到他处购买，相信很多粉丝都非常乐意。

都市丽人就很懂得在售后上盈利。一般内衣店只卖一些内衣内裤，睡衣等，而它们也是靠这个来盈利。但是都市丽人不同，它注意到了内衣裤的保养、清洗问题。大部人都在为内衣裤如何清洗才能更加健康卫生的问题而烦恼。针对这一点，都市丽人在店内推出了内衣裤专用洗衣液。不过，它并没有将这款产品直接拿来卖，而是粉丝在付款时，询问粉丝是否要加上几元来换取。这样的做法，都市丽人除了可以得到衍生产品的利润，还能增加粉丝的黏性。除了内衣裤专用洗衣液，都市丽人还为粉丝提供了其他的衍生产品，且都是根据粉丝的售后痛点而生产出来的。

定时发送信息，促进二次营销

粉丝一次的购买行为可以引发出无数次购买行为，想要促成粉丝的二次购买，就需要企业做好售后服务的工作。企业可以定时向粉丝发送信息，比如每次有新的优质产品上线时，可以向粉丝发送信息，宣传最新产品；如果有一些让利促销活动也可以向粉丝发送一些信息。当粉丝看到这些信息，如果有需要，他们很快就会发生二次购买的行为。

这一点，达芙妮鞋业就做得非常好。达芙妮建立了一个会员官网（如图 9-20 所示），加入会员的粉丝经常会收到达芙妮的信息，例如上新品、季末打折促销、周年庆活动等信息。当粉丝看到这些优惠信息时，自然就会到达芙妮的线下实体店去进行购买。

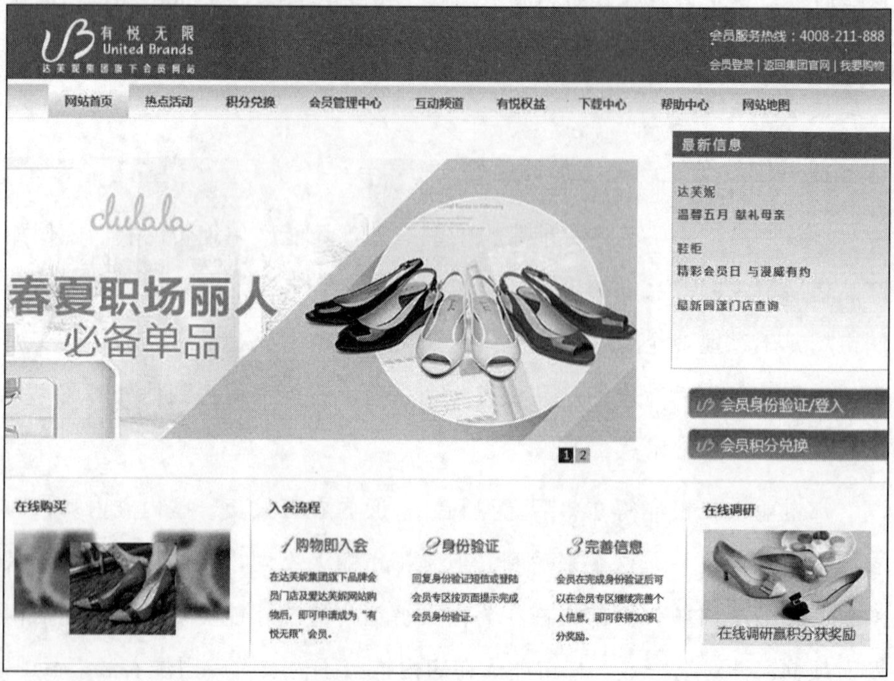

图9-20　达芙妮会员网站

持续跟进，维系粉丝感情

如果企业认为将产品销售出去就完成了本次的销售行为，那就大错特错了。企业需要新粉丝，更需要老粉丝。因此，在新粉丝每次完成购买行为后，企业要做好售后跟进的工作，例如在节假日发一些问候的信息等，举办一些活动邀请粉丝前来参与等等。这些都是维系老粉丝感情，把新粉丝发展成老粉丝的有效办法。

京东知名网店“WZSY 无中生有”，拥有很多忠实粉丝，其中很多粉丝都是刚开业时留下的回头客。店主一直都和这些粉丝保持长期的联系。每次有粉丝下单，店主都会主动与买家联系，随时向买家报告宝贝的情况。与此同时，还建立了粉丝档案，定期向粉丝做回访，增加双方的感情。每逢节假日，关心问候的短信更是不少，让粉丝感觉到店主确实很重视自己。店主如果发现粉丝的旺旺在线，在时间允许下还会主动与粉丝聊天，久而久之，粉丝和店主之间就建立了不同于普通买卖双方的感情，这些粉丝自然就成为“WZSY 无中生有”的忠实粉丝。如图 9-21 所示。

图9-21　WZSY京东旗舰店

后　记

在西方国家,粉丝经济早在20世纪90年代就已经初显端倪。英国学者西尔斯（Matt Hills）观察到，在从“广播”到“窄播”的媒介工业转型中,忠实的粉丝变成了最有吸引力的消费者。电视台如果想盈利，不必追求最大数量的普通现众,只需要制造和迎合一定数量的最忠诚观众。在后福特主义的生产条件下,资本的弹性积累要求生产者在产品的设计、生产和营销过程中密切注意消费者的反应,以便更好地捕捉变化不定的市场需求。许多企业都认识到，粉丝对于产品的情感投入其实是一种宝贵的情感资本。品牌的价值就在于粉丝（消费者）与品牌所建立起来持久的情感联系。此外,粉丝为了满足个人的情感需求，甘愿在所选好的对象上花费大量的时间和精力。他们的无偿劳动构成了网络新经济的主要价值源泉。当前,用户主导的Web2.0模式大多依靠粉丝(用户)贡献人气、流量和内容。粉丝的“眼球”和“口水”成了网络社群发展壮大的关键因素。

然而，就目前情况，国内大多企业对于粉丝经济是认可的，但是如何转化为重要的生产力，还是很茫然的。孔斌国际网校以“天下没有难做的网络营销”为使命，组织三位实战派老师进行为期数月的编写工作，力图将国内目前的成功经验加以总结，并且结合自身 实战案例，将粉丝经济转变成粉丝红利，帮助企业和个人更好的发展。

在此特别感谢盛家齐老师的实战案例，身为满妃阿胶糕的总裁，工作繁忙之余，不忘笔耕，完成此本书籍章节编写；还要感谢谷树桐老师的严谨，作为多年的互联网服务商，他积累了大量的粉丝运营经验，此次书籍编写，谷老师殚精竭虑，贡献了诸多精彩章节；也要感谢朱恒毅老师，朱老师身为台湾知名品牌美家生活掌舵人，从2011年开始布局电商，短短几年，国内知名平台均有出色表现，朱老师执笔本书，乃是众多读者幸事。

当然，孔斌国际网校力求完美，给读者带来最好的知识，由于时间紧张，难免有遗憾之处，还望广大读者包容，不吝指教！

孔斌国际网校校长　孔斌

2015年9月